영유아교수방법론

이은희 · 공영미 · 김미진 · 문효숙
이담희 · 임미혜 · 장지현 · 한현지
공저

TEACHING METHODS IN EARLY CHILDHOOD EDUCATION

양성원

머리말

현재 영유아들이 성인이 되는 2050년대 세상은 어떻게 달라질 것인가? 인공지능(AI), 로봇, 사물인터넷, 빅데이터 등의 디지털 기술의 발달로 현재 직업의 절반 이상이 없어지고 약 47%가 자동화나 로봇에 의해 대체될 것이며, 유아교육에도 다양한 요소들이 영향을 미칠 것으로 예상이 된다.

영유아를 어떻게 교육해야 21세기 미래 사회에 잘 적응하며 살아갈 수 있게 할 것인가? 유아들이 향후 직업 시장에서 요구되는 기술과 역량을 보유할 수 있도록, 컴퓨터 프로그래밍, 로봇공학, 인공지능 등과 같은 분야의 교육이 중요성을 더할 것이다. 그러나 지식을 가르쳐 주는 주입식 교육이 아닌 자기 주도 학습역량, 여러 사람과 협력하여 새로운 것을 스스로 만들어 낼 줄 아는 창의적 문제해결 역량, 소통 기반 학습 역량에 중점을 두어야 한다.

이에 유아교육기관의 교수-학습방법도 시대적 흐름에 따라 변화하였다. 2019년 정부에서는 '충분한 놀이 경험', '몰입과 즐거움', '자율과 창의성'을 방향으로 유아 · 놀이 중심의 「2019 개정 누리과정」을 발표하였다. 2020년 3월부터 유아교육기관에 적용하여 건강한 사람과 창의적인 사람, 자주적인 사람, 더불어 사는 사람, 감성이 풍부한 사람을 육성하는 노력을 기울이고 있다.

유아교육의 질은 유아 교사에게 달려 있다. 이것은 교사가 영유아의 등원부터 하원까지 하루 동안 일상생활, 놀이 지원, 대 · 소집단 활동을 어떻게 계획하고, 준비하고 역동적인 상호작용을 했느냐에 따라 영유아의 행동의 변화나 인지적, 사회적, 정서적 발달 등에 많은 영향을 미칠 수 있다는 것이다.

그러나 교사의 모든 가르침이 영유아에게 효과적일 수는 없다. 따라서 교사는 영유아의 발달특성, 흥미 등을 고려하여 영유아가 외부의 압력이나 영향 없이 자기 내부의 원인과 힘에 의하여 학습이 이루어지고, 영유아와 교사 간에 역동적인 상호작용 속에서 다채로운 학습이 일어나도록 해야 한다. 이에 교사는 영유아의 전인적 성장과 발달을 도울 수 있는 교육내용을 선정하고 효과적인 교수-학습방법으로 운영할 수 있는 능력을 갖추어야 한다.

본 교재는 「2019 개정누리과정」과 「제4차 표준보육과정」에서 추구하는 유아 · 놀이 중심 교육을 실행할 수 있는 교수-학습방법을 제시하고자 영유아 교수-학습방법의 이해, 계획, 실제 등 3부로 나누어 구성하였다.

먼저 1부에서는 영유아 교수-학습에 대한 이해를 돕고자 제1장에서는 교수-학습의 개념과 영유아 교수-학습의 원리, 제2장에서는 영유아 교수-학습방법의 특성인 유아 중심, 놀이 중심, 통합교육에 대해 설명하였다.

2부 영유아 교수-학습의 계획하기에서는 유아 중심, 놀이 중심, 통합교육에 대한 이해를 바탕으로 실제 영아와 유아를 대상으로 발달특성을 고려하여 연간 교육부터 일일 교육에 이르기까지 세밀하게 교육을 계획할 수 있도록 「2019 개정누리과정」과 「제4차 표준보육과정」을 중심으로 살펴보았다. 제3장에서는 연간, 월간, 일일 계획하기에 대해 설명하였다. 제4장에서는 영유아의 놀이를 통해 학습이 이루어질 수 있도록 실내 및 실외 물리적 환경구성에 대해 설명하였다.

마지막으로 3부 영유아 교수-학습방법의 실제에서는 무엇보다 중요한 영유아 교사 역할을 영유아 특성에 따라 보살핌의 역할, 놀이지원자로서의 역할, 긍정적 상호작용자로서의 역할로 구분하여 제5장에서 다루었다. 제6장과 제7장에서는 영아의 일상생활과 놀이의 교수-학습방법에 대해 설명하였다. 제8장과 제9장에서는 유아를 대상으로 일상생활과 놀이 지원의 교수-학습방법에 대해 설명하였다. 제10장에서는 이야기 나누기, 동화감상 등 대·소집단 활동 교수-학습방법에 대해 설명하였다.

그동안 유아교육자로서 강의하면서 학생들에게 영유아의 미래뿐만 아니라 우리나라 더 나아가 전 세계의 미래가 유아 교사에게 달려 있다는 것을 강조해 왔다. 이에 영유아를 사랑하고 늘 연구하는 유능한 유아 교사로서 역량을 길러 주고자 꼭 알려 주고 싶었던 내용들을 다루고 싶었지만 부족한 점이 많이 있음에 대해 안타깝고, 부끄러워진다.

부족한 자에게 이 자리까지 오게 해 주신 하나님께 감사드린다. 영유아가 건강하고 행복하게 보호와 교육을 받을 수 있고, 교사도 '유아 교사'라는 직업에 만족스럽고 보람을 느끼는 날이 계속되기를 기도 드린다.

2023년 8월

저자

차 례

PART 1

영유아 교수-학습의 이해

Chapter 01 영유아 교수-학습의 개념

Chapter 02 영유아 교수-학습방법의 특성

Chapter 01

영유아 교수-학습의 개념

1. 영유아 교수-학습의 개념
2. 영유아 교수-학습의 원리

인공지능(AI), 로봇, 사물인터넷, 빅데이터 등의 디지털 기술이 발달된 4차 산업혁명 시대 향후 10~20년 사이에는 현재 직업의 절반 이상이 없어지고 약 47%가 자동화나 로봇에 의해 대체될 것으로 예측된다고 한다. 영유아를 어떻게 교육해야 21세기 미래 사회에 잘 적응하며 살아갈 수 있게 할 것인가?

4차 산업혁명에 대응하는 학습방법은 지식을 가르쳐 주는 주입식 교육에서 탈피하여 자기 주도 학습역량, 여러 사람과 협력하여 새로운 것을 스스로 만들어낼 줄 아는 창의적 문제해결 역량, 소통 기반 학습 역량(김은희, 2020 재인용)에 중점을 두어야 한다.

유아교육기관의 교수-학습방법도 시대적 흐름에 따라 변화하였다. 2019년 정부에서는 '충분한 놀이 경험', '몰입과 즐거움', '자율과 창의성'을 방향으로 제시한 유아 · 놀이 중심의 「2019 개정 누리과정」을 발표하였다. 2020년 3월부터 유아교육기관에 적용하여 건강한 사람과 창의적인 사람, 자주적인 사람, 더불어 사는 사람, 감성이 풍부한 사람을 육성하는 노력을 기울이고 있다.

유아교육의 질은 유아 교사에게 달려 있다는 것을 인식하여 교사는 영유아의 전인적 성장과 발달을 도울 수 있는 교육내용을 선정하고 효과적인 교수-학습방법으로 운영할 수 있는 능력을 갖추어야 한다.

이 장에서는 영유아 교수-학습의 개념, 영유아 교수-학습의 원리에 대해 살펴보고자 한다.

1. 영유아 교수-학습의 개념

교수와 학습은 교육을 함에 있어 분리하여 생각할 수 없다. 교수(teaching)란 학습을 전제로 하고, 학습(learning)은 교수에 의해 나타나는 결과이기 때문이다(신혜원, 신지연, 서원경, 이영신, 김지연, 2022). 교수는 일반적으로 교사가 교과를 가르치는 행위를 말하는 것으로, 지식을 전달하고 학습자인 영유아의 특정한 태도와 행동을 형성하기 위한 의도적이고 조직적인 활동을 의미한다(임부연, 최남정, 양혜련, 2018). 즉, 영유아 교사가 교육의 설계 단계부터 프로그램을 개발하고 영유아들의 수업(활동)에 적용하며, 그 과정과 결과에 대해 관리하고 평가를 하기까지 영유아 교사의 모든 교육활동(한혜경, 백지숙, 강효진, 최국희, 2022)이다. 최근에는 영유아 교사의 일방적인 교수가 아니라 교사와 영유아 간의 구체적인 상호작용을 통해 더욱 효과적인 학습이 일어난다고 보는 경향이 높아졌다.

한편, 학습은 '배운다'의 의미로, 교사 가르침의 결과에 따라 영유아에게 어떤 변화가 일어나는 것이다. 즉, 교사의 가르침을 통해 영유아에게 다양한 경험과 연습의 결과로 일어나는 지속적인 변화이며, 환경으로부터의 자극을, 새로운 능력을 획득하는 데 필요한 정보 처리의 여러 단계들로 변형시키는 일련의 인지과정(위영희, 문혁준, 이희정, 박찬화, 석은선, 2021 재인용)이라고 할 수 있다.

위에서 살펴본 바와 같이, 교수-학습은 '가르치고 배우는 것'으로 분리된 개념이 아니라 통합된 개념으로 보아야 한다. 교사가 직접적으로 영유아를 가르치는 행위를 하는 것뿐만 아니라 가르치기 위한 모든 계획과 준비, 실행, 평가하는 모든 활동을 하는(한혜경 외, 2022) 동시에 학습자인 영유아와 상호작용하며 가르치고 배우는 것을 의미한다.

오늘날에는 학습자인 영유아가 교사 및 다양한 교재 · 교구 등 다양한 환경들과 역동적으로 상호작용하면서 지식을 능동적으로 구성해 가는 과정에 중점을 두는 경향이 있다. 이러한 점에서 교수를 수업이라는 용어로 사용하기도 한다(박숙희, 염명숙, 2013).

일반적으로 수업이라 하면, 교사의 계획에 따른 교과서 위주의 가르침으로 이루어지는 것으로 생각할 수 있다. 그러나 교육학자 아이즈너(Einser, 1986)는 교사와 학습자의 상호작용을 중요시하며 수업을 '교육적 만남'이라고 부르기도(박찬옥, 최현정, 노희연, 김성숙, 2021 재인용) 하였다.

영유아를 대상으로 하는 수업의 의미는 다음과 같이 이해할 수 있다(임부연, 오정희, 2017).

- 넓은 의미에서 수업이란 교사와 영유아의 '유의미한 만남'을 의미한다.
- 좁은 의미에서 수업의 의미는 다음과 같다.
  - '교과'가 아닌 하루 일과에서 '활동'의 형태로 나타난다.
  - 영유아의 특성상 '놀이'의 특성을 가지고 있다.
  - 교과와 생활영역이 주제를 중심으로 통합되는 주제중심 통합교육 형태를 가지고 있다.
  - 하루 일과 중 교사가 의도된 교육과정을 가지고 이끌게 되는 대 · 소집단 활동을 의미한다. 다양한 활동을 잘 운영하기 위해서 교사는 영유아 발달 특성에 대한 이해와 각 수업의 목적과 내용을 잘 파악하여야 한다.

참고로, 유아교육현장에서 교사들이 인식한 좋은 수업의 특성은 다음 〈표 1-1〉과 같다(박찬옥 외, 2021 재인용).

〈표 1-1〉 **영유아 교사가 인식한 좋은 수업의 특성**

- 영유아를 수용하고 존중하는 수업
- 재미와 즐거움이 있는 수업
- 활발한 상호작용이 일어나는 수업
- 배움이 있는 수업
- 영유아가 만들어 가는 수업
- 새로운 시도, 기발한 아이디어가 더해진 수업
- 전반적인 흐름이 자연스러운 수업
- 교사의 계획하에 융통성 있게 진행되는 수업

종합적으로, 영유아 교수–학습이란 출생 후부터 6세 미만의 취학 전 영유아를 대상으로, 교사가 영유아의 등원부터 하원까지 하루 일과 동안 일상생활 지도, 놀이 지원, 대·소집단 활동을 계획하고, 준비하고 평가하는 등의 직접적인 가르침을 통해 학습자인 영유아에게 바람직한 행동 변화와 인지적 과정에서 일어나는 역동적 상호작용이다.

2. 영유아 교수–학습의 원리

유아교육현장에서 영유아는 교사가 놀이와 교육활동 등 다양한 방법으로 영유아가 다양한 경험을 할 수 있도록 지도함에 따라 학습하게 된다. 그러나 교사의 모든 가르침이 영유아에게 효과적일 수는 없다. 따라서 교사는 영유아의 발달특성, 흥미 등을 고려하여 영유아가 외부의 압력이나 영향 없이 자기 내부의 원인과 힘에 의하여 학습(양옥승, 이은정, 양유진, 2022)이 이루어질 뿐만 아니라 영유아와 교사 간에 역동적인 상호작용 속에서 다채로운 학습이 일어날 수 있도록 영유아 교수–학습의 원리를 알고 있어야 한다.

누리과정(교육과학기술부, 보건복지부, 2013)에서는 교수–학습 시 '놀이를 중심으로', '흥미를 중심으로', '생활 속 경험을 소재로', '유아의 관심과 흥미'를 고려할 것을 제시하였다. 이에 따라 영유아 교수–학습의 원리를 유아 중심, 놀이 중심, 생활 속 경험 중심으로 구분하여 살펴보면 다음과 같다.

1) 유아 중심

(1) 개별화의 원리

개별화의 원리란 '학습자인 영유아의 개인적 요구와 능력에 알맞은 학습활동의 기회와 교수–학습방법을 제공해 줄 때 더욱 의미 있는 학습이 일어날 수 있다는 것이다(서동미, 엄은나, 이혜경, 박성희, 2019 재인용). 영유아는 기질, 연령, 발달속도, 생리적 요구 등 다음과 같은 측면에서 개인차가 나타날 수 있다(위영희 외, 2021).

- 영유아는 학습의 기능이 서로 다르다.
- 영유아는 서로 다른 학습의 속도를 보인다.
- 영유아는 서로 다른 흥미를 가지고 있다.
- 영유아는 똑같은 방법으로 문제를 해결하지 않는다.
- 영유아는 서로 다른 학습 동기를 가지고 있다.
- 영유아는 특정 시점에서 동일한 학습능력과 학습 준비도를 가지고 있지 않다.

각 개인마다 발달속도가 다름에 따라 이해 정도와 학습능력 그리고 표현하는 방법이 서로 다르다. 특히 영아는 같은 월령이라고 해도 신체적, 언어적, 인지적, 사회적 발달 면에서 개인차가 많이 나타나므로 영아 교사는 다음과 같은 질문을 통해 각 영아의 개별적 특성을 찾아 교수-학습에 반영해야 한다(신애선, 임경래, 2021).

〈표 1-2〉 **영아의 개별적 특성 찾기**

- 무엇을 좋아하는가?
- 언제 짜증을 내는가?
- 기저귀가 젖으면 어떻게 표현하는가?
- 좋아한다는 표현은 어떻게 하는가?
- 영아가 자주 사용하는 몸짓은 무엇인가?
- 영아가 자주 사용하는 소리(단어)는 무엇인가?
- 어떤 경우에 잠을 잘 자는가?
- 어떤 음식을 좋아하는가?
- 어떤 놀잇감을 잘 가지고 노는가?
- 누구를 좋아하는가?
- 등·하원 시 부모와 어떻게 헤어지고 만나는가?

종합적으로, 개별화 원리에 의한 교수-학습이란 영유아의 연령, 발달, 장애, 배경 등을 고려하여 학습 내용과 교수 방법, 평가 방법 등을 구성하는 것을 의미한다. 교사는 다음과 같은 점을 고려하여 실천해야 한다(서동미 외, 2019).

- 영유아마다 선호하는 학습 양식이나 유형이 서로 다름을 분명히 인식하고 인정한다.
- 같은 내용에 대한 교육도 영유아의 학습 유형에 알맞은 방법과 자료를 활용하여

학습 효과를 더욱 높일 수 있음을 알고 차별화한다.

- 가능한 한 영유아 각자가 선호하는 것(활동, 매체, 재료 등)을 스스로 선택하여 활동할 수 있도록 허용한다.

(2) 보살핌의 원리

영유아기는 부모나 교사가 영유아의 건강과 안전을 위해 무엇보다 보호해 주는 것이 필요하다. 이에 교사는 보듬어 안아 주고, 웃어 주고, 기저귀를 갈아 주고, 수유 및 식사를 제공하는 등 기본적인 욕구가 충족될 수 있도록 보살펴 주어야 한다.

영유아와 '보살핌'의 관계가 잘 형성된 교사는 영유아의 말을 주의 깊게 듣고 영유아가 무엇을 했는지, 어떻게 놀이를 하는지 관찰과 기록을 하며 영유아에게 의미 있는 환경과 학습의 기회를 제공하기 위해 노력한다(양옥승 외, 2022).

2) 놀이 중심

「2019 개정 누리과정」과 「제4차 표준보육과정」에서는 놀이에 대한 자유와 영유아의 놀 권리에 대한 관심이 부각되면서 개별 영유아의 다양한 특성을 반영할 수 있는 '자유놀이(free play)'가 유아교육의 주요한 교수·학습의 원리로 제시되었다. '자유놀이'는 가장 자연스럽게 영유아 개인의 흥미, 요구, 관심이 드러날 수 있게 하는 자기만족의 수단이며, 평안하고 즐거운 상태에서 영유아가 자신의 생각과 감정을 스스로 조절하여 선택할 수 있게 해 주는 자기 교수의 기회로 작용(양옥승 외, 2022 재인용)하기 때문이다.

(1) 자발성의 원리

자발성(spontaneity)이란 다른 사람의 지시나 영향에 의하지 않고, 자기 스스로 의지에 따라 행동하는 성질이나 특성을 의미한다. 영유아에게 학습이 효과적으로 이루어지기 위해서는 영유아 내부에서 학습 동기가 생겨날 뿐만 아니라 영유아 자신의 요구와 흥미, 필요에 의한 자발적인 학습의 맥락이 요구된다. 그러므로 교사는 영유아가 적극적으로 놀이에 참여할 수 있도록 영유아의 감정과 의견, 표현을 민감하게 파악하고 존중하는 상호작용과 수용적인 분위기를 조성해 주어야 한다. 아울러 놀이, 일상생활과 활동이 이루어지는 상황과 환경에 맞추어 섬세하게 지원해 주어야 한다(신애선 외, 2021).

(2) 흥미의 원리

흥미가 없는 놀이나 활동은 영유아의 내적 동기에서 우러나오는 능동적인 놀이와 활동에 집중할 수 없어 영유아의 학습을 끌어낼 수 없다. 그러므로 교사는 영유아가 무슨 놀이를 하는지, 어떻게 놀이하는지, 놀이하면서 무슨 말을 하는지 민감하게 알아차리고 영유아의 관심과 흥미가 변화되는 놀이상황에 대한 세심한 관찰을 통해 영유아의 흥미를 먼저 발견하고, 그것을 기반으로 흥미로운 활동을 제시하여야 한다(신애선 외, 2021).

영유아의 흥미와 관심을 고려한 교수-학습방법은 다음 〈표 1-3〉과 같다(서울시육아종합지원센터, 2017).

〈표 1-3〉 **영유아의 흥미와 관심을 고려한 교수-학습방법**

구분	내용
흥미 찾기	• '영유아가 무엇을 하고 싶을까?'를 생각한다. • 개별 영유아가 몰입하는 대상이나 상황에 대하여 관찰한 후 이를 교육과정에 반영한다. • 개별 영유아의 흥미를 서로 연결하고 융합할 수 있는 방법을 고민하고 실행한다.
흥미 유지하기	• 영유아가 흥미를 가지고 몰입하여 만든 결과물을 통하여 새로운 아이디어를 확장해 갈 수 있는 기회를 제공한다. • 영유아가 보이는 관심과 흥미에 따라 흥미영역을 융통성 있게 활용한다. 흥미영역이 서로 통합될 수 있고, 필요에 따라 교재 · 교구들이 영역과 상관없이 창의적으로 활용될 수 있도록 허용한다. • 영유아가 흥미를 유지하며 활동할 수 있도록 활동 시간을 유동적으로 운영하며, 내일로 확장될 수 있도록 기회를 제공한다.
흥미 확산하기	• 활동이 진행되는 동안 영유아가 보이는 관심과 흥미의 방향을 세심하게 관찰하고 그 속에서 다음의 진행방향을 찾아 나간다. • 유사한 흥미를 가진 영유아들이 소집단에서의 협력적인 활동을 통해 창의적으로 문제를 해결할 수 있는 기회를 제공한다.

(3) 탐색의 원리

영유아가 놀이를 통해 학습이 이루어지기 위해서는 놀이 이전에 탐색(exploration) 활동이 먼저 나타나야 한다. 탐색 활동을 하는 영유아는 자신에게 새로운 물체가 주어졌을 때 처음 보는 물체의 특성이 무엇일까를 생각하며 그 물체를 갖고 무엇을 할까를 생각한다. 즉, 탐색은 놀이 이전에 나타나며, 영유아가 처음 보는 물체에 대한 던지기, 만져 보기, 살펴보기 등의 정형화된 행동으로 진지하게 하는 활동이다(최석란, 2005 재인용).

영유아는 발달 특성상 호기심이 강하여 스스로 탐색하고 감각을 활용하여 사물이나 현상을 직접 경험하기를 좋아한다. 즉, 영유아는 자신에게 흥미 있고 의미 있는 활동이 제공될 때 능동적으로 놀이에 참여하여 스스로 탐색하고 자신의 감각을 이용해 주변의 사물이나 현상을 직접 경험하며 물리적, 논리 · 수학적, 사회적 지식을 얻을 수 있다(양옥승 외, 2022).

탐색의 원리에 따라 교수-학습할 때 교사가 고려할 점은 다음 〈표 1-4〉와 같다(서동미 외, 2019).

〈표 1-4〉 **탐구 중심 교수-학습 실행을 위해 교사가 고려할 점**

- 영유아의 탐구동기와 의지를 자극해 줄 수 있는 다양하고 풍성한 환경을 마련해 준다.
- 영유아의 자발적인 선택을 통해 탐구가 시작되고 진행될 수 있도록 허용적인 분위기를 마련해 준다.
- 영유아가 탐구과정에 몰입할 수 있도록 존중해 주고 충분한 시간을 허용한다.
- 영유아를 위한 교수-학습활동을 계획함에 있어 언어적인 설명보다는 눈으로 보고, 소리를 듣고, 냄새 맡고, 맛보고, 만져 볼 수 있는 실물형태의 자료를 충분히 제공한다.

3) 생활 속 경험 중심

영유아는 자신에게 친숙한 일상생활 속에서의 직접 경험에 더 흥미를 가지며 이를 통해 사물에 대한 지식과 태도 및 기술을 학습한다. 영유아들의 교육경험은 일상생활과 별개의 것이 아니라 가정과 유아교육기관에서 매일 반복하는 실제이며 매일의 생활경험이다.

영유아는 자신의 생활 맥락에 가깝고 친숙하며 의미 있는 경험을 통해 가장 잘 학습한다(김경철, 홍정선, 2005). 이것이 '생활 중심 원리'이다. 이에 유아교육기관에서의 교육은 영유아 자신과 가족, 친구, 우리 동네, 우리나라, 계절, 명절 등의 가장 가까운 일상을 중심으로 전개하는 것이 중요하다. 이런 친근한 활동들을 통해 적극적으로 참여하게 되고 보다 구체적인 경험을 할 수 있게 된다. 따라서 영유아의 일상생활, 실내 · 외 놀이, 대 · 소집단 활동에서의 경험을 자연스럽게 학습으로 이끌어 낼 수 있도록 영유아의 경험을 세심하게 관찰하여야 한다.

생활 중심 원리에 따라 교수-학습할 때 교사가 고려할 점은 다음 〈표 1-5〉와 같다(서동미 외, 2019).

〈표 1-5〉 생활 중심 교수-학습 실행을 위해 교사가 고려할 점

• 학습 내용 선정 시 영유아가 이전부터 알고 있었거나 경험한 내용과 친숙하고 자연스럽게 연결될 수 있는 것으로 정한다. • 교수-학습활동을 계획할 때 영유아 교사는 영유아의 사전적 경험이나 지식과 새로운 학습 내용을 어떻게 연결 짓고 확정할 것인지에 대한 계획을 세밀하게 세우고 실행한다.

Chapter 02

영유아 교수-학습방법의 특성

1. 유아 중심
2. 놀이 중심
3. 통합교육

영유아 교수–학습에서 가장 우선적으로 고려해야 할 것은 바로 영유아이다. 영유아기는 신체적 · 정신적인 측면에서 급속히 성장하는 시기이기 때문에 영유아의 전인적 성장 · 발달은 유아교육의 중요한 목표가 되어야 한다.

「2019 개정 누리과정」과 「제4차 표준보육과정」은 영유아의 놀이를 강조하는 놀이 중심 교육과정이다. 영유아는 자신의 흥미와 관심에 따라 자유롭게 놀이에 참여할 때 가장 잘 학습할 수 있기 때문이다.

한편, 유아교육은 초 · 중등교육에서와 같이 뚜렷하게 교과가 구분되어 있지 않고, 영유아들의 일상생활과 놀이를 중심으로 일과를 편성하여 운영하며 유아가 중심이 되는 통합적 교수–학습방법으로 시행되고 있다.

이 장에서는 유아교육의 교수–학습방법의 특성인 유아 중심, 놀이 중심, 통합교육에 대해 살펴보고자 한다.

1. 유아 중심

유아교육기관에서 영유아를 가르치고 배우는 과정인 영유아 교수-학습은 영유아의 발달특성을 고려하여 영유아가 주도적일 때 가장 효과적이다. 영유아는 스스로 배울 수 있는 힘이 있고, 스스로의 방식으로 학습하기 때문이다. 능동적 존재로서 학습자인 영유아의 특성은 다음과 같다(김금주, 오진희, 김은정, 박형신, 2012).

첫째, 영유아는 호기심(흥미)를 통해 세상에 대해 학습한다.

인간의 호기심은 선천적인 것이며, 영유아기만큼 그 영향이 큰 시기도 흔치 않을 것이다. 영유아는 흥미 여부에 따라 세상에 대한 이해가 달라진다.

둘째, 영유아는 매일의 일상생활 속에서 감각을 통해 세상을 이해한다.

영유아는 논리적으로 사고하기 어렵다. 따라서 논리적으로 가르치는 것보다 감각적으로 잘 인식할 수 있는 방법으로 가르치는 것이 효과적이다.

셋째, 영유아기만의 발달적 특성을 가진다.

인지적 특성에 의하면 출생 시부터 만 2세까지 영아는 자신의 감각과 움직임을 통해 세상을 탐색한다. 그러나 만 2세에서 만 7세까지에는 자기중심적 사고에 의존하며 지각적 속성으로 사물을 판단하므로 사물의 외관에 의존하여 판단한다. 또한, 물활론적 사고, 비가역성, 꿈과 현실을 구분하지 못하는 실재론적 사고 등의 인지적 특성을 보인다.

「2019 개정 누리과정」과 「제4차 표준보육과정」에서는 '유아 중심'의 교수-학습을 강조하고 있다. 유아 중심을 추구한다는 것은 누리과정을 운영하는 과정에서 영유아의 건강과 행복, 놀이를 통한 배움의 가치를 최대한 존중하여 반영하는 것을 의미한다.

'유아 중심'으로 교수학습이 이루어지기 위해서 교사는 다음과 같은 점을 고려해야 한다(임부연, 김성숙, 성영실, 손연주, 양혜련, 이정금, 2023).

- 영유아의 건강과 안전, 생활과 놀이를 최우선으로 강조해야 한다.
- 영유아의 발달특성을 고려해야 한다.
- 영유아의 흥미와 관심에 기반하여 놀이와 활동을 진행해야 한다.
- 영유아의 말과 행동, 생각을 존중하여 교육과정을 융통성 있게 운영한다.
- 교사는 '영유아의 놀이경험과 배움을 지원하는 자'로서 역할을 규정한다.

2. 놀이 중심

영유아에게 놀이는 삶 자체이며, 학습이다. 놀이란 영유아가 스스로 관심을 가지고 적극적으로 참여하고 주도하는 재미있고, 다양한 상호작용을 유발하는 모든 활동을 말한다(강민정, 김민희, 배소연, 2021).

영유아에게 교육적 가치를 지니는 놀이의 핵심적인 특징은 다음과 같다(지성애, 2019).

- 놀이는 현실을 기반으로 발현된다.
- 놀이는 영유아 스스로 하고자 하는 자발성이 있다.

- 놀이는 긍정적 정서가 드러나며 재미있고 즐거움이 있다.
- 놀이는 본질적으로 내적인 동기부여가 된다.
- 놀이는 놀이하는 사람에 의해 지배되므로 영유아가 놀이의 방향을 스스로 정한다.
- 놀이는 실패에 대한 두려움 없이 필요에 따라 자유롭게 변형하며, 변화시키는 융통성이 있다.
- 놀이는 비사실적이고, 비현실적이어서 상상적 요소가 많다.
- 놀이는 결과보다는 과정에서 만족을 얻는다.
- 놀이는 규칙으로부터 자유로우며 무엇을 이루고자 하는 목적이 없다.
- 놀이는 진지하게 참여하고 몰두하게 하며 스스로 반복하려고 애쓴다.
- 놀이는 언어적 유희, 신체적 도전과 모험, 사회적 협력, 긍정적 정서가 동시다발적으로 표현된다.

이처럼 놀이는 유아교육에서 가장 중요한 교수–학습방법이다. 「2019 개정 누리과정」과 「제4차 표준보육과정」에서는 영유아가 자신의 흥미와 관심에 따라 자유롭게 참여하고, 영유아가 자신만의 방식으로 자유롭게 이끌어 가는 주도적인 놀이를 강조한다.

이에 교사는 간섭과 통제를 최소화하고 실내·외 환경에서 다양한 놀이를 통해서 적절한 교수–학습이 이루어질 수 있도록 다음과 같이 지원해야 한다(교육부, 보건복지부, 2019c).

- 영유아가 흥미와 관심에 따라 놀이에 자유롭게 참여하고 즐기도록 한다.
- 영유아가 자유놀이부터 교사가 계획한 활동까지 놀이를 통해 배우도록 한다.
- 영유아가 다양한 놀이와 활동을 경험할 수 있도록 실내·외 환경을 구성한다.
- 영유아와 영유아, 영유아와 교사, 영유아와 환경 간에 능동적인 상호작용이 이루어지도록 한다.

다음은 광주 문화어린이집 만 5세 유아의 놀이의 시작과 흐름의 과정을 보여 주는 예이다(중앙육아종합지원센터, 2020).

북극 집 이글루를 만들어요(만 5세)

놀이의 시작

"나는 환경미화원이야!"

교실에 게시된 환경 관련 사진 자료를 보고 환경미화원에 대한 이야기 나누기, 빗자루 만들기, 바닥 쓰는 모습 흉내 내기 등의 놀이가 나타났다.

놀이의 흐름

유아들이 숲으로 산책을 가며 쓰레기를 치우자는 의견이 나왔다. 그래서 쓰레기봉투를 가지고 나가 어린이집 주변과 숲길, 잔디밭에서 쓰레기를 주웠다.

"쓰레기가 왜 이렇게 많아요? 지구가 너무 아팠을 것 같아요"

쓰레기를 치우던 유아들은 환경오염에 대해 관심을 보였다. 쓰레기를 길거리나 공원 등에 버리지 않으려면 어떻게 해야 하는지 유아들과 이야기 나누어 보면서 산책하였다.

“북극의 얼음이 녹고 있대요.”

유아들의 환경미화원 놀이가 가정으로 연계되면서, 한 유아가 북극 관련 책을 가져왔다. 북극 관련 책을 읽은 유아들은 북극에 대해 관심을 가졌으며 북극과 관련된 놀이가 시작되었다.

“우리 북극에서 살자!”, “북극 너무 추운데”

유아들은 북극에 살고 있는 동물들이 멸종위기에 처해 있음을 알게 되었다. 동물들을 보호하기 위해 우리가 할 수 있는 것들을 생각하면서, 북극에 사는 사람들의 집에도 관심을 보였다. 교사와 함께 이글루와 에스키모에 대해 알아보았다.

"지금은 공사 중~"

이글루를 알아본 유아들은 벽돌블록을 이용해 이글루를 만들기 시작하였으나, 교실의 벽돌블록의 수량이 넉넉치 않아 종이에 '공사 중'이라고 안내문을 붙여 두고 이글루 만들기를 잠시 멈추었다.

"나는 곰이야~", "나는 핑크 돌고래~", "나는 우파루파~"

유아들은 멸종위기 동물이 되어 스스로 놀이규칙을 만들며 숨바꼭질 놀이를 하였다. 놀이 안에서 사냥꾼이 된 유아가 수를 세며 "내가 잡으러 간다."라고 소리치자 동물 역할의 유아들이 사냥꾼을 피해 도망가며 잡기놀이로 변형되었다. 멸종위기 동물놀이를 함께 하지 않고 다른 놀이를 진행하던 유아들은 친구들의 잡기놀이에 자신의 놀이 장소가 망가뜨려지니 싫은 모습을 보이기도 하였으나, 어느새 쫒기는 멸종위기 동물을 보호하는 보호소를 만들어 반 전체가 함께 놀이하였다.

"다른 교실에서 블록을 빌려 와요"

한동안 멸종동물 놀이를 진행하던 유아들은 계속 공사 중인 이글루에 다시 관심을 보이며 이글루 만들기를 완성하고 싶어 했고 부족한 벽돌블록을 어떻게 채울 수 있을지에 대해 이야기 나누었다. 유아들은 직접 교실을 돌아다니며 벽돌블록을 빌려 이글루 공사를 진행하였다. 이번 이글루 공사는 반 전체가 관심을 가지고 참여하였고 너무 많은 유아들이 참여하자 이글루가 계속 무너졌다. 그래서 유아들은 2~3명씩 조를 정해 번갈아 가며 벽돌블록을 쌓고, 테이프를 붙이는 작업을 진행하였다.

"완성했다!"

이글루를 완성한 후 벽돌블록을 빌려주었던 친구들을 초대해 함께 놀이하였다. 그러던 어느날, 동생들이 놀러와 함께 놀이하다가 이글루가 무너져 버렸다. 하지만 유아들은 두 달간 충분히 놀이해서인지, 어려웠지만 완성했다라는 만족감 때문인지, 더 놀이하고 싶은 아쉬움 없이 이글루를 정리하였고 북극에 관련된 놀이가 마무리되었다.

3. 통합교육

유아교육의 특징적인 교수-학습방법은 아동중심적인 철학에 기초한 통합교육이다. 통합이라는 개념은 사람의 감각, 느낌, 판단, 상상, 직관 등은 분리되어 기능하는 것이 아니라 통합적으로 기능하므로 이들을 통합할 수 있는 교육이 이루어져야 한다는 것에 중점을 둔다. 또, 사람의 삶 속의 모든 문제는 한 가지 지식이나 한 가지 접근방법으로 해결할 수 있는 것은 하나도 없으므로 다양한 지식과 접근법을 통합하고 활용하는 것에 중점을 둔다(최애경, 안부금, 좌승화, 2010).

통합교육이란 영유아의 전인적 발달과 효율적 학습을 위하여 영유아의 흥미와 요구, 교육내용을 통합하고, 영유아와 영유아 주변의 인적 · 물적 환경을 통합하며, 교과목들을 통합적으로 재조직하여 가르치는 방법이다(심성경, 이선경, 변길희, 김은정, 2021 재인용). 통합교육이 영유아의 학습을 촉진시키는 측면은 다음과 같다(심성경, 이선경, 변길희, 김은정, 2021 재인용).

첫째, 통합교육은 영유아의 경험을 보다 밀도 있게 만들어 영유아들 스스로의 의미구성에 기여한다. 의미 있는 통합교육에 참여할 때 유아교육기관에서의 경험이 가정에서의 경험과도 연계성을 가질 수 있게 됨으로써 의미구성을 돕는다.

둘째, 통합교육은 각 교과 영역 간의 연관성을 인식하고, 각 영역의 지식을 실생활과 관련 짓는 능력을 향상시킬 수 있다. 영유아는 교육과정 영역이 각각 분리되어 있으면 개별 교과영역이 보다 광범위한 지식의 차원으로 어떻게 연결되는지 알 수 없다. 예를 들면, 과학 교과의 학습을 위해서는 수학이 밀접하게 관련될 수 있다.

셋째, 통합교육은 한 교과학습에서 다른 교과학습으로 바뀌는 전환의 횟수와 그로 인한 생소함을 최소화시킬 수 있다. 즉, 교과별 학습의 전환에 따른 시간의 공백과 구분된 교과학습 간 전이에 따라 적응해야 하는 영유아의 어려움이 해소될 수 있다.

넷째, 통합교육은 영유아가 학습해야 할 많은 정보를 의미 있는 개념으로 조직화할 수 있도록 돕는다. 즉, 각각의 정보들이 연관성을 갖고 영유아에게 제공됨으로써 자연스럽게 개념을 형성할 수 있게 해 준다.

다섯째, 통합교육은 교과 관련 지식만을 제공하기보다 개별 교과 영역이 특정한 문제해결에 어떻게 도움을 주는지 알게 해 줌으로써 영유아가 특정 영역의 전문가가 되는 것의 의미를 보다 쉽게 인식하도록 돕는다.

앞에서 살펴본 바와 같이, 영유아는 분리된 교과별 학습보다 통합된 경험을 통해 더 잘 배운다. 따라서 학습경험을 교과로 분리(국어, 사회, 과학, 미술 등)하기보다는 주제를 중심으로 놀이를 통해 통합(예: 주제 '가을' 전개 시 가을 과일 만들기, 가게 놀이하기, 가게 간판 쓰기 등)하는 것이 바람직하다. 즉, 영유아에게 친근하며 관심 있는 주제 중심의 통합교육과정으로 운영할 때 영유아들은 각 교과 혹은 학문영역 간의 사실을 서로 잘 연관 지을 수 있고 추상적인 개념을 이해할 수 있게 된다(임미혜, 최경애, 이혜원, 황윤세, 2020).

영유아 교수-학습에서 통합교육을 실행한다는 것은 개정 누리과정에 포함된 5개 영역의 내용을 따로따로 가르치기보다 영유아의 놀이를 통해 통합적으로 배우도록 지원해 주어야 한다는 것을 의미한다. 예를 들면, 영유아는 모래 놀이를 하며, 신체를 움직이고, 친구와 대화도 하며, 그림도 그릴 수 있다. 모래와 물을 섞으며 물질의 변화에 대해 호기심과 탐구심을 가질 수도 있다.

또한, 5개 영역의 내용은 정해진 주제 이외에도 영유아의 관심과 흥미에 따라 다양하게 통합할 수 있음을 이해해야 한다. 예를 들면, 교사는 영유아가 놀이하면서 자연스럽게 경험하게 되는 계절이나 국경일과 같은 친근한 주제, 영유아가 놀이하면서 관심을 보이는 동화나 곤충, 그네 등과 같은 주제를 중심으로 영유아의 경험과 5개 영역을 통합적으로 연계하여 지원할 수 있다. 영유아가 관심을 가지는 그림책, 사물, 우연한 상황 등도 충분히 영유아의 경험을 통합적으로 연계하여 지원할 수 있는 자원이 될 수 있다.

통합적 영유아 교수-학습의 특징을 정리하면 다음 〈표 2-1〉과 같다(임부연 외, 2023).

〈표 2-1〉 **통합적 영유아 교수-학습의 특징**

통합적 유아 교수학습
• 교육내용: 5개 영역(신체운동 · 건강, 의사소통, 사회관계, 예술경험, 자연탐구) • 통합교육과정: 유아가 일과에서 놀이, 일상생활, 활동을 통해 5개 영역을 통합적으로 배우도록 운영함. • 놀이 중심 통합: 유아가 주도하는 놀이를 통해 배움이 일어나도록 함. • 5개 영역의 내용은 일과에서 표면적으로 드러나지 않음.

출처: 임부연 외(2023). 놀이중심 유아교육과정에 기반한 영유아교수학습. p.75. 재구성.

종합적으로, 유아교육에서 실행하고 있는 통합교육이란 교육내용(5개 영역)을 교과로 편성하여 운영하지 않고, 영유아가 하루 일과에서 자연스럽게 놀이와 일상 생활을 통해 경험하도록 하는 방법이다. 따라서 교사는 교사의 자율성을 바탕으로 영유아의 놀이상황과 맥락에 따라 5개 영역을 다양한 방식으로 융통성 있게 영유아의 경험과 연계하여 통합적으로 지원할 필요가 있다. 예를 들면, 유아들이 그림자놀이에 관심을 보일 때, 교사는 '내 친구 그림자' 동화 듣기, '햇빛이 필요해' 노래 부르기, '그림자 인형 그리기' 미술 활동 등을 하며 그림자놀이가 더 재미있고 풍부하게 진행되도록 지원하는 활동을 할 수 있어야 한다(임부연 외, 2023).

영유아의 전인적 성장과 발달을 도모할 수 있는 통합교육으로 교수-학습을 운영하기 위해서 교사는 다음과 같은 점을 고려해야 한다(교육과학기술부, 2009; 임부연 외, 2023).

첫째, 교육적 의도와 유기적인 관계없이 많은 교육내용을 통합하는 것을 피해야 한다. 교사는 단순히 그 활동이 주제에 맞고 영유아들이 재미있어 한다는 이유로 선택하지 않도록 주의한다.

둘째, 영유아들의 감각을 활용하여 적극적으로 관찰하기, 몸으로 느끼기와 표현하기, 유추하기, 상상하기, 감정이입하기, 통합하기 등 다양한 방법을 활용할 수 있는 교육경험 및 내용과 교수-학습을 고려하여 구성한다.

셋째, 하나의 주제를 중심으로 교육활동을 운영할 때 교사들은 종종 주제와 관련된 지식을 영유아가 배워야 할 교육내용으로 오해하지 않도록 해야 한다. 예를 들면, 겨울준비로 김장 담그기를 할 때 김장 담그기의 순서나 김장을 하는 이유를 가르치는 것이 중요한 교육내용으로 오해하지 않도록 한다. 김장 담그기는 유아가 겨울이라는 계절의 변화에 관심을 가지고 겨울에 하는 다양한 경험을 하도록 지원하는 방법이다.

넷째, 종종 내용과 방법을 혼돈하거나 너무 교수방법에 치우쳐 영유아들의 배우는 내용을 간과하지 않아야 한다. 예를 들면, 게임이나 요리, 그림그리기와 같은 활동을 하면서 기술적 방법을 지나치게 강조하지 말고 학습할 내용에 중점을 두어야 한다. 즉, 특정 교수법이 교육내용을 의미하지는 않으며, 모든 교수방법은 교육내용인 5개 영역을 통합적으로 영유아가 배우는 과정에서 적절하게 활용하는 방법임을 인식하고 있는 것이 중요하다.

다섯째, 다양한 교수학습을 융통성 있게 활용한다. 유아교육은 초등학교의 교과중심 교육과정에서 하는 수업이나 직접적 교수법 이외에도 매우 다양한 교수법을 활용한다는 점에서 교사의 교수내용 지식이 중요하다. 놀이도 다양한 시간이나 공간 이외에도 놀이환경, 놀이자료 등은 수시로 바뀌고 복잡한 교사 지원이 필요하며, 치밀하게 준비한 계획도 수시로 즉흥적으로 바뀌는 경우가 많고, 움직임이 많은 영유아의 특성상 체험이나 활동 등 매우 다양한 교수법을 알고 있는 것도 중요하다.

여섯째, 하나의 주제를 중심으로 교육활동을 전개할 때 교과 간 통합과 교과 내 통합이 이루어지도록 계획해야 한다. 교과 간 통합은 한 주제 및 소주제 또는 주요 내용을 중심으로 수, 과학, 언어, 조형, 음률 등의 교과 영역들을 통합하는 것이다. 즉, 하나의 주제에 대해 이야기 나누기, 노래부르기, 신체표현하기, 과학 활동 등 다양한 영역의 활동을 전개함으로써 교과 간 통합을 이루어야 한다. 교과 내 통합은 한 주제 또는 한 활동을 중심으로 하나의 교과 영역 내의 여러 영역을 통합하는 것이다.

마지막으로, 영유아들이 학습한 지식 및 기능을 일상생활에서 활용하고 통합하여 새로운 지식을 만들어 가도록 해야 한다.

'음식'을 주제로 한 통합교육의 예는 다음 [그림 2-1]과 같다(임미혜, 김영애, 신혜영, 장정애, 최윤희, 2020).

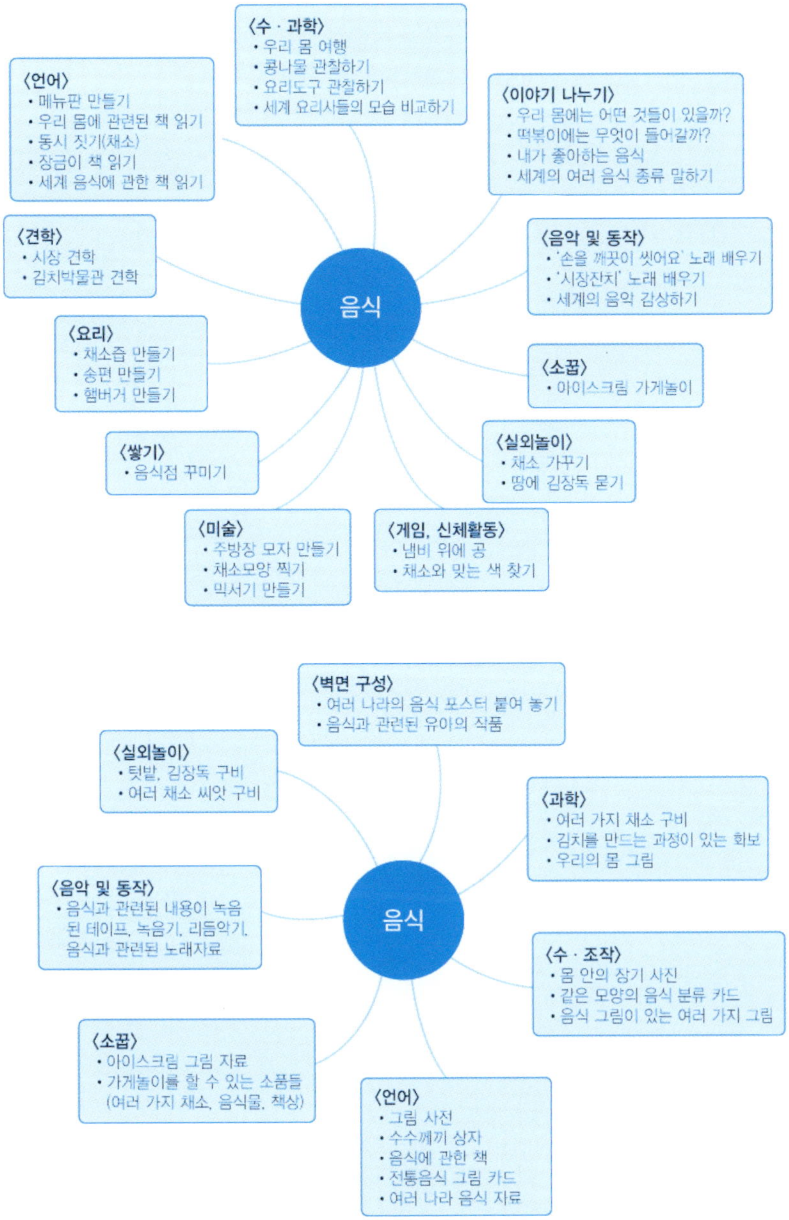

[그림 2-1] '음식'을 주제로 한 통합교육의 예

PART 2

영유아 교수-학습방법의 계획

Chapter 03

영유아 교수-학습 계획하기

1. 연간 계획하기
2. 월간 계획하기
3. 주간 계획하기
4. 일일 계획하기

계획하기는 교사가 교육적 상황에서 무엇을 어떻게 해야 하는지를 알려 주는 지침이다. 즉, 영유아의 놀이를 통한 배움을 지원하기 위하여 유치원과 어린이집에서 하루, 한 주, 한 달, 한 학기, 일 년의 시간을 어떻게 살아갈 것인가에 대한 교육내용과 시간을 조직하는 과정이다(교육부, 보건복지부, 2019). 이는 영유아가 놀이를 통한 학습의 기회, 일상생활에서 필요한 기술과 태도를 습득하기 위해 필요한 경험, 시기, 날씨나 계절과 같은 자연현상, 유아교육기관 및 국가적 행사 등을 고려한 전반적인 교육계획을 의미한다.

유아 · 놀이 중심 「2019 개정 누리과정」과 「제4차 표준보육과정」 교수학습에서 월간, 주간, 일일 계획은 사전 계획을 최소화하면서 영유아의 실제 놀이를 근간으로 한다. 교사는 학급(반)의 실제적인 경험을 반영하여 영유아의 놀이와 배움을 관찰하고 구체적으로 기록함으로써 자신의 학급에 적합한 교육계획을 수립해 나가야 함을 강조하고 있다.

일반적으로 유치원과 어린이집에서 교육내용과 시간을 계획할 때 중요한 원칙 중 하나는 연령 간, 교과 간, 예상 놀이 주제 간 연속성과 위계성을 가지고 체계적으로 조직하는 것이다(김진희, 강미영, 2020).

이 장에서는 연간, 월간, 주간, 일일 계획하기에 대해 살펴보고자 한다.

1. 연간 계획하기

연간 계획이란 유치원 및 어린이집에서 1년 동안 이루어지는 전반적인 교육 · 보육에 대한 계획을 세우는 것으로, 개정 누리과정에서 추구하는 인간상, 기관의 철학, 지역사회의 특성, 개인 수준의 다양성을 고려하여 자율적으로 수립할 수 있다. 연간 계획은 학급 차원보다는 기관 차원에서 수립하는 것이 일반적이며 일 년간의 중요한 경험(예: 기관 적응, 계절, 명절, 그 해의 특별한 국가적 행사, 기관 행사, 진급 등)을 미리 염두에 두고 계획해야 한다(교육부 외, 2019c).

연간 계획은 영유아에게서 발현되는 놀이 주제와 놀이경험에 따라 즉각적으로 반영될 수 있도록 여지를 남기고 계획한다. 다음 〈표 3-1〉, 〈표 3-2〉는 연간 계획안의 예이다.

〈표 3-1〉 **연간 계획안의 예**

월	주	어린이집 행사	유아의 주요경험 (명절, 기관 적응, 특별한 날 등)
3	1주~4주	입학식 신입원아 적응기간 운영위원회	신입원아 어린이집 적응 재원원아 새로운 반 적응
4	1주~5주	봄소풍, 씨앗심기 부모 개별상담	계절의 변화 경험하기 (따뜻해지는 봄 나들이 등)
5	1주~4주	어린이날 행사 인형극 관람 부모참여프로그램	주요 기념일과 관련된 감사의 마음 느껴 보기 (어린이날, 어버이날, 스승의날)
6	1주~4주	도서관 견학 동물원 견학 운영위원회	*계절과 절기에 따른* *영유아의 공통된 주요 경험을* *유추하기 어려우면* *비워 두어도 됨*
7	1주~5주	수영장 가기 부모교육 부모참여프로그램	계절의 변화 경험하기 (여름날씨, 건강과 위생, 여행 등)
8	1주~4주		

- 기관 차원에서 연간계획이 필요한 항목의 예
- 일 년 동안 어린이집에서 진행하는 행사 등의 계획
- 계절의 변화, 그 해의 특별한 국가적 행사, 특별한 날 등에서 예상되는 유아의 주요 경험

출처: 중앙육아종합지원센터(2020). 놀면서 자란다(3~5세 보육과정). p.63.

〈표 3-2〉 **연간 계획안의 예(유아)**

연 간 보 육 계 획 안 (유아)

월	유아의 주요 경험	어린이집 행사	텃밭 가꾸기	놀이주제 *유아의 흥미와 관심을 따라가며 선정 예정
3	어린이집, 새로운 친구들과 적응하기	입학식 신입원아 적응기간	텃밭 갈기 씨감자 심기	유아의 흥미와 관심 읽기
4	계절의 변화 경험하기	봄소풍 부모개별상담 운영위원회	씨뿌리기 고추, 가지 심기	*케이블카 공원*
5	주요 기념일과 관련된 감사의 마음 느껴 보기 (어린이날, 어버이날, 스승의 날)	어린이날 행사 카드 만들기	고추, 가지 순 따기	*빛의 반사*

유아의 흥미를 반영하여 주제를 추가해 가는 것으로 계획 (파란색 글씨)

출처: 서울시육아종합지원센터(2022). 놀이관찰과 기록. p.7.

다음 〈표 3-3〉, 〈표 3-4〉는 연령별 연간 계획안의 예이다.

〈표 3-3〉 **연간 계획안의 예(영아)**

<table>
<tr><th>월</th><th>주</th><th>어린이집 행사
* 일 년 동안 어린이집에서 진행하는 행사를 계획하여 기록한다.</th><th>영아의 주요 경험
* 계절의 변화, 특별한 국가적 행사, 명절 등에서 예상되는 주요 경험을 기록한다.</th></tr>
<tr><td>3</td><td>1~4주</td><td>• 입학식
• 신입원아 적응기간</td><td>• 어린이집 적응
• 엄마, 아빠와 잘 헤어지기</td></tr>
<tr><td>4</td><td>1~5주</td><td>• 봄 나들이,
• 부모 개별상담</td><td rowspan="2">• 우리 반 환경 · 일과에 익숙해지기
• 선생님, 친구와 친숙해지기
• 봄 날씨 변화 경험하기</td></tr>
<tr><td>5</td><td>1~4주</td><td>• 어린이날 행사
• 부모참여프로그램</td></tr>
<tr><td>6</td><td>1~4주</td><td>• 운영위원회</td><td>* 계절과 절기에 따른 영아의 공통된 주요 경험을 유추하기 어려우면 비워 두어도 된다.</td></tr>
<tr><td>7</td><td>1~5주</td><td>• 물놀이
• 부모교육
• 부모참여프로그램</td><td rowspan="2">• 여름 날씨 변화 경험하기</td></tr>
<tr><td>8</td><td>1~4주</td><td>• 물놀이</td></tr>
<tr><td>9</td><td>1~4주</td><td>• 추석 행사</td><td>• 추석 음식 경험하기</td></tr>
<tr><td>10</td><td>1~4주</td><td>• 부모참여수업
• 가을 나들이</td><td>• 가을 날씨 변화 경험하기</td></tr>
<tr><td>11</td><td>1~4주</td><td>• 운영위원회</td><td></td></tr>
<tr><td>12</td><td>1~4주</td><td>• 부모 개별상담
• 크리스마스 행사</td><td rowspan="2">• 겨울 날씨 변화 경험하기</td></tr>
<tr><td>1</td><td>1~4주</td><td>• 설 행사</td></tr>
<tr><td>2</td><td>1~4주</td><td>• 신입원아 오리엔테이션</td><td></td></tr>
</table>

출처: 조성연, 정진화(2022). 보육실습. pp.107-108.

〈표 3-4〉 **연간 계획안의 예(유아)**

월	주	어린이집 행사 * 일 년 동안 어린이집에서 진행하는 행사를 계획하여 기록한다.	유아의 주요 경험 * 계절의 변화, 특별한 국가적 행사, 명절 등에서 예상되는 주요 경험을 기록한다.
3	1~4주	• 입학식 • 신입원아 적응기간 • 운영위원회	• 신입원아 어린이집 적응
4	1~5주	• 봄 소풍 • 씨앗 심기 • 부모 개별상담	• 계절의 변화 경험하기 (따뜻한 봄 나들이 등)
5	1~4주	• 어린이날 행사 • 인형극 관람 • 부모참여프로그램	• 주요 기념일과 관련된 감사의 마음 전달하기(어린이날, 어버이날, 스승의 날)
6	1~4주	• 도서관 견학 • 동물원 견학 • 운영위원회	* 계절과 절기에 따른 유아의 공통된 주요 경험을 유추하기 어려우면 비워두어도 된다.
7	1~5주	• 수영장 가기 • 부모교육 • 부모참여프로그램	• 계절의 변화 경험하기 (여름 날씨, 건강과 위생, 여행 등)
8	1~4주	• 물놀이	
9	1~4주	• 민속잔치(전통놀이, 송편만들기) • 다도 • 운영위원회	• 우리나라에 관심 갖기 (역사, 명절 등)
10	1~4주	• 부모참여수업 • 가을 소풍	• 계절의 변화 경험하기 (가을 날씨, 곡식, 옷차림 등)
11	1~4주	• 인형극 관람	
12	1~4주	• 부모 개별상담 • 크리스마스 행사 • 운영위원회	• 계절의 변화 경험하기 (겨울 날씨, 자연 변화, 옷차림 등)
1	1~4주	• 졸업사진 촬영	• 새해에 대해 알아보기
2	1~4주	• 졸업 및 수료식 • 신입원아 오리엔테이션	• 우리 반에서 즐거웠던 일 회상하기

출처: 조성연, 정진화(2022). 보육실습. p.109.

다음 〈표 3-5〉 영유아와 교사가 함께 '만들어 가는 교육(보육)과정'에서는 연간 계획이 수립되었다 하더라도 영유아들의 놀이경험에 따라 시기와 기간 등이 바뀔 수 있음을 보여 주는 예이다.

〈표 3-5〉 **연간 계획과 실행된 놀이의 차이의 예(만 5세)**

기본생활주제(2018)	소주제(2018)	월	놀이(2019)
어린이집과 친구	• 새로운 환경/우리반 약속 • 즐거운 하루 • 나와 친구 • 함께하는 우리	3	
봄과 동식물	• 봄 날씨와 생활 • 봄 풍경 즐기기 • 봄의 동식물 • 자연과 더불어 사는 우리	4	
나와 가족	• 나의 몸과 마음 • 소중한 나 • 사랑하는 우리 가족 • 가족의 생활과 놀이 • 다양한 가족의 문화	5	실내동물원(현장학습) 주렁주렁놀이/꿀벌놀이/동물병원놀이/슬라임놀이(딱풀)
우리동네	• 우리동네 모습 • 우리동네 생활 • 함께하는 우리동네 • 우리동네 전통과 문화	6	슬라임놀이(다양한 재료)/유토/천사점토 식당놀이 주렁주렁+동물병원놀이+포켓몬 병원놀이 신비아파트 놀이 교통기관+도로 놀이
여름과 건강	• 여름 날씨와 생활 • 여름 풍경 즐기기 • 안전한 놀이와 생활 • 즐거운 운동과 휴식	7	'여름' 정글 환경 구성/파라솔, 텐트 제공 캠핑놀이+마트놀이 영화관놀이+유모차놀이+산책길 만들기+상점놀이

기본생활주제(2018)	소주제(2018)	월	놀이(2019)
			교통기관 놀이+경사로 놀이 슬라임놀이+물감놀이+바다만들기 **생태관찰(현장학습)**/사슴벌레 구입/ 사슴벌레 이름표 만들고 전시회 놀이
교통기관과 안전	• 궁금한 교통기관 • 고마운 교통기관 • 즐거운 교통기관 • 달라져 가는 교통기관 • 교통통신과 교통생활	8	**아쿠아리움(현장학습)** 상점놀이(6세 동생들과)/경사로 놀이+ 주차장 놀이/팽이 놀이+속도비교+대결 **원내 물놀이 행사** / 낚시놀이(실외) '교통기관' 관련 교구 제공/교통기관 빙고게임/버스놀이/비행기놀이/재활용품 교통기관 만들기 광복절/태극기 만들기
우리나라와 세계 여러 나라	• 우리나라 사람들의 생활 • 우리나라 문화와 자랑거리/추석 • 우리나라의 역사1 • 우리나라의 역사2/ 세계 속 우리나라	9	**우리나라 추석 관련 환경 구성** **포도수확(현장학습)** 낚시놀이(보육실)+공사장놀이 **추석행사** 점토송편만들기 공작새놀이 거북선놀이1
가을	• 가을 날씨와 생활 • 가을 풍경 즐기기 • 가을 곡식과 열매 • 풍성한 가을 • 가을 나들이	10	**가나아트파크(현장학습)** 거북선 놀이2 이야기짓기+인형놀이 이야기책 만들기 세계여러나라+여행놀이
환경과 생활	• 물과 우리 생활 • 돌 · 흙과 우리 생활 • 바람 · 공기와 우리 생활 • 빛 · 소리와 우리 생활	11	**피노파밀리아(현장학습)** 이야기짓기2(나뭇잎 이야기2) 인형만들기+융판 인형놀이+블록인형+ 점토인형 점토놀이1 기찻길놀이

기본생활주제(2018)	소주제(2018)	월	놀이(2019)
겨울	• 겨울 날씨와 생활 • 즐거운 겨울놀이 • 안전한 겨울 • 이웃과 함께하는 겨울	12	**겨울왕국2 관람(현장학습)/크리스마스행사** 인형놀이+DIY아이템만들기 겨울왕국놀이 경사로놀이
새해/생활도구	• 새해가 되었어요 • 다양한 생활도구 • 생활도구로서의 미디어 • 나는 발명가/설날 • 미래의 생활도구	2020 1	**스노우파크(현장학습)** 겨울왕국놀이+성만들기+집만들기 길게만들기+측정하기+달팽이감옥놀이(방탈출) 극놀이 손전등+빛 탐색(색깔빛 만들기) 경사로놀이 점토놀이
초등학교에 가요	• 즐거웠던 우리 원 • 궁금한 초등학교 • 일학년이 되면 • 졸업	2020 2	

출처: 아이누리(https://i-nuri.go.kr).

2. 월간 계획하기

연간 계획은 1년을 예측하여 계획하므로 변경되는 경우도 많으나 월간 계획은 직전 월에 수립하므로 대부분 실제 교육으로 실행되며, 구체성을 포함하게 되는 계획이다. 대개 연령을 구분하지 않고 기관 전체의 월간 일정과 연령별 일정을 함께 포함시켜 문서화하고, 가정에 통신문의 형태로 발송하여 학부모가 월별로 이루어질 교육 일정을 참고할 수 있도록 작성한다(임미혜 외, 2020).

월간, 주간 계획은 모두 수립하여야 하는 것은 아니며, 반별로 하나만 선택하여 작성할 수 있다(교육부 외, 2019). 계획안의 양식과 내용, 작성 주기는 기관과 교사의 필요에 맞게 형식이나 분량 등 자율적으로 결정하면 된다.

월간 계획 역시 영유아의 흥미와 요구, 놀이, 사전경험, 지역적 특성, 계절 등에 기초하여 수립한다. 월간 계획안의 예시는 다음 〈표 3-6〉, 〈3-7〉과 같다.

〈표 3-6〉 **월간 계획안의 예**

구분		내용				비고
월		8월				
놀이주제		여행을 떠나요 / 자동차 길				
유아의 주요 경험		유아가 다녀온 여행지에 대해 이야기하다가 여러 가지 탈것에 관심을 보임. 탈것 중에서 자동차가 다니는 여러 가지 길을 만들어 보는 놀이도 진행됨				
주		8월 1주	8월 2주	8월 3주	8월 4주	
놀이 (바깥놀이 포함)	여행	내가 다녀온 여행지 - 여행지 소개 - 여행할 때 필요한 물건	여행하면서 경험한 것 - 무엇을 보았나? - 무엇을 먹었나? - 어떤 놀이를 했나?	무엇을 타고 갔나? - 내가 타 본 탈것들 - 여행할 때 '기차'를 타고 갔어요.		유아의 주요경험을 고려하여 대강화 된 계획을 세우고 관련 자료를 제공 유아가 만들어 낸 놀이
	자동차 길	• 굴러가는 자동차 바퀴 • 여러 가지 길 (오르막, 내리막, 넓고 좁은 길 등) • 신호등, 표지판 만들기 등 도로 꾸미기 놀이 • 자동차를 만들고 전시해요				유아의 관심으로 새롭게 추가된 놀이
활동		• 가족과 함께 간 여행 소개하기 • 자동차가 빠르게 가는 길을 만들려면 어떻게 해야할까? 내가 다녀 온 여행을 소개해요	내가 만든 자동차 길	[교통안전교육] 신호등을 보고 건너요		필요한 경우 활동을 통해 유아의 놀이지원
놀이자료		여행 사진, 여행 용품(모자, 캐리어, 가방, 선글라스 등), 우리나라 지도, 물놀이 의상(수영복, 수영모, 물안경 등), 여행 퍼즐, 여러 종류의 모형 자동차, 자동차 길 매트, 모형 신호등, 골판지, 자른 우드락, 바퀴, 각종 쌓기놀이 및 역할놀이자료, 미술자료, 언어 관련 자료(그림책, 쓰기도구 등)				예상 놀이 및 유아의 관심으로 새롭게 추가된 놀이에 따라 제공한 놀이자료
행사일정		4일 - 수영장 가기 15일 - 부모참여 프로그램(열린어린이집의 날) 22일 - 원내 손씻기 교육 / 29일-급식도우미 활동				

출처: 중앙육아종합지원센터(2020). 놀면서 자란다(3~5세 보육과정). p.65.

〈표 3-7〉 **놀이 중심 교육과정 월간 계획의 예**

월	예상 놀이주제	소주제
3	유치원과 친구	유치원의 하루
		재미있는 국악유치원
		유치원에서의 놀이와 약속
		함께 지내는 친구
4	흙	흙아, 놀자!
		여러 가지 흙
		흙 속에 누가 있을까?
		생명이 자라는 흙
5	냠냠 조물조물	야채야 놀자!
		미역아 놀자!
		국수야 놀자!
6	버스	반가운 버스
		버스가 궁금해!
		달리는 버스!
7	거품	보글보글 거품
		생활 속 거품
		맛있는 거품
8	줄	쭈~욱! 늘어나는 고무줄
		데굴데굴 휴지
		알록달록 리본줄
		대롱대롱 낚싯줄
9	꼬리	이야기로 만나는 꼬리
		누구의 꼬리일까?
		꼬리 퍼레이드

월	예상 놀이주제	소주제
10	동물과 함께하는 강강술래	이야기로 만나는 강강술래
		생쥐의 강강술래
		개구리의 강강술래
		함께 하는 강강술래
11	그림자	그림자, 넌 누구니?
		그림자가 궁금해!
		빛과 그림자
		함께 만드는 그림자극
12	무지개	알록달록 무지개를 만나요!
		무지개 Day!
		동물의 보호색
1	팽이	알록달록 색깔 전시회
		내가 좋아하는 놀이
		팽이야 놀자!
		빙빙 돌아가는 팽이
2	6살 형님	나는 여섯 살!
		6으로 놀아요!
		형님반이 궁금해!

출처: 김진희 외(2021). 유아교과교육론. p.139.

3. 주간 계획하기

주간 계획은 월요일부터 금요일까지 이루어지는 다양한 활동들이 자유놀이와 대·소집단 활동으로 균형 있게 분포되어 있는 세부적인 교육계획이다. 월간 계획안을 기반으로 예상되는 놀이 주제의 방향과 순서에 따라 주제의 목적과 목표를 이루어 갈 수 있는 구체적인 놀이를 구성하는 과정이다. 여러 교과를 통합한 여러 가지 놀이를 구성하고 놀이 간의 연계와 흐름을 고려하여 대·소집단 활동과 자유놀이를 위한 흥미영역 구성방안을 계획하여 작성한다.

주간 교육계획안을 수립할 때는 먼저 전 주에 교육한 실제를 토대로 평가하고 다음 주의 교육을 계획하여야 한다. 전 주에 계획한 활동 중 실행된 활동과 실행되지 못한 활동, 첨가된 활동 등을 검토해 본 후 다음 주 활동을 계획하여야 한다.

개정 누리과정은 교사가 유아의 경험을 미리 조직하기보다 영유아의 놀이를 관찰하고 이를 지원하는 방식을 제안하는 만큼 요일별 구체적인 운영계획보다 포괄적으로 융통성 있는 운영을 위한 형식으로 작성하는 것이 좋다(김진희 외, 2021).

주간 계획안의 예시는 다음 〈표 3-8〉, 〈표 3-9〉와 같다.

〈표 3-8〉 **주간 계획안의 예(영아)**

놀이의 지속을 위해 융통성 있게 2주간으로 계획

주간보육계획안(4월 3~4주)(만 1세)

기간: 20○○년 ○○월 ○○일(월)~○○월 ○○일(금)

<table>
<tr><th colspan="3">공으로 놀아요.</th></tr>
<tr><td colspan="2">선정 이유</td><td>지난주 영아들이 유희실에서 볼풀장의 공을 던지고, 길게 세우고, 자동차에 싣고 다니는 등 공을 가지고 다양하게 놀이하는 것을 볼 수 있었습니다. 공으로 놀이하며 영아는 스스로 신체를 조절하며 자유롭게 움직이고, 친구들과 함께 하는 즐거운 경험을 할 수 있습니다.</td></tr>
<tr><td colspan="2">기대하는 영아의 경험</td><td>• 안전한 상황에서 놀이하고 생활한다.
• 대소근육을 조절하며 실내외 신체활동을 즐긴다.
• 표정, 몸짓, 말소리로 의사를 표현한다.
• 또래의 놀이에 관심을 보이고, 함께 즐긴다.
• 주변 공간과 모양을 탐색한다.</td></tr>
<tr><td rowspan="2">계획
(실내외)</td><td>놀이
공간</td><td>• 신체를 마음껏 움직일 수 있도록 교실의 교구장과 놀잇감을 줄이고 공간을 넓힌다.
• 푹신한 매트를 충분히 준비하여 교실 바닥에 깐다.
• 실외자유놀이시간을 늘린다.
• 실외놀이 시 공을 충분히 준비한다.</td></tr>
<tr><td>놀이
자료</td><td>• 다양한 크기의 공
• 농구골대
• 바구니(대, 소), 가방
• 그릇, 숟가락
• 담고 이동할 수 있는 자동차 등</td></tr>
<tr><td colspan="2">안전교육</td><td>소방대피훈련</td></tr>
<tr><td colspan="2">부모님께 전합니다.</td><td>신체를 많이 움직이는 놀이가 활발히 일어날 것으로 기대합니다.
몸을 편하게 움직일 수 있는 편한 옷과 운동화를 준비해 주세요.</td></tr>
</table>

지난주 영아의 흥미를 반영하여 주제 선정

출처: 서울시육아종합지원센터(2022). 놀이관찰과 기록. p.9.

〈표 3-9〉 **주간 교육계획안의 예(유아)**

5월 4주 교육계획안

노을반(만 5세)

놀이주제	덩쿵따 소리씨앗	시기	20○○. 5. 24. ~ 20○○. 5. 29
주제	**소주제**	**목표**	
씨앗의 변화	여러 가지 씨앗	• 씨앗의 다양한 번식 형태에 대해 알아본다. • 여러 가지 씨앗의 특성에 따라 다양한 방법으로 분류해 본다.	
	씨앗을 심어요	• 씨앗을 심는 경험을 해 본다. • 식물이 성장하는 데 필요한 환경적 요소에 대해 알아본다.	
	씨앗이 자라요	• 식물의 성장과정에 대해 알아본다. • 식물의 구조와 역할에 대해 알아본다.	

〈이야기 나누기〉 • 씨앗은 어떻게 퍼질까요? • 씨앗을 심어요 • 식물의 구조와 역할 〈언어〉 • 식물에게 들려주는 좋은 말 • 씨앗 도감	〈동화〉 • 화가 난 수박씨앗 • 씨앗이 물을 먹으면 • 작은 씨앗아 너는 무엇이 될래? • 씨앗은 무엇이 되고 싶을까?	〈신체〉 • 신나는 달리기 • 바람에 흩날리는 민들레 씨앗 〈게임〉 • 잎, 줄기, 뿌리가 모여서 • 번식 방법에 맞게 퍼지는 씨앗들
〈음률〉 • 장단놀이 – 호박따러왔다 • 새노래 – 터져라 • 민요 – 호박따러왔다 • 가야금 – 무지개 가야금 • 장구 – 덩쿵따 장구이야기 • 음악감상 – 고장난 시계	**씨앗의 변화**	〈미술〉 • 손도장 과일 • 완두콩 종이접기 〈바깥놀이〉 • 줄넘기
〈과학〉 • 식물의 성장과정을 알아봐요 • 줄기의 모세관 현상 실험 〈수〉 • 씨앗 서열화 • 식물이 자라는 순서	〈쌓기〉 • 칙칙폭폭 기차가 달려가요 • 종이 벽돌블록을 쌓아요 〈조작〉 • 식물의 성장과정 퍼즐 • 바나나 수세기	〈안전교육〉 • 119에 신고해요 • 아동 성폭력 예방 길라잡이

출처: 김진희 외(2021). 유아교과교육론. p.142.

〈표 3-10〉 **실행된 교육과정을 반영하여 수정한 주간 교육계획안의 예**

계절 및 주제에 따라 놀이환경을 제공해 주지만 유아의 놀이발현에 따라 수시로 계획을 수정함

기간	20○○년 월 일 ~ 월 일	연령	5세	담임	
주제	봄	소주제	봄의 식물 + 봄나물		
목표	• 봄이 되어 변화하는 동식물의 특성을 탐색한다. • 동물과 식물을 보살피며 소중히 여기는 마음을 갖는다.				

주	(월)	(화)	(수)	(목)	(금)
등원 및 맞이하기	• 등원 길에 보이는 봄의 식물에 관심 가지기				
놀이	• ~~개구리 연못 만들기~~ → 봄나물 식당 만들기 • ~~꽃가게 놀이~~ • 여러 가지 식물도감 • 식물의 성장과정 • 식물 뿌리 관찰 + 봄나물 즙내기 • ~~봄을 담은 모빌~~ → 폐품과 봄나물로 자유롭게 만들기 • 다양한 악기 소리 탐색				
활동	〈이야기나누기〉 • 봄의 식물 • 봄에 볼 수 있는 동물과 곤충 • ~~동·식물의 성장 과정~~ → 봄나물 놀이 마무리에 대한 이야기 나누기 진행			〈동시〉 • ~~호랑나비 하양나비~~ 〈동시〉 • 꽃장수	
바깥놀이	• 개미 등 곤충 찾아보기		• 산책, 식물탐색		• 들풀의 뿌리 관찰
	• ~~〈대체활동〉 장애물 공굴리기/2인 1각 달리기~~				
지역사회연계	• 이야기 할머니/~~우당도서관 북버스~~ → 이야기 할머니와 산책하며 풀 이름 알아보기				
기본생활습관	• 이럴 땐 손을 꼭 씻어요.				
안전교육	• 약물오남용 - 약은 정해진 양만 먹어요.				

출처: 교육부(2019b). 2019 개정 누리과정 놀이실행자료. p.159.

4. 일일 계획하기

일일 계획은 영유아가 등원해서 귀가할 때까지의 놀이와 일과를 구체적으로 명시한 계획이다. 주간 계획에 기초하며, 하루 일과별 시간의 흐름에 따른 구체적인 계획과 실행을 포함한다.

유아를 위한 하루 일과 운영을 위한 계획수립 시 고려해야 할 사항은 다음과 같다(김진희 외, 2021).

- 유아들의 연령과 발달수준, 생리적 · 신체적 요구
- 교육기관의 시설과 공간
- 유아의 인원수
- 등 · 하원 및 간식 · 점심 등과 같은 고정된 시간
- 계절과 기념일, 행사
- 정적인 놀이와 동적인 놀이의 안배
- 실내놀이와 실외놀이의 안배
- 개별놀이와 대 · 소집단 놀이의 균형 있는 배치
- 일일 교육계획에 따른 교육목표

하루 일과의 예는 다음 〈표 3-11〉과 같다.

〈표 3-11〉 하루 일과 운영의 예(유아)

시간	활동
8:30 - 10:30	등원 및 인사 나누기
10:30 - 11:00	자유놀이 및 간식
11:00 - 12:00	실외놀이
12:00 - 13:00	점심
13:00 - 14:00	자유놀이
14:00 - 14:30	대 · 소집단 놀이/인사 나누기 및 하원

출처: 김진희 외(2021). 유아교과교육론. p.147.

한편, 영아를 위한 하루 일과를 계획하고 운영할 때 고려하여야 할 사항은 다음과 같다(신애선 외, 2021).

- 0세는 수유 및 이유식, 기저귀 갈이, 낮잠 등 생리적 욕구를 고려한다. 이때, 개별적 영아의 욕구에 우선하여 개별적으로 진행한다.
- 만 1세는 점심 및 간식, 기저귀 갈이, 배변, 낮잠 등 일상적인 양육활동과 함께 점차 놀이 시간이 늘어나도록 계획한다.
- 영아는 일상적인 양육 활동 이외에도 실내놀이 하루 2시간 이상, 바깥놀이 0~만 1세 주 3회 30분 이상, 만 1~2세는 매일 30분 이상 진행한다. 영아의 특성상 개별 활동 중심으로 진행하되, 만 2세 후반이 되면 다음 일과로 넘어가기 전에 5~10분간 잠깐 모여 앉아 전이 활동으로 진행할 수도 있다.

영아반 하루 일과의 예는 다음 〈표 3-12〉와 같다.

〈표 3-12〉 **영아반 하루 일과의 예**

일일 보육계획안(보육일지 내 포함)(만 1세)

날짜: 20○○년 ○○월 ○○일(목)

구분		실행 및 기록	영아 경험의 이해
하루 일과		등원(~9:30) → 손씻기 및 배변, 오전 간식(9:30~10:00) → 자유놀이(10:00~11:00) / 소방대피훈련(11:00) → 바깥놀이(11:00~11:50) → 손씻기 및 배변, 점심식사(11:50~13:00) → 낮잠 및 휴식(13:00~15:00) → 손씻기 및 배변, 오후간식(15:00~15:30) → 오후자유놀이(15:30~16:30) → 귀가 및 통합보육(16:30~)	
일상		낮잠을 자고 일어난 후 기저귀를 하지 않는 영아들은 아기 변기에 앉아 쉬를 함. 유한이가 가만히 보더니 가까이 다가와 손으로 자신의 가슴을 치며 "유한이도"라고 함. 교사가 변기에 앉을 수 있도록 도와주고 "쉬~" 하며 유한이를 바라보자 유한이도 교사를 바라보며 웃다가 쉬를 하지 않고 금방 일어남.	• 아기 변기에 관심을 가지고 자신도 변기에 앉겠다고 몸짓과 말로 표현함.
놀이	실내놀이	 은우가 자동차를 품에 안고 놀이를 시작함. 주연이도 자동차를 가지고 놀다가 아기 인형을 자동차에 태워 주거나 안아 줌. 서현이와 예주도 아기인형을 들고와 안아 줌. 은우가 자동차를 안고 친구 옆으로 다가감. 주연이가 스카프로 아기인형을 덮어 주며 "자장~자장~ 아기가 잔대."라고 말함. 서현이와 예주도 스카프를 들고와 주연이 옆에 앉아 아기인형에게 스카프를 덮어 줌. "은우도!" 하며 두리번거리더니 스카프로 자동차를 덮어 줌.	• 또래가 하고 있는 놀이에 관심을 가짐. • 친구가 인형에게 이불 덮어 주는 것을 보며 좋아하는 자동차를 안아 주거나 이불을 덮어 주며 또래의 놀이를 모방하고, 변형하며 놀이함.
	바깥놀이 (대체활동)	소방대피훈련 후 태린이가 "개미, 개미" 하며 들여다 보자 "와~" 하며 주변의 영아들이 다가와 함께 들여다봄. 태경이가 개미를 만져 보려 하거나 발로 밟기도 함. 재현이와 소연이가 모래밭으로 이동하여 손으로 모래를 파 냄. "우와~우와~" 하며 재현이가 소리를 내자 소연이와 눈을 마주치며 소리내어 웃음.	• 개미를 발견하자 호기심을 가지고 관찰함. • 또래의 행동과 감정에 주의를 기울이고, 자신의 즐거움을 또래와 공유함.
운영 평가		• 유한이가 아기 변기를 사용하는 친구들에게 관심을 가지기 시작하여 기저귀를 뗄 수 있는 기회가 될 수 있을 것으로 보임. 하루 일과 중 수시로 아기 변기에 자주 앉을 수 있는 기회를 가져야겠음. • 영아들이 바깥놀이에서 개미에 관심을 보이며 한참을 관찰하였음. 곤충에 대한 흥미가 이어질 수 있도록 개미와 곤충 관련 책이나 실물사진을 비치하고 내일 바깥놀이는 텃밭으로 나가야겠음. • 영아들이 개미관찰에서 모래놀이로 흥미가 전환되며 손으로 모래를 파 내며 놀이하여 모래놀이 도구를 찾아 지원하였음. • 날씨가 더워지면서 바깥놀이 시 아이들이 땀을 많이 흘렸음. 자유놀이와 바깥놀이 시간을 바꾸어야겠음.	
반 운영 특이사항		* 소방대피훈련 실시(11:00)	

다음날 일일 보육계획		
운영	하루 일과	등원(~9:30) → 손씻기 및 배변, 오전 간식(9:30~10:00) → 바깥놀이(10:00~10:40) → 손씻기 및 배변(10:40~10:50) → 자유놀이(10:50~11:50) → 손씻기 및 배변, 점심식사(11:50~13:00) → 낮잠 및 휴식(13:00~15:00) → 손씻기 및 배변, 오후간식(15:00~15:30) → 오후자유놀이(15:30~16:30) → 귀가 및 통합보육(16:30~)
	예상놀이	• 개미를 살펴보아요. • 개미 집을 지어요. • 바깥놀이: 개미 찾기
	안전교육	• 교통안전교육: 초록불에 건너요. → 바닥에 테이프로 횡단보도 만들어 놓기, 신호등 모형 준비
놀이지원 계획		• 개미와 곤충 관련 자료 비치: 책, 실물 사진, 곤충모형 • 바깥놀이 장소: 텃밭

오늘 아이들의 관심을 반영한 운영 (하루 일과, 예상 놀이, 안전교육) 및 놀이 지원내용을 계획

['동화키즈어린이집(21년 맞춤컨설팅 참여어린이집) 놀이사례' 재구성]

출처: 서울시육아종합지원센터(2022). 놀이관찰과 기록. p.11.

TIP 유아 · 놀이 중심 교육과정 운영 평가하기

2020년 유치원 평가지표 중 교육과정 등 영역의 평가항목을 바탕으로 유아 · 놀이 중심 교육과정 운영을 평가할 수 있는 체크리스트를 구성하여 제시하면 다음과 같습니다. 다른 영역에 비하여 긍정적인 평가가 상대적으로 부족하여 개선이 필요한 영역은 무엇인지 점검해 보세요.

영역	평가항목	평가				
		전혀 그렇지 않다	그렇지 않다	보통이다	그렇다	매우 그렇다
교육 계획수립	국가 수준의 공통 교육과정을 바탕으로 각 유치원의 실정을 반영한 교육계획을 수립하는가?					
	유아의 발달과 장애 정도를 고려하여 교육계획을 수립하는가?					
	유아가 자발적으로 놀이와 활동을 할 수 있는 교육계획을 수립하는가?					
	가정과 지역사회와의 협력과 참여를 포함하여 교육계획을 수립하는가?					
일과운영	놀이와 활동을 융통성 있게 운영하는가?					
	성, 신체적 특성, 장애, 종교, 가족 및 문화적 배경 등으로 인한 차별이 없도록 운영하는가?					
교수학습 및 평가	유아의 놀이, 활동, 일상생활을 관찰하면서 놀이를 지원하는가?					
	유아의 특성 및 변화 정도와 교육과정 운영에 대한 평가를 실시하는가?					
	유아와 교육과정 운영에 대한 평가 결과를 다음 계획에 반영하는가?					
교사유아 상호작용	교사는 유아의 요구나 질문에 적절하게 반응하는가?					
	교사는 유아의 감정에 공감하고 유아가 스스로의 감정을 다룰 수 있도록 돕는가?					
	유아의 놀이와 활동을 관찰하면서 적절한 방법으로 상호작용하는가?					

개선이 필요한 것으로 확인되는 영역은 무엇인가요? 내년 또는 다음 학기의 유아 · 놀이 중심 교육과정 운영을 위해 주력해서 개선해야 할 영역으로 설정하고 개선 계획을 세워 보세요.

출처: 교육부(2020). 교사를 위한 놀이지원 워크북. p.42.

Chapter 04

영유아 교수-학습환경 구성

1. 교수-학습환경의 구성원리
2. 영아를 위한 학습환경 구성
3. 유아를 위한 학습환경 구성

영유아는 '우유를 마시듯이 환경을 마신다'고 한다. 이렇듯 영유아기는 외부 환경적 요인에 쉽게 영향을 받는 시기이다.

영유아의 교수–학습은 실내 · 외 공간에서 놀이를 통해 이루어진다. 특히 교실을 포함한 실내공간은 영유아에게 가장 친숙한 놀이환경으로 교사가 어떻게 놀이 공간을 구성하고 변형하느냐, 놀이자료를 풍부하게 제공하느냐에 따라 영유아는 놀이를 통해 의미 있는 학습이 일어날 수 있다.

「2019 개정 누리과정」과 「제4차 표준보육과정」에서는 유아 · 놀이 중심으로 교수–학습이 이루어지기 위해서는 영유아가 다양한 놀이와 활동을 경험할 수 있도록 실내 · 외 환경을 세심하게 구성할 것을 강조하였다(교육부 외, 2019c).

이 장에서는 교수–학습환경의 구성원리와 학습환경 구성을 영아와 유아로 구분하여 구체적으로 살펴보고자 한다.

1. 교수-학습환경의 구성원리

영유아의 놀이를 자극하기 위한 교수-학습환경 구성원리는 다음과 같다(교육부, 보건복지부, 2019; 김금주 외, 2021; 변혜정 외, 2021; 보건복지부, 어린이집안전공제회, 중앙육아종합지원센터, 2021; 신애선 외, 2021; 임미혜 외, 2013; Clark, 2003).

▶ 안전성

영유아들은 놀이 및 학습 경험 시 위험을 무릅쓰고 자기 주변의 세계를 자유롭게 탐색하고자 한다. 그러나 영유아 스스로의 안전을 지킬 수 없기 때문에 유아교육기관의 실내·외 공간의 시설 및 설비를 청결하고 안전하게 관리해야 한다.

- 모든 건물 내의 문과 교구장에는 모서리 보호대를 설치한다.
- 놀잇감을 찌든 때 및 먼지 없이 청결하게 관리하고, 특히 입에 넣고 빨기 쉬운 영아용 놀잇감은 놀이가 끝나면 별도의 바구니에 분리하고 매일 세척한다.
- 실외 모래놀이 영역의 모래도 소독을 자주 해 준다.
- 자석부품이 포함된 교구 등 모든 교구는 정기적 점검을 실시하여 파손 또는 노후화 발견 시 수리 혹은 파기한다.
- 질식할 위험이 있으므로 영아(0~만 1세 이하)에게 제공되는 놀잇감은 직경이 3.5㎝ 이상의 것을 제공한다.

▶ 정서적 안정성

영유아가 가정 밖에서 오랜 시간을 보내는 것이 영유아에게 스트레스일 수 있다. 그러므로 유아교육기관은 가정과 같이 따스하고 환영받는다고 느낄 수 있고, 영유아가 탐색하며 놀이가 활발하게 일어날 수 있도록 깨끗하게 정돈되고 흥미로운 환경이어야 한다.

- 파스텔톤의 부드러운 색의 벽에, 실내공간의 모든 영역은 밝고, 통풍이 잘 되어야 한다. 또한 여러 가지 식물들과 부드러운 베개, 쇼파(흔들의자) 같은 물건들이나 사진들을 교실 전체에 진열한다.
- 개인 소지품을 보관하거나 자신의 미술작품 등 활동 결과물을 보관할 개인 사물함을 제공하다. 이를 통해 정서적 안정과 소속감을 갖게 될 뿐만 아니라 자신의 것을 관리할 수 있는 독립성도 발달시킬 수 있다.
- 영유아가 혼자서 놀이하거나 심리적이나 신체적으로 피로감을 느낄 때 영유아가 쉴 수 있는 휴식공간이 필요하다.

▶ 발달의 적합성

영유아의 환경구성은 연령과 발달수준에 따라 다르게 구성되어야 한다. 즉, 심리적 욕구, 성숙, 흥미, 신체크기, 능력 등을 고려하여 구성한다. 조작하기에 적당한 크기와 조건을 갖춘 교구 및 설비는 영유아의 학습경험과 탐색을 증가시키고 지원할 수 있다.

- 영유아의 하루 일과는 크게 먹고, 자고, 쉬고, 화장실 가고 하는 등의 기초적 생활행위와 놀이 그리고 학습활동 세 가지이다. 연령이 어린 영아는 기초적 생활행위의 비중이 높고, 연령이 높은 유아는 놀이의 비중과 학습활동이 강화된다. 이에 생리적 욕구가 충족될 수 있도록 기본적인 일상생활 공간 위주로 구성한다.

- 연령이 증가하면서 일상생활 공간을 줄이고, 놀이와 학습을 위한 흥미 영역 위주로 환경을 구성한다(표 4-1).

〈표 4-1〉 **영유아반 실내환경 구성의 예시**

구분	일상생활 영역 및 흥미 영역
0세반	수유, 기저귀 갈이, 신체, 언어, 감각 · 탐색
1세반	수유, 기저귀 갈이, 신체, 언어, 감각 · 탐색, 역할 · 쌓기
2세반	신체, 언어, 감각 · 탐색, 역할 · 쌓기, 조형, 음악 및 동작
3~5세반	언어 및 도서 영역, 수 · 조작 영역, 과학 영역, 역할놀이 영역, 쌓기놀이 영역, 조형 영역, 음악 및 동작 영역

- 영유아의 욕구와 흥미를 충족시킬 수 있도록 연령과 발달에 적합한 교재 · 교구 및 설비로 구성한다.
- 모든 시설 · 설비는 영유아에게 적합한 크기여야 한다. 조작하기에 적당한 크기와 조건을 갖춘 교구 및 설비는 영유아의 학습경험과 탐색을 증가시키고 지원할 수 있다.
- 교구나 장난감은 영유아가 교사의 도움 없이 스스로 선택하고 꺼낼 수 있도록 낮은 교구장에 비치한다. 이때 용기나 선반, 정리장에 그림 라벨을 붙여 주면 정리정돈을 더욱 쉽게 할 수 있다.

▶ 융통성

영유아의 놀이가 확장되기 위한 환경은 고정된 벽이나 가구보다는 필요에 따라 공간을 변화시킬 수 있도록 칸막이나 교구장을 활용하여 공간의 배치를 전환 가능하도록 구성하는 것이 적절하다. 또한 영유아의 발달수준과 흥미를 유발하는 영역과 자료를 필요에 따라 변화시켜 제공한다.

▶ 관찰 가능성

교사는 교실 영역 전체를 한눈에 볼 수 있도록 해, 놀이하고 활동하는 영유아를 관찰할 수 있어야 한다. 흥미 영역별 교구장 역시 뚫린 교구장으로 배치한다.

2. 영아를 위한 학습환경 구성

1) 일상생활 환경

(1) 기저귀 갈이 영역

이 시기 영아들은 하루에도 여러 번 이 영역을 이용하게 되므로 단순히 기저귀 가는 영역이 아니라 즐거운 느낌을 받을 수 있도록 구성한다. 기저귀 갈이 영역은 음식을 준비하는 곳과는 떨어져 있고, 영아의 휴식공간 가까이에 배치한다. 옆에는 싱크대를 설치하여 기저귀를 갈아 준 후 바로 씻기와 닦기 등 위생처리가 가능하도록 한다. 영아 개별 기저귀, 물휴지, 로션, 일회용 비닐장갑 등은 바구니에 담아 보관한다.

기저귀 갈이대의 바닥은 따뜻하게 하고, 영아를 눕히기에 적당한 크기로 한다(박미현, 2021). 위생을 위해 청소하기 쉬운 재질로 된 것이 바람직하며, 벽면에는 영아 자신을 볼 수 있는 친근한 사물이나 가족사진을 게시해 준다. 기저귀를 갈고 난 후 교사는 영아를 안아 주고 간질이고, 다리나 등을 문질러 주는 등 애정접촉을 해 준다.

한편, 배변훈련을 시작하는 영아를 위해서는 실내에 이동식 변기를 준비해 주고, 항상 깨끗하게 배설물을 처리해 준다. 서랍장에는 영아가 대소변을 실수했을 때 쉽게 갈아입힐 수 있도록 여벌의 옷을 넣어 둔다.

화장실 바닥은 이동 시 미끄러지지 않도록 바닥에 있는 물기를 수시로 닦아 내고, 유아용 변기를 비치한다. 손 씻기 지도를 위해 영아 신체 크기에 적당한 세면대와 물비누, 종이 타월이나 개인용 수건을 비치한다. 화상 위험이 있으므로 온수 잠금장치를 설치한다.

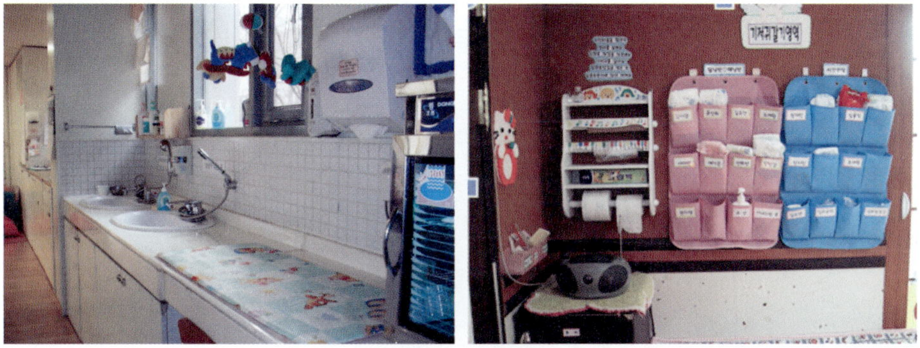

〈기저귀 갈이 영역〉

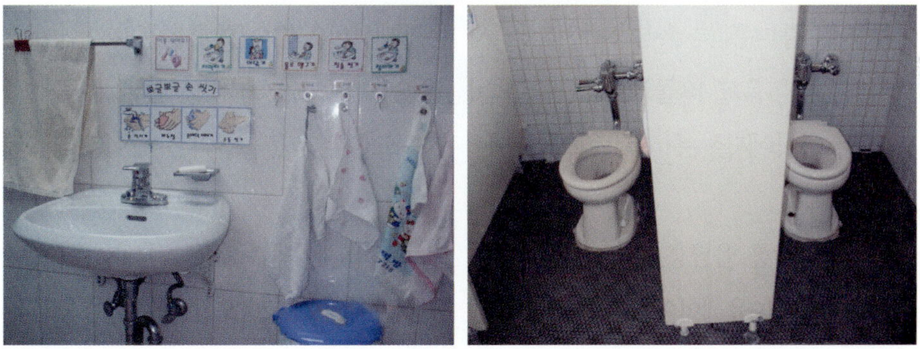

〈화장실〉

(2) 수유 및 식사 영역

수유 영역은 조제유나 이유식 등 영아의 음식을 준비 · 보관하는 곳으로, 기저귀 갈이 영역, 낮잠 자는 영역과 분리하여 배치한다. 특히 위생에 유의하여 청결한 상태가 유지되도록 하며, 싱크대, 음식을 준비할 수 있는 낮은 테이블, 냉장고와 전자레인지를 배치해 준다.

교사가 영아를 안고 우유를 먹일 수 있는 편안한 의자나 흔들의자를 마련해 준다. 벽에는 일일 수유 및 이유 시간표를 붙여 두어 영아가 하루 동안 먹은 우유나 이유식의 양, 시간 등을 알 수 있도록 한다.

〈수유 영역〉

식사 영역은 만 2세 영아들이 간식이나 점심을 먹는 곳으로, 일반적으로 보육실 내 낮은 책상을 이용한다. 만 2세 영아의 발달특성상 활동적이고 쉽게 산만해지기 쉬워 음식을 엎지르거나 떨어뜨리는 일이 빈번하게 발생한다(신애선 외, 2021). 그러므로 안전하고 음식물을 쉽게 닦을 수 있는 재질의 바닥으로 구성하며 간식이나 식사 전 · 후에는 행주로 깨끗하게 닦아 준다.

(3) 낮잠 및 휴식 영역

이 시기의 영아들은 하루 중 여러 차례 낮잠을 자므로 낮잠(휴식) 영역은 놀이 공간과 분리하여 아무런 방해 없이 편안하게 잠잘 수 있도록 조용하고 편안한 장소에 배치한다. '영아돌연사 증후군'이 발생할 수 있으므로 교사가 잠자는 영아를 쉽게 관찰할 수 있는 곳에 마련한다.

조명은 약간 어둡도록 창문을 통해 직사광선이 들어오지 않게 빛을 차단할 수 있는 커튼이나 블라인드 등으로 가려 준다. 또한 침대와 침구는 통풍이 잘 되고 이동이 편리한 곳에 폐쇄공간을 마련하여 보관한다. 면제품의 침구, 부드러운 봉제인형, 모빌, 조용한 음악 테이프나 녹음기 등을 비치한다.

〈낮잠 및 휴식 영역〉

한편, 만 2세 영아는 깨어 있는 시간이 많아졌으므로 별도의 공간보다는 실내 조용한 곳에 아늑하고 편안하게 휴식을 취할 수 있는 공간을 마련해 준다. 부드러운 쿠션이나 봉제인형, 푹신한 의자, 바닥깔개 등으로 구성한다.

2) 놀이환경

(1) 신체 영역

영아들은 기고 뛰고 이동하고 물체 주위를 넘어 다니는 등 끊임없이 움직이고, 신체 및 운동 기능이 급격하게 발달하는 시기이다. 보육실 내에 영아가 대 근육을 발달시킬 수 있는 시설과 설비를 마련한다.

뒤집고, 온몸 뻗기, 배 밀기 등 대근육 활동을 위해서 깨끗하고 두툼한 바닥깔개나 요를 준비해 주고 그 위에서 움직일 수 있도록 한다. 스티로폼도 가능한데 그 위에 다양한 색의 천으로 씌워 두면 세탁이 용이하다. 작은 미끄럼, 오를 수 있는 것, 걸을 수 있는 것, 깨물 수 있는 것, 흔들 수 있는 배, 그리고 기어오를 수 있는 박스 등을 비치해 둔다.

〈신체 영역: 대근육 활동〉

(2) 언어 영역

일반적으로 1세를 전후하여 말하기를 시작해서 1세 후반에는 어휘가 급속히 발달되므로 영아들의 언어발달을 지원하는 환경 구성은 필수적이다. 언어 영역에서는 말하기, 듣기, 책 읽기, 끼적거리기 등 다양한 언어적 경험이 이루어질 수 있도록 주의집중해야 하므로 주변 자극으로부터 격리된 햇빛이 잘 드는 조용한 곳에 배치한다.

막대 인형이나 손 인형, 녹음기와 마이크, 음악이나 다양한 사물 소리를 들을 수 있는 CD 플레이어와 헤드폰, 칠판이나 전지 및 끼적거릴 도구(예: 사인펜, 색연필, 분필, 크레파스 등)를 준비해 준다.

영아용 그림책은 그림이 매력적이며 글자가 적게 적혀 있는 것으로 선택한다. 책꽂이에 그림책을 비치할 경우에는 글자를 모르는 영아를 위해 책의 앞면이 보이도록 비치한다. 벽면에는 영아들이 흥미 있어 하는 동물이나 자동차 등의 사진이나 그림을 눈높이에 붙여 준다. 책을 읽어 주는 교사와 영아 모두 편안함을 느낄 수 있도록 부드러운 베개, 낮은 소파나 푹신한 등받이 쿠션, 방석으로 구성한다.

〈언어 영역〉

(3) 감각 및 탐색 영역

영아는 보고, 듣고, 만지고, 냄새 맡고, 맛보는 오감각을 통해 자신의 환경을 탐색하며 사물에 대한 인식을 발달시킨다. 또한, 다양한 재료를 탐색하므로 소근육 발달 및 눈과 손의 협응력이 발달될 수 있다.

감각 및 탐색 영역은 조용한 놀이를 하는 흥미 영역과 가까이 배치한다. 영아가 스스로 조작할 수 있는 놀잇감을 제공한다(위영희 외, 2021). 당기고, 누르고, 밀고, 흔들 수 있는 놀잇감, 열고 닫기, 깜짝 놀라게 해 주거나 끈을 잡아 당기면 뚜껑이 열리는 등 그 결과의 관계를 학습할 수 있는 놀잇감, 여러 가지 끼우기 자료, 그림 맞추기, 소형 블록, 커다란 구슬에 끈 꿰기, 모양 분류 상자 등의 놀잇감을 비치한다. 놀잇감을 자주 입으로 가져가는 영아의 특성을 고려하여 입에 넣어도 해롭지 않고, 크기는 직경 3.5㎝ 이상이어야 한다.

〈감각 및 탐색 영역〉

(4) 역할 영역

영아는 엄마, 아빠를 모방해 보는 놀이를 즐겨 한다. 이런 초보적 수준의 역할놀이를 통해서도 자신을 표현하는 기회뿐만 아니라 더 나아가 자신을 둘러싼 환경을 모방하는 놀이를 할 수 있다(신애선 외, 2022).

이 영역에 준비되어야 할 기본적인 것들은 가정 일을 할 수 있는 물건들이다. 예를 들면, 찬장이나 그릇들, 주전자나 프라이팬, 테이블과 책상, 인형과 인형 침대, 전화기, 여자와 남자의 옷과 모자 그리고 플라스틱 거울 등이다.

〈역할 영역〉

(5) 쌓기 영역

만 1세 영아에게는 영아용 끼우기 블록이 구성물의 의미보다는 소근육 조작능력, 눈과 손의 협응능력 발달에 도움이 된다(위영희 외, 2021). 만 2세 영아는 쌓기놀이를 즐겨 한다.

이 영역은 소음이 많이 일어나므로 방해를 받지 않고 활동하기 위해서는 조용한 곳과 떨어져 있으나 통행이 많지 않은 곳에 위치하도록 배치한다. 쌓기놀이는 넓은 공간을 필요로 하므로 충분한 공간을 마련해 주며, 놀이 중의 소음을 줄이기 위해 카펫을 깔아 주는 것이 좋다. 카펫은 블록들을 균형 있게 쌓아 올릴 수 있도록 낮고 조밀한 구성으로 짜여진 것이어야 한다.

크고 가벼운 우레탄 블록, 종이벽돌 블록, 유니트 블록 등과 함께 다양한 나무, 사람, 자동차와 같은 소품도 비치해 둔다. 교구장의 선반에는 블록 사진이나 블록의 외곽을 따라 그린 그림을 붙여 놓아 영아들이 블록들을 크기와 모양에 맞게 쉽게 정리할 수 있도록 한다.

〈쌓기 영역〉

(6) 미술 영역

영아가 종이에 끼적거리고, 찢고, 오리고, 자르고, 붙이는 다양한 미술경험은 영아의 탐색능력과 대·소근육 조절능력과 협응력을 길러 준다(신애선 외, 2022). 또한 영아가 자신의 선택과 사용방법에 따라 다양하고 창의적인 표현이 가능함을 경험할 수 있어 성취감, 색이나 형태의 심리적인 아름다움을 경험하도록 돕는 곳이다.

만 2세 영아들은 다양한 미술활동에 참여할 수 있으나 구체적인 형상을 표현하지는 못하고 긁적거리는 수준이다. 그러나 종이와 물감, 크레파스, 풀 등의 관계를 이해하는 것은 이 시기 영아들에게 중요한 과업이라 할 수 있다. 그러므로 형태의 표현보다는 미술 활동 자료가 갖는 속성을 탐색하도록 다양한 기회가 주어져야 할 것이다.

두꺼운 종이, 얇은 종이, 색종이 등과 밀가루 풀, 물풀, 스틱풀 등 여러 종류를 제공한다. 물감도 물에 탄 물감, 가루비누를 풀어 걸쭉하게 만든 물감 등과 같이 다양하게 제공하여 질감에 대해 실험하고 탐색할 수 있도록 배려하는 것이 필요하다. 손가락 그림이나 밀가루 반죽놀이할 때 입으로 가져가지 않도록 지도한다.

활동 중에 영아들의 옷이 더러워지는 것을 막기 위해 앞치마나 작업복을 준비해 준다. 작업복은 찍찍이 테이프로 붙여 영아의 신체 크기에 따라 딱 맞게 입도록 해 준다.

〈미술 영역〉

(7) 음악 및 동작 영역

영아는 노래를 흥얼거리고, 악기를 탐색하고 연주하는 것을 즐긴다. 또한 음악이 들리면 자신의 엉덩이를 흔들며 춤추기를 좋아한다.

교구장에 리듬악기(예: 작은북, 트라이앵글, 마라카스, 소고, 탬버린 등)를 배치하고, 바닥에 악기 그림을 붙여 사용 후 정리하기 쉽도록 한다. 처음에는 적은 수의 악기를 내어 주고 점차 늘려 가도록 한다. 악기 외에 노랫말이 적힌 가사판, 카세트나 CD플레이어, 헤드폰, 스카프, 리본 막대 등을 마련해 준다.

〈음악 및 동작 영역〉

3. 유아를 위한 학습환경 구성

1) 실내환경의 구성

신체적, 심리 · 사회적, 인지적 발달에서 급속한 발달이 이루어지는 만 3~5세에게 교실을 포함한 유치원과 어린이집의 실내공간은 유아에게 가장 친숙한 놀이 환경이다. 유아는 놀이할 공간을 스스로 찾거나 만들기도 하고, 공간과 공간을 연결하여 새로운 놀이를 확장하기도 한다. 그리고 놀이를 통해 하나의 공간을 자신의 놀이에 적합한 공간으로 새로운 목적을 부여하며 사용하기도 한다(교육부 외, 2019a).

실내놀이 공간은 유아가 자극적이면서도 잘 정돈된 환경에서 선택한 활동에 능동적으로 참여할 때 창의적인 활동이 활발하게 일어나기 때문에 흥미 영역으로 구성하는 것이 바람직하다. 흥미 영역이란 활동내용에 따라 실내 놀이영역을 여러 형태의 교구장 또는 칸막이 등으로 공간과 공간을 경계 지어 놓은 것을 말한다. 흥미 영역은 유아들이 가장 좋아하는 놀이를 중심으로 구성하는 것이 좋으며, 유아들이 흥미를 보이지 않는 영역은 다른 영역과 통합하여 재구성하거나 다른 영역으로 대체하는 것도 가능하다. 유아의 관심과 흥미, 요구에 따라 새로운 영역을 구성할 수 있으며, 이때 유아가 주도적으로 놀이영역을 창조할 수 있도록 지원해야 한다(교육부 외, 2019a).

실내놀이 공간을 흥미 영역으로 구성하면 다음과 같은 장점들이 있다(Clark, 2003).

- 유아가 흥미 영역에서 제공되어진 적당한 활동 등에 참여할 때 유아의 노력과 에너지가 학습과 탐색에 쓰여질 수 있다.
- 유아는 다양한 학습경험을 위해 각 흥미 영역에 제공된 교재와 교구들을 자유롭게 탐색하고 조작할 수 있다. 아울러 자신의 활동을 자유롭게 선택하고 실행할 수 있다.
- 유아가 성장 · 발달함에 따라 또래들과 긍정적인 관계를 발달시키는 데 필요한 간단한 규칙, 즉 차례 지키기, 협동적 놀이, 나눠 갖기, 친구 돕기 등을 배울 수 있다.

흥미 영역은 조용한 곳과 활동적인 곳 그리고 건조한 곳과 물이 있는 곳으로 구분하여 구성한다(Frost & Kissinger, 1976).

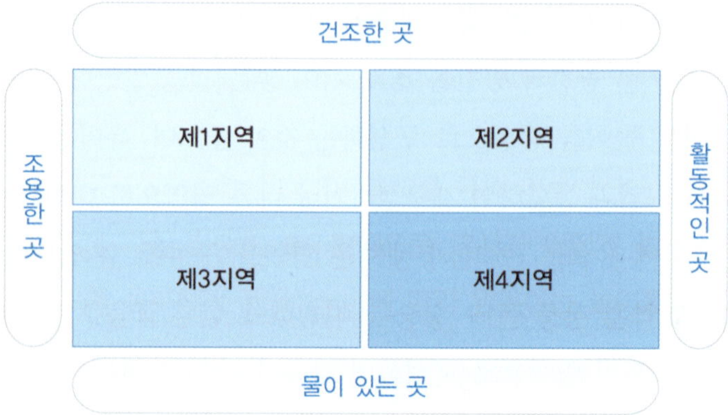

[그림 4-1] 흥미 영역 구성의 원리

구체적으로 흥미 영역의 배열은 다음 〈표 4-2〉와 같다.

〈표 4-2〉 흥미 영역의 배열과 구성

제1지역	조용하고 건조한 곳	• 도서 및 언어 영역 • 수학 영역 • 과학 영역 • 조작 영역 • 테크놀로지 영역
제2지역	활동적이고 건조한 곳	• 음악 및 동작 영역 • 쌓기 영역 • 역할놀이 영역 • 목공영역
제3지역	조용하고 물이 있는 곳	• 조형 영역 • 요리 영역
제4지역	활동적이고 물이 있는 곳	• 물놀이 영역 • 모래놀이 영역

흥미 영역 구성은 연령이 증가함에 따라 점차적으로 세분화될 수 있다. 만 3세 유아반은 기본적인 다섯 가지 활동, 즉 조용한 활동, 구성활동, 조형활동, 탐색활동, 역할놀이로 구성하고, 만 4~5세 유아반은 여섯 가지 활동을 할 수 있도록 구성하는 것이 바람직하다(Olds, 2001).

흥미 영역이 효과적으로 운영되기 위해 다음과 같은 점을 고려하여 배치한다.

- 흥미 영역 공간의 크기는 편안하게 놀이할 수 있는 유아의 수를 고려해서 정한다(예, 쌓기 영역의 크기: 3~5명 유아에게는 2평 정도). 한 영역에 동시에 너무 많은 유아가 놀이를 한다면 불필요한 갈등과 혼란이 일어날 수 있다. 바닥의 1/3~1/2 정도는 교구장이나 교구가 없는 빈 공간으로 있어야 한다.
- 흥미 영역에서 발생하는 소음의 정도에 따라 배치한다. 즉, 쌓기 영역과 역할놀이 영역은 시끄러운 곳에, 언어 및 도서 영역과 조작 영역은 조용한 곳에 서로 떨어져 배치한다.
- 유아가 활동하는 동안 서로 방해받지 않고 이동할 수 있도록 흥미 영역과 떨어진 곳에 분명하고 안전하게 통로를 만들어야 한다.
- 음악과 동작활동, 컴퓨터와 같이 전기 콘센트가 필요한 영역은 전기콘센트 가까이에, 지저분하거나 활동적인 영역(예: 조형활동 영역, 목공놀이 영역)은 카페트가 깔려 있지 않고 화장실이나 씽크대가 가까운 곳에 물을 사용하기 쉽도록 배치한다.
- 흥미 영역은 유아가 다른 놀이에 정신을 뺏기지 않도록 분명하게 경계를 정해야 한다.
- 흥미 영역에 관한 분명한 규칙을 세우는 것은 유아에게 책임감과 독립심을 발달시키도록 도울 수 있다.

"현서야! 물놀이 할 때 물이 바닥에 흘리지 않도록 주의하렴. 친구가 젖은 바닥에 미끄러지거나 다칠 수 있단다."
"현아야! 사인펜은 종이에 그림을 그릴 때 사용하는 거란다."

- 흥미 영역에 비치된 교재·교구 등 놀이자료는 유아가 사용하기 쉬운 것을 비치하고, 유아가 호기심과 흥미를 느낄 수 있도록 교체해 준다.

(1) 휴식 영역

휴식 영역은 활동영역은 아니나 심리적으로나 신체적으로 피로감을 느낄 때 유아가 쉴 수 있도록 꼭 준비해 주어야 한다. 휴식 영역은 다른 별도의 방보다 교실 내에 위치하여 유아가 혼자 휴식을 취하면서도 다른 유아들이 무엇을 하는지 볼 수 있도록 한다. 유아 혼자 따로 방에 격리되어 있게 하는 것은 벌을 주는 것과 마찬가지로 느끼기 때문이다.

두껍고 큰 상자에 구멍을 뚫어 문과 창문을 만들고, 바닥에 작은 카펫을 깔고 스펀지나 헝겊으로 쿠션을 만들어 놓거나 작은 카우치를 두면, 유아가 개별적으로 안정을 취할 수 있는 충분한 공간이 마련되어질 수 있다. 또한 테이블에 세 옆면을 망사로 커튼처럼 가려 주고 테이블 밑에는 쿠션이나 봉제 동물 베개 같은 것을 놓아 주어 아늑하게 해 준다.

〈휴식 영역〉

(2) 언어 및 도서 영역

언어 영역은 유아의 언어발달을 촉진시킬 수 있는 자료가 준비된 공간이다. 공간의 크기에 따라 말하기, 듣기, 쓰기 활동을 위한 공간과 읽기 위한 도서 영역으로 나누어 구성할 수 있다.

이 영역은 햇빛이 잘 들고 밝고 조용한 곳에 배치하여 유아들이 집중할 수 있도록 왕래가 잦은 출입구나 음악 및 동작, 쌓기 등 움직임이 많은 동적 활동 영역과 멀리 떨어진 곳에 배치하는 것이 좋다.

또한, 글자로 된 자료가 많이 제공되므로 유아의 시력을 보호할 수 있는 스탠드와 같은 부분조명 장치를 해 주도록 한다. 바닥에는 카펫을 깔고 낮은 책상과 흔들의자, 쿠션 등을 준비해 주어 편안하고 안정된 분위기 속에서 책을 읽을 수 있도록 배려해 준다.

유아용 책꽂이에는 유아들의 흥미와 발달수준에 적합한 책을 겉표지가 보일 수 있도록 진열한다. 한꺼번에 여러 권의 책을 진열하지 말고 활동주제와 유아의 흥미에 따라 자주 책을 바꾸어 주도록 한다.

듣기 활동

- 녹음기와 녹음된 테이프(음악, 효과음, 교사가 녹음한 동화)
- 자연의 소리 및 생활 주변의 소리를 녹음하고 책으로 묶은 소리 카드와 함께 내 주어 다양한 소리를 변별해 보게 한다(예: 소나기 소리, 개울물 흐르는 소리, 천둥소리, 개구리 울음 소리, 전화벨, 자동차 소리 등).
- 헤드폰

말하기 활동

- 솜인형 등 각종 인형(막대인형, 자석인형, 손가락 인형 등)과 인형극 틀
- 융판과 융판자료
- 그림 동화
- 그림 순서 카드
- 역할놀이용 자료
- 전화기

읽기 활동

- 여러 가지 내용의 책: 다문화, 감정, 가족, 기후, 친구에 관한 책
- 헝겊 책
- 감각 책: 촉각, 후각을 이용한 책
- 여러 가지 상표

쓰기 활동

- 모양종이(작은 책을 만들 수 있음)
- 필기도구(4B연필, 색연필, 사인펜, 크레파스, 매직펜) 및 지우개
- 단어 카드 및 필순 카드
- 칠판(개인용 소형), 분필
- 장판글씨, 정자 글씨판, 다양한 형태의 베껴 내기 도구
- 글자 은행상자(유아들이 궁금해하는 낱말 카드를 모아 놓음)
- 컴퓨터와 인쇄기

〈도서 영역〉

(3) 조작 영역

조작 영역에서는 조작적 기술, 즉 손과 손가락을 능숙하게 사용하는 능력, 눈과 손의 협응력 등 소근육 발달이 이루어진다. 조작적 기술의 습득은 옷의 단추를 끼우고, 지퍼를 올리며, 구두끈을 매고 연필을 쉽게 잡게 할 뿐더러 읽기 기술습득에도 중요하다. 눈과 손의 협응력은 왼쪽에서 오른쪽으로 읽기에 필요한 시각과 지각의 발달을 위한 선수 요인이다. 그 밖에 사회적 기술, 창의성도 발달된다.

이 영역에서는 조용한 놀이가 이루어지므로 도서 영역이나 과학 영역과 인접하여 조용한 영역에 배치한다. 바닥에 카펫을 깔아 주거나 낮은 책상을 배치해 두어 안정감을 가지게 배려해 준다. 소그룹 또는 개인적으로 놀이할 수 있도록 다양한 놀잇감을 제공해 주어야 한다.

조작놀이를 위해 기본적으로 갖추어야 할 교구·교재는 다음과 같다.

- **퍼즐**: 그림 퍼즐, 도형 퍼즐, 숫자 퍼즐, 색 퍼즐 등
- **블록**: 듀플로, 팅커토이, 소형와플, 작은 크기의 레고블록과 코코블록 등
- **일상생활 훈련틀**: 구슬 꿰기, 볼트와 너트 맞추기, 바느질하기, 지퍼 올리기, 리본 매기, 단추 끼우기 등
- **게임자료**: 다이아몬드 게임, 그룹 게임판, 바둑판과 바둑알 등

〈조작 영역〉

(4) 수 영역

수 영역은 조용한 놀이로, 분류, 일대일 대응, 서열, 비교, 수세기, 모양, 형태, 측정 등 기초적 수개념을 형성하며 눈과 손의 협응력, 감각기관의 능력 및 소근육을 발달시킬 수 있는 곳이다.

수학놀이를 위해 기본적으로 갖추어야 할 교구 · 교재는 다음과 같다.

- 1:1 대응, 분류, 비교, 서열 등 수 이전 활동을 할 수 있도록 구슬, 솔방울, 모래, 단추, 솜 등
- 평형 저울, 온도계, 시계, 체중계
- 퀴제네어 막대, 색 입방체 블록, 줄자, 카드 게임, 숫자 퍼즐, 기하학적 도형
- 달력, 게임판, 여러 모양의 패턴 블록과 패턴 카드

〈수 영역〉

(5) 과학 영역

과학 활동은 밀가루 반죽을 만지거나 자연을 관찰하기 위해 바깥으로 산책하는 것과 같이 간단한 활동과 동·식물 기르기, 기계 분해와 조립 등 여러 가지 과학의 개념 형성을 도울 수 있는 활동이 이루어지는 곳이다.

과학 영역은 조용한 곳에 위치하여 실험과 탐색해 보는 기회를 가질 수 있도록 여러 기구와 재료를 배치한다. 바닥에는 카펫을 깔아 주고 유아 혼자서 활동하는 개별 공간과 3~4명의 유아가 소집단으로 활동할 수 있는 책상과 의자를 적절히 배치한다. 또한 유아들의 수집품을 전시할 관찰대를 비치해 준다.

과학활동의 자료는 다음 〈표 4-3〉과 같다.

〈표 4-3〉 **과학활동을 위한 자료**

일반적 도구	• 거울(손거울, 대 · 소거울) • 자석(막대자석, 말굽자석, 고리자석, 원반자석) • 확대경, 졸보기 • 전지 • 프리즘	• 못, 핀
측정 도구	• 시계, 모래시계 • 온도계(실내 · 외용) • 자(막대자, 줄자) • 저울(요리용, 몸무게 측정용) • 측정용 컵과 스푼(비커) • 키재기용 도구	• 측정단위가 될 수 있는 선이 똑바른 나무 막대나 카드보드 • 노끈 • 리본끈
동물	• 금붕어, 토끼, 흰쥐, 다람쥐, 잉꼬, 병아리, 거북이, 열대어, 오리, 칠면조 등 • 사육에 필요한 물품들(어항, 새장 등) • 동물에 관한 책	• 개구리, 올챙이, 달팽이 • 송사리, 미꾸라지 • 동물먹이 • 기록용지 • 여러 종류의 알(메추리알, 계란, 오리알 등) • 뼈(물고기뼈, 닭뼈, 소뼈 등) • 여러 종류의 새털

곤충	• 곤충채집망 • 곤충에 관한 책	• 여치, 메뚜기, 무당벌레, 개미, 풍뎅이, 사마귀, 매미, 방아깨비, 나비, 잠자리 등 • 곤충먹이 • 벌집, 개미집 • 쓰기 도구(종이와 사인펜)
식물	• 관엽식물들: 벤자민, 아이비, 스킨다프스 등 • 1년 초식물: 팬지, 페츄니아, 금잔화 • 구근식물: 양파, 무, 감자, 홍당무 • 씨앗류: 채송화, 맨드라미, 나팔꽃, 조롱박 등 • 곡식류: 밀, 보리, 쌀, 벼, 옥수수, 팥, 조 • 식물에 관한 책 • 화분, 꽃삽	• 민들레, 제비꽃, 할미꽃 등의 풀꽃 • 씨앗류 • 꽃잎들 • 낙엽 • 나뭇가지, 솔방울, 밤껍질, 도토리 • 열매(밤, 호두, 은행, 땅콩 등) • 씨앗을 담을 수 있는 접시나 그릇
기계류	• 넛트와 볼트 • 송곳, 드라이버(일자, 십자) • 스크류 드라이버	• 고장난 시계(손목시계, 괘종시계) • 라디오, 텔레비전 부속품 • 열쇠와 자물쇠 • 다양한 바퀴(망가진 장난감, 자동차 바퀴)
무생물		• 바위, 조개껍질, 돌멩이 • 코르크 • 놋쇠, 칠, 구리, 주석 등

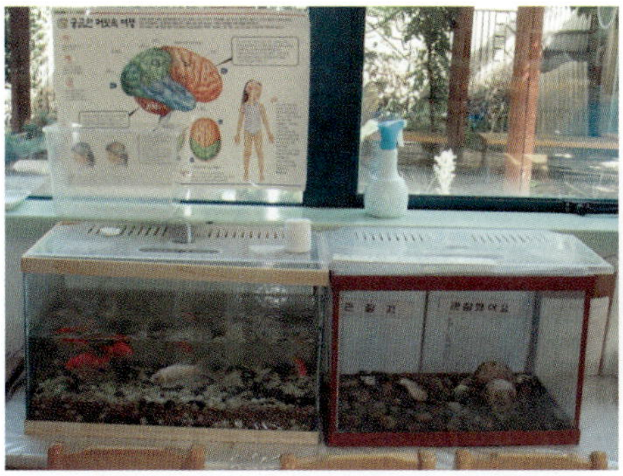

〈과학 영역〉

(6) 쌓기 영역

블록 쌓기는 모든 유아들에게 신나고 재미있는 활동이다. 다양한 모양과 크기의 블록놀이를 하는 동안 유아는 수, 형태, 색깔 등에 대한 개념을 형성할 수 있고, 상상력과 창의력이 길러진다. 그 밖에 눈과 손의 협응력, 대근육 발달과 신체적 긴장해소, 성취감, 문제 해결력도 길러 줄 수 있다.

쌓기 영역은 소음이 발생하므로 활동적이고 건조한 장소에 배치한다. 바닥에는 카펫을 깔아 소음을 방지하고 놀이와 확장을 위해 역할놀이 영역 옆에 위치하게 한다.

정리장으로 쌓기 영역을 구분하여 유아에게 안정된 분위기를 제공해 주어야 한다. 쌓기 영역을 구분하는 데 사용할 장이나 카펫이 없다면 마스킹 테이프로 경계선을 그어 주어도 좋다.

쌓기 영역의 크기는 한 번에 편안하게 놀이할 수 있는 유아의 수에 따라 충분한 공간을 확보한다(유아당 1~2명당 2/3평 정도, 3~5명의 유아에게는 2평 정도).

쌓기 영역에 기본적으로 갖추어야 할 교구·교재는 다음과 같다.

- **블록**(적목): 유니트 블록, 우레탄 블록, 종이 벽돌 블록, 공간 블록, 렉스 블록, 와플블록, 듀플로/레고 블록 등
- **소품**: 인형집 가구, 플라스틱 모형(동물, 사람, 차, 트럭, 오토바이 등), 교통 신호판 등

〈쌓기 영역〉

(7) 역할놀이 영역

역할놀이 영역에서는 소꿉놀이, 가게놀이, 음식점놀이, 병원놀이 등 유아들이 경험하고 관찰했던 사람들을 실제로 표현해 보는 기회를 갖는다. 역할놀이를 통해 사회화 기술(다른 사람과 상호작용하는 법) 증진, 지시에 따르기, 문제 해결력, 나누기, 차례 지키기, 성인 역할 해 보기, 언어기술 발달 및 지적발달이 촉진되고, 놀이하는 동안 부정적인 감정을 발산시켜 정서가 안정되기도 한다.

그 밖에 유아의 상상력, 경험 및 희망에 따라 자유롭게 구성되는 놀이로 구성하고 역할을 분담하고 적절한 놀잇감을 선택하며 준비하는 과정에서 유아는 무엇이든 새롭게 창조해 보는 기회를 가질 수 있어 창의력이 발달된다.

이 영역은 움직임이 많고 활동이 다양하여 활동적인 놀이 공간에 위치하도록 배치한다. 역할 놀이자료와 소품은 성차별이 없고, 여러 문화적 배경을 포함시켜야 한다.

다양한 극화놀이를 위해 기본적으로 갖추어야 할 교구·교재는 다음과 같다.

- **극화활동 용품**: 병원놀이 세트, 은행놀이 세트, 가게놀이 세트 등
- **가정놀이 용품들**: 싱크대, 냉장고, 부엌도구와 접시들, 플라스틱 음식모형, 앞치마, 행주, 청소도구, 시계, 전화, 소파 등
- **의상**: 한복, 모자, 코트, 드레스, 구두, 스카프 등

〈역할놀이 영역〉

(8) 음악과 동작활동 영역

음악과 동작활동 영역에서는 유아들이 음악을 감상하고 다양한 악기를 탐색하고 연주하기, 노래 부르기 등의 음악과 동작활동을 할 수 있다. 이 영역은 창의성과 표현의 자유를 발달시켜 주기 때문에 유아가 자유롭게 노래하고, 연주하고, 동작할 수 있도록 매일의 활동에 통합되어 제공해야 한다.

음악과 동작활동 영역은 동적인 활동이므로 시끄러운 곳에 위치하도록 배치하고, 유아가 편안하게 생각에 따라 움직일 수 있는 충분한 크기의 공간을 마련해 주어야 한다. 벽면에는 악기연주자나 무용하는 사진 자료를 붙여 준다.

다양한 음악과 동작활동을 위해 기본적으로 갖추어야 할 교구 · 교재는 다음과 같다.

- **리듬악기류**: 캐스터네츠, 트라이앵글, 리듬막대, 틱택블록, 우드록, 핸드벨, 마라카스 등
- **전통악기류**: 소고, 장구, 소고, 가야금, 해금, 징, 북, 꽹과리 등
- **멜로디 악기류**: 피아노 또는 오르간, 키보드, 실로폰, 멜로디언, 만돌린, 기타 등
- **기타**: 리본막대, 훌라후프, 작은 공, 스카프
- 카세트와 카세트테이프, CD 플레이어와 CD, 헤드폰 등

〈음악과 동작활동 영역〉

(9) 조형 영역

조형 영역에서는 도화지에 크레파스로 그림을 그리는 것뿐만 아니라 상자 또는 병으로 구성하기, 폐품을 이용한 악기 만들기 등 다양한 물체의 탐색과 실험을 통해 자유롭게 표현할 수 있는 기회를 제공하여야 한다. 가위질, 풀칠, 색칠 등은 소근육과 눈과 손의 협응 기술을 발달시키며, 손가락 그림, 밀가루 반죽놀이 등은 대근육을 사용한 운동 기술의 발달을 도울 뿐 아니라 자신의 선택과 방법에 의한 작업의 결과로부터 성취감과 긍정적인 자아개념을 갖게 하고, 정서적인 분출구로서도 중요한 역할을 한다.

조형영역은 정적인 활동이 이루어지므로 출입구에 가까운 곳이나 음악이나 동작활동 영역 등 동적인 영역과 분리하여 조용한 장소에 배치하는 것이 바람직하다. 또한 작업용 책상과 의자, 이젤 등이 설치되어야 하며, 싱크대 옆에 위치하게 배치하여 수시로 물을 갈아 쓸 수 있어야 한다. 항상 종이 수건이나 스펀지, 마른 수건 등을 구비하고 밀가루 반죽이나 손가락 그림 그리기를 할 때에는 책상용 비닐보를 준비한다. 또한 유아용 작업복을 비치해 놓아 필요시 유아가 입을 수 있도록 한다.

조형 영역에 기본적으로 갖추어야 할 교구 · 교재는 다음과 같다.

- **각종 종이류**: 그림 그리기 종이(흰색, 분홍색, 검정색, 연두색 등), 색종이, 모조지, 셀로판지, 파지, 포장지 등
- **그리는 도구**: 크레파스, 파스텔, 사인펜, 물감, 붓, 핑거페인팅 등
- 가위, 풀, 스테이플러, 셀로판테이프, 구멍뚫개, 펀치 등
- **각종 자료 등**: 콜라주 활동을 위한 폐품 자료, 병뚜껑, 상자, 우유 팩, 플라스틱 병, 달걀판, 이쑤시개, 리본 테이프, 노끈, 스티로폼, 모루, 수수깡, 솜 등

〈조형 영역〉

(10) 테크놀로지 영역

테크놀로지 영역은 별도의 컴퓨터실이나 독립된 방이 아니라 교실 내 흥미 영역으로 설치되는 것이 바람직하다. 테크놀로지 영역이 다른 교과 과정에 통합되어서 사용되어질 때 유아는 끊임없이 실험하고 탐색하는 가운데 새로운 것을 발견하고 창조할 수 있기 때문이다.

컴퓨터는 밝은 조명, 인간환경 공학적인 모니터와 의자를 갖추어 조용한 영역에 배치되어야 한다(Petersen, 2003). 쌓기 영역, 역할놀이 영역과는 떨어지고 언어 및 도서 영역과는 가까운 곳에 설치하도록 한다. 그러나 컴퓨터 영역은 또래와 소프트웨어와의 상호작용으로 어느 정도는 소음이 예상되므로 절대적으로 조용한 곳은 적당하지 않다.

컴퓨터 영역이 독립적인 영역이라는 느낌을 주고 싶을 때는 칸막이나 교구장으로 가리고 설치하면 된다. 공간의 크기는 적어도 세 명의 유아와 한 명의 성인이 편안하게 활동할 수 있을 정도여야 한다.

컴퓨터는 유아 크기에 맞는 책상에 놓아야 하고, 적어도 컴퓨터 1대당 의자 2개 이상을 둔다. 이와 같은 배치는 유아 간의 상호작용을 고무시켜 유아들이 서로 의견을 교환하고 토론하며 협력하도록 조장한다. 프린터는 꼭 구비하는 것이 좋으며, 컴퓨터는 서로 볼 수 있는 130° 정도가 되도록 설치하고, 컴퓨터의 조작 방법을 위한 그림 설명서를 제시하는 것이 좋다.

21세기 정보화 사회에서 컴퓨터는 유아들의 생활의 일부로서, 컴퓨터 활용능력은 필수적이다. 이 영역에서 기본적으로 갖추어야 할 비품 및 교재 · 교구는 다음과 같다.

- **컴퓨터 책상**: 컴퓨터 본체, 컬러모니터, 키보드, 마우스, 프린터, 소프트웨어, 스캐너, 모래시계 등
- **종이 및 문방구**: 프린터 용지, 가위, 풀, 색칠하는 도구 등

〈테크놀로지 영역〉

2) 실외놀이 환경의 구성

햇빛, 시원한 바람, 신록의 푸르름 등이 있는 실외는 유아가 마음껏 뛰어놀며, 자연과 계절의 변화를 만나고 탐색할 수 있는 놀이환경이다. 실외놀이 공간은 실내놀이 공간에 비해 넓기 때문에 실내에서 경험할 수 없는 자유로움과 융통성을 제공할 수 있다.

유아들에게 실내와 실외 두 공간이 연계되어 제공되면 유아들의 놀이는 복잡하고, 도전적이며, 다양한 형태로 확장되고, 창의성, 학습, 발달적인 측면에 도움이 된다 (Frost, Wortham & Reifel, 2001). 따라서 실외놀이 공간은 유아의 전인적 성장 발달을 촉진시키는 복합적 기능을 수행하는 장소가 되어야 한다.

실외놀이 공간 배치는 면적의 약 1/3은 정적활동 영역으로, 그 나머지 영역은 테라스와 동적활동 영역으로 배당되어야 하며(Decker & Decker, 1992) 정적활동 영역은 동적활동 영역과 떨어져 있게 배치하여 활동이 방해되지 않도록 한다. 정적활동 영역 근처는 낮은 관목을 심어 경계를 만들어 줄 수 있다.

실외놀이 환경은 개방된 영역, 바퀴 달린 놀잇감 영역, 그늘 영역, 지붕이 있는 영역, 자연생태 영역, 모래놀이 영역, 물놀이 영역, 대근육 운동 영역 등으로 구성할 수 있다.

(1) 개방된 영역

모든 실외 공간에는 공놀이, 술래잡기, 뛰놀기, 달리기, 게임 등과 같은 여러 자유로운 활동을 할 수 있는 넓은 공간이 필요하다. 모래밭을 만들어 주어 높이뛰기, 넓이뛰기 등의 활동을 하게 한다. 과격한 활동은 잔디밭을 이용한다.

〈개방된 영역〉

(2) 바퀴 달린 놀잇감 영역

바퀴 달린 놀잇감 영역에서는 자전거, 짐수레, 인형 유모차, 끌차 등이 다니는 곳이므로 바닥은 딱딱한 것이 좋다. 이러한 기구들이 용이하게 다닐 수 있도록 충분히 넓어야 한다. 길의 모양은 원형이나 타원형으로 만들어 놀잇감을 타기 시작하는 장소에서 한 바퀴를 돌면 다시 돌아올 수 있도록 하고, 양방향으로 탈 수 있도록 2차선으로 만드는 것이 좋다. 시작점에는 영유아들이 차례를 지키면서 기다릴 수 있도록 하고, 곳곳에 도로 표지판을 설치해 주도록 한다.

〈바퀴 달린 놀잇감 영역〉

(3) 그늘 영역

다양한 크기와 색깔의 나무, 관목, 포도넝쿨 등을 사용하여 그늘을 마련해 준다. 바닥에 돗자리 등을 깔아 휴식을 취할 수도 있고 이야기 나누기, 동화 들려주기의 활동을 하기에 아주 적절하다. 더운 여름날에는 뜨거운 햇빛을 피해 모래놀이나 물놀이를 이동시켜 활동하게 할 수도 있다. 마땅한 장소가 없으면 테라스를 이용할 수도 있고 텐트나 비치파라솔 등의 임시 시설도 가능하다.

〈그늘 영역〉

(4) 지붕이 있는 영역

건물에 붙여 지붕을 설치한 영역을 마련하면 실내놀이와 실외놀이의 전이 영역으로 사용할 수 있고, 비 오는 날에는 실외활동을 할 수 있다. 재료를 유리나 투명 플라스틱을 사용하게 되면 광선의 양이 증가된다. 맑고 더운 날에는 광선과 열을 조절하기 위해 차양을 사용할 수 있다. 목공놀이대, 물감 그림 그리기, 풀 물감 그리기 등의 활동을 하기에 적절한 곳이다.

〈지붕이 있는 영역〉

(5) 자연생태 영역

현대 특히 도시의 유아에게는 식물, 곤충, 새, 동물 등이 땅과 물이라는 다양한 환경에서 어떻게 공존하는지에 대한 직접적인 지식이 거의 없다. 기후에 따라 작은 언덕과 연못, 바위, 늪 등을 꾸미고 그 지역에서 잘 자라는 식물들을 기를 수 있도록 꾸며 주면 자연히 곤충이나 벌레, 새들도 이곳을 찾게 될 것이다. 이렇게 되면 유아들에게 이곳은 매우 매력적이고 탐구심을 자극하는 환경이 된다.

채소 재배장도 유아에게 자연생활과 학습 경험을 제공해 주며 살충제의 해가 없는 채소를 직접 얻게 할 수 있는 훌륭한 곳이라 할 수 있다. 특히 짧은 성장주기를 가진 식물을 키움으로써 유아들에게 성장, 발달, 생의 주기를 관찰하여 개념을 발달시키게 한다. 공간이 가능한 대로 정원을 만들어 식물을 보살피며 식물의 성장 과정을 관찰하는 경험도 할 수 있게 한다.

〈자연생태 영역〉

(6) 모래놀이 영역

모래는 쉽게 젖고 또 빨리 마른다는 장점을 지니면서 손으로 만질 때의 촉감이 곱고 부드러워 감각을 발달시켜 주고 유아의 소근육도 발달하게 도와주는 자료이다. 이 영역에서는 여러 가지 도구를 사용하여 모양을 만들기도 하고 구조물을 구성할 수도 있고 그것을 이용해 사회적 극화놀이도 할 수 있다.

〈모래놀이대〉

모래놀이 영역은 비가 왔을 때 배수가 가능하도록 배수구를 마련하고 가장 자리에는 턱을 만들어 주어 소도구를 올려놓거나 앉을 수 있게 해 준다. 깊이는 20~25㎝ 이상이 되도록 하고 뚜껑을 만들어 주면 잡다한 것이 들어가는 것을 방지할 수 있다. 최소한 1년에 한 번씩 모래를 갈아 주어 먼지나 더러운 것이 쌓이지 않게 한다.

(7) 물놀이 영역

물놀이 영역은 수도나 펌프 근처에 배수가 용이한 콘크리트나 잔디밭에 커다란 양동이나 플라스틱으로 만든 수영풀을 놓아 이용할 수 있다. 수영이나 물장난을 위해서는 풀이 좋으나 뜨고, 가라앉고, 물결치고, 흐르는 등의 물의 성질을 알게 하는 실험적 활동에는 물통 같은 것이 더 유용하다. 이곳에도 모래놀이와 마찬가지로 물을 푸는 바가지, 깔대기, 고무호스, 구멍 뚫린 플라스틱 통, 물에 뜨는 것과 가라앉는 물체, 스폰지 등 활동에 필요한 여러 기구들을 준비하여 준다. 식용물감으로 물을 들이면 또 다른 흥미를 불러일으킬 수도 있다.

〈물놀이대〉

(8) 대근육 운동 영역

대근육 운동 영역에는 대근육 능력을 기르고 기구를 이용하는 방법을 습득할 수 있도록 기어오르기, 매달리기 등 다양한 신체활동을 할 수 있는 놀이시설을 설치한다. 안전사고가 많이 일어날 수 있으므로 바닥은 모래나 고무로 처리하여 안전사고에 대비한다.

대근육 운동 영역에 시설 및 기구를 설치할 때는 무엇보다도 안전성, 견고성, 시설물의 질, 놀이의 가치를 충분히 고려하여야 한다.

〈대근육 운동 영역〉

TIP 유아의 경험을 지원하는 놀이환경 체크리스트

○1. 창문을 통해 유아는 언제 어디서나 빛을 느낄 수 있는가?
○2. 시간과 장소와 유아가 하는 활동에 적합하게 빛을 조절할 수 있는가?
○3. 유아가 유치원/교실의 안과 밖에서 자연을 접하고 그 속에서 편안함을 느낄 수 있는가?
○4. 유치원 전체에서 편안한 분위기가 풍겨 나오는가?
○5. 유아가 편안함을 느낄 수 있도록 하루 일과가 여유롭게 구성되어 있는가?
○6. 유아가 편안함을 느낄 수 있도록 하루 일과를 필요에 따라 유연하게 변경할 수 있는가?
○7. 유아가 진지한 놀이에 참여할 수 있을 만큼 놀이시간(기간)이 충분히 길게 제공되는가?
○8. 다양한 특성(재질, 크기, 무게, 색상 등)을 가진 자료를 제공하여 유아의 탐색 동기를 유발하는가?
○9. 새로운 자료를 주기적으로 제공하여 유아의 탐색 동기를 유발하는가?
○10. 익숙한 자료를 새로운 방법으로 제시하여 유아의 탐색 동기를 유발하는가?
○11. 활용 방법이 무한한 자료를 제공하여 유아의 탐색 동기를 유발하는가?
○12. 기존과 다른 방법으로 놀이자료를 배치하여 유아의 탐색과 활용 동기를 유발하는가?
○13. 유아의 놀이와 관련된 정보나 자료를 자연스럽게 제시하여 유아의 탐색과 학습을 촉진하는가?
○14. 유아가 색상, 명도, 채도 등의 색의 속성을 자연스러운 환경에서 다양하게 경험할 수 있는가?
○15. 교육환경과 놀이자료에 사용된 색이 서로 조화를 이루는가?
○16. 자연물이 놀이자료와 함께 적절하게 사용되어 유아의 흥미를 유발하는가?
○17. 자연물을 교실에 균형 있고 조화롭게 배치하여 자연물이 가진 아름다움을 발견할 수 있도록 하는가?
○18. 가구의 크기, 모양, 색상, 재질 등을 다양하게 제시하여 가구를 통해 유아가 심미감을 느낄 수 있는가?
○19. 유아의 작품을 미술적으로 아름다우면서도 영감을 주는 방식으로 전시하는가?
○20. 유아 작품의 방향, 거리, 높이 등과 같은 특징적인 요소를 강조하거나 과장하는 방법으로 전시하여 유아의 미적인 감수성을 기르도록 하는가?
○21. 유아의 작품에서 나타나는 재료, 기법 등의 공통점을 활용하여 전시하여 유아의 미적인 감수성을 기르도록 하는가?
○22. 실내외 공간은 한 장소(영역)에서 다른 장소(영역)로 자유롭게 이동할 수 있도록 배치되어 있는가?
○23. 물건을 원래의 용도가 아닌 다른 용도로 사용하도록 하는 등 익숙한 자료를 새로운 시선으로 보게 하여 유아의 창의력을 길러 주는가?

○ 24. 가구를 통해 생기는 잠재적인 공간(책상 위, 피아노 아래 등)을 활용하여 익숙한 공간을 새로운 시선으로 보게 하는가?

○ 25. 기존 교구장을 놓는 방향이나 방법을 달리하고 새롭게 사용하여 익숙한 보관 공간을 새로운 시선으로 보게 하는가?

구분	해당 문항	문항수	그렇다고 응답한 수	유아의 놀이 경험
편안함을 주는 환경	1~6	6		그렇다고 응답한 문항이 6개에 가까울수록 유아는 편안한 몸과 마음으로 신나게, 몰입하여 놀이하고 쉴 수 있습니다.
유아 주도적인 배움을 지원하는 환경	7~13	7		그렇다고 응답한 문항이 7개에 가까울수록 유아는 주도적으로 활발하게 배울 수 있습니다. 유아 주도적인 배움을 지원하는 환경은 유아에게 무엇인지 알아보고 싶은 마음이 들게 하고, 자신의 생각을 표현하기 적절한 매체를 찾아 다양하게 표상해 볼 수 있는 기회를 제공합니다. 자기주도성이 높은 유아는 취학 후 유아가 초등학교에 진학하였을 때 주어진 학습활동에 좀 더 오랜 시간 동안 주의를 기울일 수 있는 능력을 갖게 합니다.
미적인 감수성을 길러주는 환경	14~21	8		그렇다고 응답한 문항이 8개에 가까울수록 유아는 미적인 감수성에 대해서 관심을 갖게 되고 탐색하고 배우고자 하는 욕구가 생기게 됩니다. 과도하게 사용된 색은 유아에게 지나친 자극과 혼란을 주고 부정적 기분이 들게 합니다.
창의력을 길러 주는 환경	22~25	4		그렇다고 응답한 문항이 4개에 가까울수록 유아는 익숙한 환경을 다양한 관점에서 새롭게 바라보고, 반응하면서 새로운 아이디어를 생산해 내는 창의력을 신장할 수 있습니다.

출처: 교육부(2020). 교사를 위한 놀이지원 워크북. pp.33-34.

PART

3

영유아 교수-학습방법의 실제

Chapter 05

영유아 교수-학습에서의 교사 역할

1. 보살핌의 역할
2. 놀이 지원자로서의 역할
3. 상호작용자로서의 역할

영유아 교사는 영유아가 부모와 헤어져 낯선 유아교육기관에서 만나는 가장 영향력 있는 인적 환경이다. 영유아기는 물리적 환경보다 인적 환경의 영향을 더 많이 받는 시기로, 교사는 영유아의 발달을 촉진하며 특히 사회적인 능력과 또래 간 상호작용에 긍정적 영향을 미친다(심현정, 2002).

바이버(Biber)는 '유아교육의 질은 유아 교사가 결정한다'라며 교사의 중요성을 강조하였다. 아무리 좋은 유아교육 프로그램을 계획했다 하더라도 교사가 교수자로서의 역할을 충실히 하지 못한다면 영유아들에게 교육적 효과를 기대할 수 없기 때문이다.

영유아의 하루 일과는 먹고, 자고, 화장실 가기 등의 일상생활과 놀이나 활동(학습)으로 이루어진다. 특히 영유아기는 교사의 보살핌이 절대적으로 필요한 시기이기 때문에 무엇보다 건강과 안전을 위해 영유아를 보호하는 역할이 기본적이다. 또한 놀이과정에서 영유아가 다양한 경험을 할 수 있도록 교사는 적극적인 지원과 영유아와 활발한 상호작용을 해줄 때 영유아 교수-학습의 질이 달라질 수 있다.

이 장에서는 교사의 보호와 양육자로서 보살핌의 역할, 놀이지원자로서의 역할, 긍정적 상호작용자로서의 역할에 대해 살펴보고자 한다.

1. 보살핌의 역할

'보살핌'이란 건강과 안전을 위해 영유아를 보호하는 차원을 넘어서 보살핌과 교육이 결합된 하나의 텍스트로서 이해해야 한다. 즉, 영유아의 건강하고 안전을 위해 보듬어 안아 주고, 기저귀를 갈아 주고, 식사를 제공하는 것뿐만 아니라 영유아의 말을 주의 깊게 듣고 영유아가 무엇을 했는지, 어떻게 놀이하는지 관찰하여 기록하며 기꺼이 영유아에게 의미 있는 환경과 학습의 기회를 제공하기 위해 노력하는 것(양옥승 외, 2022)이 내포되어 있다.

교사는 다음과 같은 사항들을 중점으로 영유아를 보살펴 주어야 한다.

1) 안전한 환경 제공

「2019 개정 누리과정」에서 제시한 인간상은 건강한 사람이다(교육부, 보건복지부, 2019a). 신체발달과 함께 인지적 · 사회적 · 정서적 발달이 급속하게 일어나는 영유아기에 건강을 해치면 건강한 성인으로 성장 · 발달하여 제 역할을 할 수 없게 될 위험이 높기 때문에 교사는 영유아가 건강하고 안전하게 지낼 수 있는 환경을 구성하고 관리하는 일이 무엇보다 중요하다.

영유아의 안전을 위협하는 요인은 매우 다양하고 광범위하므로 교사는 실내 · 외 환경을 수시로 점검하고, 위험요인이나 잠재적 위험을 발견 시 제거 및 수리 등 정기적 점검을 통해 안전한 환경이 될 수 있도록 관리하여야 한다(보건복지부, 어린이집안전공제회, 2019).

참고로, 유아교육기관 실내 · 외 환경의 공간별 안전관리 방법은 다음 〈표 5-1〉과 같다.

〈표 5-1〉 **유아교육기관 실내 · 외 공간별 안전관리 방법**

구분	안전관리 방법	사진
현관 복도 계단 베란다	• 현관문에 자동으로 서서히 닫히게 되는 장치와 스토퍼 설치하기 • 현관문에 손가락이 끼이지 않도록 틈새에 고무 등 안전장치 부착하기 • 비나 눈이 올 때 현관 바닥에 미끄럼 방지용 발판이나 매트 깔고 물기 제거하기 • 현관 바닥에 단차가 없도록 하고 단차가 있는 경우에는 충격 완충재 깔기 • 신발장 위에 영유아의 호기심을 자극하는 사진이나 물건 게시하거나 올려 두지 않기 • 우산꽂이 등 쓰러지기 쉬운 물건은 고정시키거나 벽면에 가까이 설치하기 • 신발장, 가구 모서리 등에 보호대 설치하기 • 거울, 게시물 등은 영유아의 눈높이에 맞춰 게시하고 핀이나 압정 사용하지 않기 • 가구나 벽에 못이나 볼트, 너트 등이 돌출되어 있는지 항상 살피기 • 영아반이 2층에 있는 경우, 2층 계단 입구에 안전문 설치하기 • 계단의 단 높이는 16cm 이하, 너비는 26cm로 일정하게 구성하기 • 높이 1m를 넘는 계단 및 계단참에는 난간 또는 핸드레일 설치하기 • 난간살의 간격은 10cm 이하로 설치하기 • 베란다에 영유아 혼자 두지 않기(20인 이하)	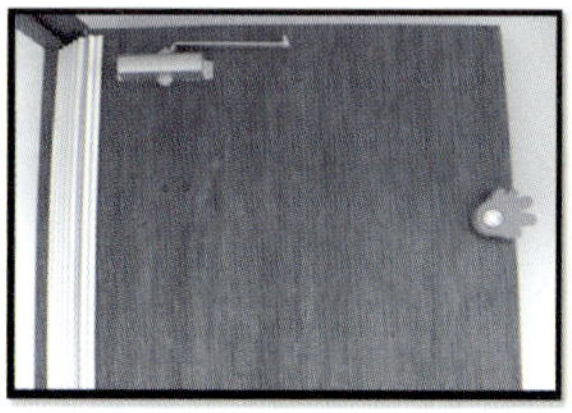 〈손끼임 방지〉  〈미끄럼 방지턱〉

실내공간	• 낮은 창문에 추락 방지용 안전 창 설치하기 • 영유아가 딛고 올라갈 수 있는 의자, 책상 등을 창문 가까이 두지 않기 • 블라인드의 끈은 영유아의 손에 닿지 않도록 짧게 묶어 놓기 • 사용하지 않는 콘센트는 안전덮개로 덮어 두고 꽂혀진 코드도 노출되지 않도록 영역 구성하기 • 보육실 바닥에 미끄럼을 방지할 수 있도록 카펫이나 안전매트를 깔아 놓기 • 전기줄 등이 영유아의 발에 걸리거나 손에 닿지 않도록 안전하게 처리하기 • 책상, 교구장 등의 뾰족한 모서리는 모서리 보호대 등의 안전장치 하기 • 영유아의 손이 들어갈 수 있는 작은 틈새(예: 냉장고 밑) 공간 막기 • 쉽게 넘어지는 가벼운 의자, 바퀴 달린 사무용 의자(회전의자)는 영유아가 활동하는 공간에 두지 않기 • 히터나 선풍기를 사용하는 경우 보호망을 설치하기	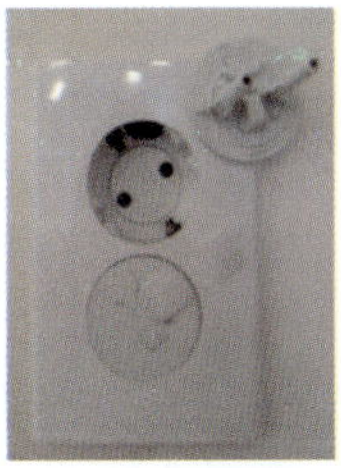 〈콘센트 안전덮개〉  〈모서리 보호대〉
화장실	• 미끄럼 방지용 타일과 발판 매트 사용하기 • 바닥이 항상 건조하도록 수시로 물기 닦기 • 유아용 신발의 바닥면도 미끄럼 방지용 스티커 부착하기 • 욕조 바닥에도 미끄럼 방지재 깔고 물 받아 놓지 않기 • 화상방지를 위해 안전한 수도꼭지, 안전한 샤워기를 설치하기 • 세면기와 변기, 거울, 수건걸이 등을 영유아의 눈높이에 맞추어 안전하게 설치하기 • 세면기, 변기, 욕조 등은 움직이지 않게 하고 모서리를 안전하게 처리하기 • 온수용 수도꼭지, 안전 샤워기의 오작동을 매일매일 점검하기 • 청소도구, 세탁기나 세제 등은 영유아의 손이 닿지 않는 곳에 보관하기	  〈온수 잠금장치〉

부엌(주방)	• 정수기의 뜨거운 물에 안전장치 하기(온수 작동부분 고정시키고 매일 점검). • 주방의 가전제품은 전기코드를 짧게 위로 올리고 가능하면 플러그는 높은 곳에 꽂기 • 냉장고, 싱크대 서랍을 사용하지 않을 때는 항상 닫아 두며 잠금장치 하기 • 가전제품 주변에는 영유아가 딛고 올라설 수 있는 높은 의자를 두지 않기 • 전열 기구를 바닥에 두고 사용하지 않기 • 가스레인지 사용 후 중간 밸브를 항상 잠그기(수시로 가스누출 점검하기) • 칼, 포크, 가위, 채칼, 깡통뚜껑, 알루미늄 호일 등 날카로운 물건, 세제, 끈, 비닐봉지, 청소도구 등은 영유아의 손이 닿지 않는 곳에 보관하기 • 바닥에 물기가 없도록 닦기 • 항시 뜨거운 물이나 국, 음식은 안전한 장소에 놓고 배식하기
실외 놀이터	• 위험시설로부터 50m 떨어진 곳에 위치 • 바닥에 파인 곳이나 튀어나온 곳 등 단차가 없도록 처리하기 • 모래놀이터 등에 개와 고양이 등의 배설물, 유리파편, 돌, 담배꽁초 등 위험한 것이 없는지 수시로 확인하기 • 미끄럼틀 등 실외놀이 기구에 나사나 튀어나온 부분, 갈라진 틈 등이 있는지 점검하기 • 파손된 곳이 있으면 즉시 보완하기

2) 정서적 지지

영유아는 정서적 안정감을 느낄 때 호기심을 가지고 놀이와 학습에 대한 열망을 펼칠 수 있게 된다(임부연 외, 2018). 가정보다 유아교육기관에서 점점 더 많은 시간을 보내는 영유아는 교사에게 충분한 사랑과 관심을 필요로 한다. 즉, 영유아와 교사 간의 애착 형성, 욕구 충족, 신뢰감 형성 등 교사와의 안정적인 관계 형성은 영유아 발달에 중요한 요인이 되었다.

영유아는 교사의 수용적이고 반응적인 태도를 통해 정서적인 안정감을 형성하게 되므로 교사는 영유아의 식사량, 선호하는 음식, 배변지도, 수면지도 등 일상적인 습관에 개인차가 있음을 인정하고 민감하게 반응해 주어야 한다(변혜정 외, 2021).

또한 미소, 끄덕거림, 공감하는 표정과 같은 비언어적 상호작용은 물론 "그렇게 만들다니 놀랍구나."와 같은 감탄과 격려 등의 언어적 상호작용 등 긍정적인 정서적 지원을 해 주어 영유아는 존중받고 있다는 것을 느낄 수 있게 해 준다. 좌절감, 걱정, 불안 등 부정적 정서를 느낄 때도 교사는 위안과 격려를 제공하여(한혜경 외, 2022) 영유아가 정서적 안정감과 신뢰감을 형성할 수 있게 해 주어야 한다.

〈표 5-2〉 **정서적 지원 방법**

구분	내용
기쁨 전하기	너와 함께하니까 기쁘다/재미있는걸/도와줘서 기쁘다/감동적이야
믿음 표현하기	네가 할 수 있을 거라고 생각했어/잊어버리지 않았구나
축하하고 인정해 주기	최선을 다했구나/놀랍구나/완성했구나/축하해
과정 격려하기	그래, 바로 그거야/좋은 생각이야/많이 연습했구나/ 힘내라, 어제보다 더 잘했구나/계속 열심히 해 보자

출처: 인천광역시육아종합지원센터(2022). 알아두면 유용한 영유아 상호작용 가이드. p.18.

TIP 적절한 칭찬은 ○, 그렇지 않은 것은 ×로 표시해 보세요.

- "우리 미선이한테 칭찬박수 쳐 주자" "짝짝짝짝짝 공주님 박수!" (○ / ×)
- "미선아, 그림이 정말로 예쁘다" (○ / ×)
- "세화야, 너의 그림에 노란색이 잘 어울리는구나" (○ / ×)
- "얘들아, 미선이 그림 좀 봐!" (○ / ×)
- "(조용하게) 미선아, 너의 그림 속에 있는 사람에 대해서 얘기해 주겠니?" (○ / ×)
- "승현아, 훌륭한 그림을 완성했구나" (○ / ×)
- "세화가 오랫동안 그림을 그리고 있구나. 네가 아주 열중하고 있는 것 같은데, 무엇을 그리고 있는지 얘기해 줄래?" (○ / ×)
- "오랫동안 그림을 그리는 것을 보니까 네가 그림 그리기에 최선을 다하고 있는 것 같구나. 그림을 완성했는데 느낌이 어떠니?" (○ / ×)
- "너희들도 미선이 그림을 보았니? 역시 우리 미선이가 최고야" (○ / ×)
- "지난번과 다르게 오늘은 바탕색을 칠해 주었구나" (○ / ×)

출처: 교육부(2020). 교사를 위한 놀이지원 워크북. p.26.

3) 기본생활습관 형성 지원

'세 살 버릇 여든까지 간다'는 속담처럼 영유아기는 기본생활습관이 형성되는 시기이다. 영유아기는 가소성(plasticity)이 풍부한 시기로 나쁜 습관이 고착되기 전에 좋은 습관을 가질 수 있도록 지도해 주어야 한다. 특히 취업모의 증가, 가족 구조 및 가족 구성원의 역할 변화 등으로 인해 유아교육기관을 이용하는 영아의 연령이 낮아지고 이용시간도 늘어나면서 영유아를 위한 기본생활습관 교육이 교사의 중요한 역할이 되었다.

유아교육기관의 하루 일과 중에서 올바른 생활습관이 형성되도록 반복적이고 지속적인 지도가 이루어져야 한다. 기본생활습관을 형성시켜 주는 원리는 다음과 같다(임미혜, 이혜정, 2017).

- **교사의 모델링(modeling)을 통한 교육을 실시한다.**
  모델링은 영유아로 하여금 교사의 교육목표나 교육 내용과는 상관없이 이루어지는 것으로 기본적인 생활습관에 대한 좋은 모델링을 통해 영유아는 긍정적인 생활습관을 형성할 수 있다.
- **영유아로 하여금 동기유발(motivation)을 통해 교육한다.**
  생활습관지도에 있어서 지식적으로 가르치기보다는 다양한 교수방법을 통해 영유아의 흥미가 충분히 고려되도록 한다. 영유아 스스로 좋은 습관을 형성하겠다는 동기가 유발될 때 건강한 생활습관 형성에 도움이 된다.
- **생활습관 지도에 대한 계획을 세운다.**
  영유아 개개인이 지닌 능력이나 발달정도가 다르므로 연령과 개별 영유아의 발달상황을 고려하여 계획하고 지도한다.

- **칭찬과 보상을 통해 반복적으로 지도한다.**

  영유아가 긍정적으로 행동했을 때 칭찬이나 미소 짓기, 머리 쓰다듬어 주기 등의 강화를 통해 바람직한 생활습관이 형성될 수 있다.

- **인내심을 가지고 꾸준히 지도하여야 한다.**

  습관은 하루아침에 형성되는 것이 아니므로 교사는 조급히 서두르지 말고 끈기 있고 참을성 있게 인내로써 지도해 나가야 한다.

2. 놀이 지원자로서의 역할

「2019 개정 누리과정」은 놀이를 통한 영유아의 배움을 강조하고 있다. 영유아는 어디서나 자유롭게 놀이하며 자신의 생각을 자발적으로 표현하고, 자신과 타인을 둘러싼 환경에 대한 정보를 수집하고, 조직하고, 인식함으로써 세계에 대한 감각을 발달(임부연 외, 2018)할 수 있지만 교사의 지원을 통해 더욱 유의미한 배움이 될 수 있다. 이에 교사는 단순한 지식 전달자가 아닌 학습의 촉진자로서 영유아의 놀이를 주의 깊게 관찰하면서 영유아의 놀이를 배움의 과정으로 이해하고 영유아의 놀이를 지원해야 한다(교육부, 보건복지부, 2019a). 즉, 격려해 주거나 칭찬하기, 소품 및 아이디어 제공하고, 놀이에 참여하기, 결과물들을 전시하거나 사진 찍어 주기, 질문하기, 흥미 유도하기 등을 통해서 영유아의 놀이를 지도해 주고, 지원하는 역할을 한다(변혜정 외, 2021).

구체적인 놀이지원자로서의 역할은 다음과 같다(교육부 외, 2019a; 박미현, 2021; 한혜경 외, 2022).

1) 놀이 공간 구성

교사는 영유아의 놀이를 관찰하면서 놀이상황에 적절하게 공간을 융통성 있게 배치해 본다. 때론 영유아에게 공간 배치의 주도권을 주어 본다. 영유아들은 공간에 대한 인식이 고정되어 있지 않으므로 놀이를 하다가 우연히 발견한 공간인 복도, 현관 입구, 계단 밑 등도 안전 점검을 하여 놀이 공간으로 허용해 줄 수 있다.

다음은 유아에게 놀이 공간 구성의 주도권을 주었을 때 공간을 활용한 예이다.

출처: 교육부, 보건복지부, 육아정책연구소(2020). 2019 개정 누리과정 교사 연수 자료. pp.207-209.

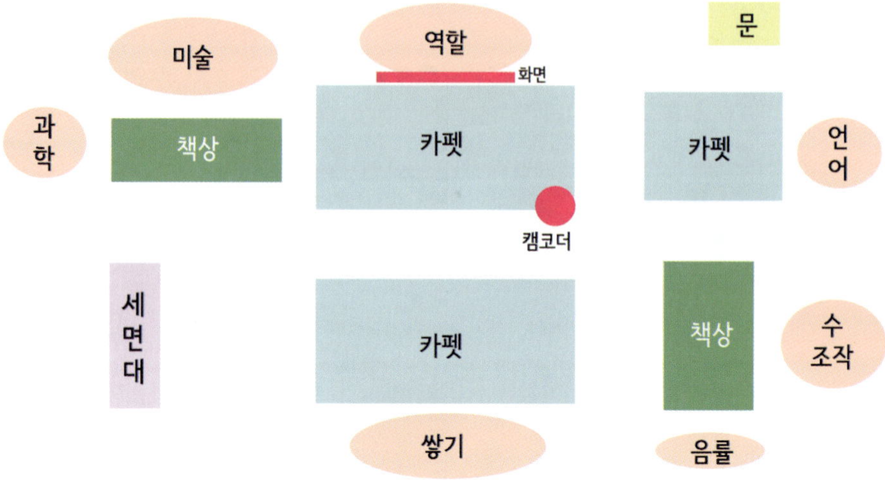

9월 초 교실 모습

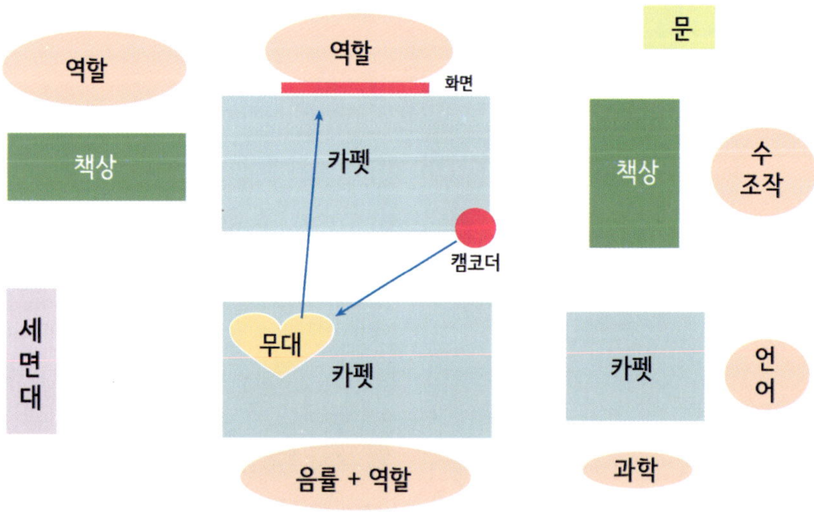

유아의 의견을 반영하여 바꾼 교실 모습

출처: 교육부, 보건복지부(2020). 놀이를 지원하는 교사의 역할. p.28.

2) 놀이자료 제공

놀이자료는 영유아가 놀이에 사용할 수 있는 놀잇감, 매체, 재료와 도구 등을 포함한다. 영유아에게 놀이자료는 자신의 감정과 생각, 상상 등을 자유롭게 표현하는 수단이자 세상에 대한 이해를 넓혀 나가는 데 중요한 역할을 하는 매개물이다. 교사는 영유아에게 일상의 평범한 사물, 자연물, 악기, 미술재료, 그림책, 재활용품 등을 적절히 제공할 수 있으며 계절이나 행사, 국경일과 관련한 자료는 시기에 맞게 제공할 필요가 있다. 놀이자료를 제공할 때는 영유아가 자유롭게 탐색할 수 있도록 자료의 사용방법이나 놀이방식을 지나치게 제한하지 않도록 유의한다.

교사가 유아에게 다양한 색깔의 스카프를 제공했을 때 유아들은 바람처럼 달리기도 하고, 색깔 숨기기 놀이도 하였다. 산책길에서 뽑아 온 들풀로는 찧어서 풀 물도 내고, 그림도 그리고, 교실 밖 테라스에서 더 많은 들풀로 놀이를 하였다.

〈바람처럼 달리기〉

〈색깔 숨기기 놀이〉

출처: 교육부, 보건복지부, 육아정책연구소(2020). 2019 개정 누리과정 교사 연수 자료. p.211.

출처: 교육부, 보건복지부, 육아정책연구소(2020). 2019 개정 누리과정 교사 연수 자료. p.212.

3) 놀이 관찰하고 기록하기

교사는 영유아가 누구와 놀이하는지, 어떻게 놀이하는지, 어떤 관계를 맺는지 등에 대해 관찰함으로써 영유아의 성향, 사회적 능력, 대인 관계 등을 파악하여 놀이를 지원할 수 있다. 놀이 지원을 위해 관찰할 사항은 다음과 같다(교육부, 2020).

- 유아는 어디에서, 누구와, 무엇을 가지고, 무엇을 하며 놀이하고 있는가?
- 유아의 놀이 속에서 어떤 상황들이 일어나고 있는가?
- 유아는 놀이상황에서 어떤 이야기를 하는가?
- 유아는 놀이를 하면서 어떤 표정과 움직임을 보이고 있는가?

- 유아의 놀이가 어떻게 이어져 가고 있는가?
- 반복되는 놀이 주제, 유형, 줄거리가 있는가?

교사는 충분한 시간을 갖고 영유아를 이해하고 놀이 지원에 중요하고 의미 있다고 판단되는 자료를 선별하여 다음과 같은 내용을 기록한다(임부연 외, 2023 재인용).

- 같은 자료를 어떻게 다르게 활용하여 놀이했는지?
- 누구와 놀이했는지?
- 놀이에 대해 어떠한 새로운 아이디어를 제시하였는지?
- 놀이 가운데 나타난 의미 있는 말은 무엇인지?
- 누가 놀이를 이끌었고, 누가 그것에 협력했는지?

블록을 늘어놓으며 놀던 유아들이 꽃가게로 관심이 생기면서 다른 유아들과 놀이를 시작하였다. 교사는 긍정적으로 지지하며 유아의 놀이를 관찰한 후 다음과 같이 놀이를 지원하였다.

출처: 교육부, 보건복지부, 육아정책연구소(2020). 2019 개정 누리과정 교사 연수 자료. p.215.

4) 놀이에 참여하고 제안하기

영유아와 교사가 공동놀이자로 놀이에 즐겁게 참여할 수 있는 기회가 많을수록 둘 사이에 진정한 공감과 소통이 이루어지고, 교사는 놀이의 속성을 더 잘 이해하게 되어 보다 효과적으로 영유아 놀이를 지원할 수 있게 된다.

특히 영유아가 놀이 시 아이디어의 결핍이나 의견 충돌, 공간이나 자료를 점유하기 위한 갈등 등 문제 상황에 부딪혔을 때 교사의 놀이참여는 영유아들에게 문제를 명확하게 이해하고 문제해결 방법을 찾는 데 도움을 줄 수 있다.

교사가 영유아의 놀이를 지원하기 위해 제안을 할 때 영유아의 흥미와 상관없이 새로운 놀이자료를 일방적으로 제안하거나 교사 주도로 새로운 놀이방법으로 이끌기보다는 놀이관찰에 기반하여 놀이를 지원하는 것이 좋다. 현재 진행 중인 놀이가 잘 지속될 수 있도록 공간, 자료, 시간 등의 측면에서 무엇을 어떻게 지원하는 것이 좋을지 고민하고 제안하며, 영유아가 교사의 지원을 어떻게 받아들이는지 살펴보고 추후 지원에 반영할 필요가 있다.

교사는 다음과 같이 꽃가게 놀이에 유아와 함께 놀이에 참여하며 작은 꽃을 만들자고 제안하였다.

출처: 교육부, 보건복지부, 육아정책연구소(2020). 2019 개정 누리과정 교사 연수 자료. p.216.

5) 질문하기

영유아는 놀이하면서 끊임없이 "왜?", "어떻게?"와 같은 내면적 질문을 만나고 스스로 해답을 찾기 위해 놀이에 몰입한다. 교사는 유아의 관심과 흥미를 알아내기 위해서보다는 유아의 생각이 유연하게 흐르도록 돕기 위해서 질문하는 것이 좋다. 예를 들어, "이것은 무엇이니?", "어떻게 할 거니?"와 같이 교사가 기대하는 답을 염두에 둔 질문보다는 "선생님은 이런 생각이 드는데, 너는 어떻게 생각해?", "그것도 좋은 방법인데 무겁진 않을까?"와 같이 영유아와 능동적으로 생각을 나눌 수 있는 질문이 바람직하다. 이러한 질문은 영유아가 보다 높은 수준으로 사고할 수 있도록 유도하며 새로운 상상을 놀이로 구현하게 하고, 다시 문제를 발견하고 해결해 가는 선순환의 구조를 만드는 원동력이 된다.

꽃가게 놀이 시 교사는 다음과 같이 유아에게 질문하였다.

출처: 교육부, 보건복지부, 육아정책연구소(2020). 2019 개정 누리과정 교사 연수 자료. p.216.

놀이지원자로서 교사의 역할을 종합해 보면 다음 〈표 5-3〉과 같다.

〈표 5-3〉 놀이를 지원하는 교사의 교육적 지원과 내용

	교육적 지원	내용
상호작용	관찰	유아의 흥미와 관심을 파악하고 놀이를 이해하고자 관찰
	함께 놀이하며 질문	함께 놀이에 참여하며 배움이 일어나도록 질문
	함께 놀이하며 제안	함께 놀이에 참여하며 배움이 일어나도록 제안
	정서적 지원	유아의 생각과 느낌, 경험을 공감, 격려하는 표현
환경	시간	놀이가 잘 이루어지도록 시간 지원
	공간	놀이가 잘 이루어지도록 공간 지원
	자료	놀이가 잘 이루어지도록 자료 지원
활동	활동유형	놀이와 연결하여 교사가 계획하거나 유아가 제안한 활동

출처: 교육부, 보건복지부(2020). 놀이를 지원하는 교사의 역할. p.14.

TIP 유아의 배움을 고려한 교사의 놀이 지원 방법

놀이 시간에 주로 사용하는 놀이 지원 방법을 체크해 보세요.

교사가 사용하는 놀이 지원 전략 점검을 위한 체크리스트
○ 1. 놀이시간에 다른 업무를 처리하거나 다른 수업을 준비하는 등 교사가 유아의 놀이에 개입하지 않음
○ 2. 유아의 놀이를 가까이에서 지켜보기
○ 3. 유아들이 놀이하는 것 관찰하기
○ 4. 놀이를 인정하고 격려하기
○ 5. 놀이와 관련된 제안이나 비지시적 진술하기(유아의 행동을 언어로 설명하기)
○ 6. 짧게 조언하거나 의견을 제안하기
○ 7. 놀이에 필요한 자료, 놀이 무대, 역할에 필요한 의상 및 소품 제공하기
○ 8. 놀이와 관련된 정보 제공하기
○ 9. 유아의 주변에서 동일한 놀잇감을 가지고 놀이하기(혼잣말을 하면서 놀이를 간접적으로 지원)
○ 10. 적절한 행동을 직접 시범 보이기
○ 11. 놀이 주도권은 유아에게 두면서 유아와 동등한 놀이친구로 적극적으로 놀이에 참여하기 (주변 역할 맡아 놀이에 참여하기)
○ 12. 교사가 놀이 주도권을 가지고 유아와 같이 놀이하면서 적극적으로 놀이 이끌기 (주인공 역할 맡아 놀이에 참여하기)
○ 13. 놀이 전개를 지시하거나 역할을 정해 주는 등 유아들이 무엇을 해야 하는지 직접 알려 주기
○ 14. 놀이 중에 일어난 일을 배움의 기회로 활용하기 위해 유아의 관심 전환하기
○ 15. 놀이 중에 잘못된 지식이 발견될 때 질문을 통해 정확한 지식 알려 주기

출처: 교육부(2020). 교사를 위한 놀이지원 워크북. p.22.

TIP 교사의 놀이 지원 원칙

교사가 교실 어디선가에서 유아의 놀이에 관심을 갖고 지켜보고 있다는 사실과 교사가 가까이 있는 것만으로도 유아들에게 많은 것을 전달할 수 있습니다. 다음의 원칙을 늘 고려하면서 가장 적합한 지원 방법을 선택하여 활용할 수 있습니다.

☑ 유아 중심 원칙　☑ 관찰 우선 원칙　☑ 최소 개입의 원칙
☑ 방해하지 않는 원칙　☑ 지원적이고 반응적인 방식의 원칙

출처: 교육부(2020). 교사를 위한 놀이지원 워크북. p.22.

3. 상호작용자로서의 역할

영유아는 놀이를 통해 또래와 교사, 자신을 둘러싼 환경 등과 적극적으로 상호작용하면서 세상을 이해하고 배움을 이루어 간다. 이에 교사는 영유아의 놀이에 귀 기울여 놀이의 의미와 배움을 발견하고 이를 확장하기 위해 다양한 상호작용을 해야 한다. 즉, 영유아의 흥미와 관심이 어디에 있는지 파악하고, 칭찬, 격려, 미소, 공감 등 정서적 또는 인지적 상호작용을 통해 영유아의 놀이를 긍정적으로 수용하고 격려해 주어야 한다(교육부 외, 2019c).

1) 상호작용의 중요성

유아·놀이 중심 교육과정에서 영유아와 교사 간의 상호작용은 영유아의 놀이를 안내하고 학습을 촉진하며 정서적으로 지지하고 부적응 행동 지도를 효과적으로 할 수 있다(신혜원 외, 2022). 즉, 놀이의 시작과 지속, 새로운 놀이로의 전이와 확장, 마무리 등 놀이의 흐름을 관찰하고 영유아의 흥미와 의도를 이해하는 과정에 기반해야 한다.

영유아와의 상호작용의 중요성은 다음과 같다(안경자, 장선경, 박영신, 손윤희, 김진희, 2013).

- 영유아의 개별적 특성을 이해하고 영유아의 전인적 발달을 지원하는 데 적합한 경험을 제공할 수 있다.

- 영유아는 교사에 대한 기본적인 신뢰감을 형성하고 이를 토대로 또래와 긍정적인 관계를 형성하고, 이후 다른 사람들과 대인관계를 맺는 데 필요한 기술을 습득한다.
- 영유아의 개별적 요구와 흥미를 잘 관찰하고, 사회적 가치와 규범 및 생활양식 등에 대해서 교사와 영유아, 영유아와 영유아, 영유아와 교구 및 시설 등의 끊임없는 상호작용을 통하여 지도하며, 영유아들이 겪는 문제들을 해결하도록 돕는다.

2) 상호작용 인식 점검

영유아와의 상호작용은 교사의 언어와 눈을 맞춘 자세에서 얼굴 표정과 몸짓으로 그 마음이 전해진다. 영유아의 개별적 차이와 흥미를 얼마나 잘 파악하여 요구에 적합한 상호작용을 지원하느냐에 따라 영유아 학습의 질이 달라질 수 있다.

교사가 영유아와 상호작용하는 목적은 영유아의 놀이활동 참여와 사회적 참여증진, 영유아 놀이 기술 증진, 영유아의 학습을 위한 결정적인 순간에 도움을 주기 위해, 영유아와 개별적인 접촉을 통해 친밀감을 형성하거나 정서적 지지를 제공하기 위해서이다(신혜원 외, 2022 재인용). 그러나 교사는 영유아와의 일과에서 상호작용을 부담스러워하고 어려움을 느끼고 있다. 다음 〈표 5-4〉는 교사가 어려움을 느끼는 상황별 사례와 원인이다(인천광역시육아종합지원센터, 2022).

〈표 5-4〉 **교사가 어려워하는 다양한 상호작용의 상황과 원인**

상황	원인
책임감이 무겁게 느껴질 때	• 무엇인가 가르쳐 주고 싶은 마음 • 분주한 일과에서 시간 부족에서 오는 중압감 • 영유아 대 교사 비율에서 오는 배려 부족 미안함 • 중립 언어 사용에 대한 책임감 등
영유아가 부적응을 보일 때	• 지속되고 반복적인 영유아 부적응 행동(울기, 떼쓰기, 고집부리기 등)에 대한 긍정적 지원 • 위험한 행동 멈춤에 대한 긍정적 지원 • 또래 간 갈등(깨물기, 밀치기, 뺏기 등)에 대한 긍정적 지원 • 교사를 향한 공격적 행동에 대한 긍정적 지원 등
바람직한 인성지원이 어려울 때	• 기다리며 경청하지 않음 • 또래끼리 배려하지 않음 • 영유아의 상황에 대한 공감이 느껴지지 않음 • 인내심과 절제심을 가진 긍정적 지원이 어려움
초임교사의 경험 부족을 느낄 때	• 친밀감을 형성하는 것에 대한 지원 부족 • 마음을 읽어 주는 데 대한 한계 부족 • 영아와의 소통 부족에 대한 두려움 • 배움과 다른 현장의 실제 상황에 대한 혼란 • 경험해 보지 않은 다양한 상황에 대한 대처 부족
놀이에 대한 개별적 지원이 어려울 때	• 다양한 놀이에 대한 개별적 지원 어려움 • 놀이 시 또래 간 의견이 다른 경우 중재 어려움 • 기질, 발달상황에 적합한 개별 지원 어려움 • 영아의 감정표현 미숙과 제한된 언어, 비언어적 표현에 대한 적합한 대응 어려움
기타	• 부모와 영유아에 대한 이해 차이를 느낌 • 이전 경험과 다른 영유아의 행동에서 오는 적합한 지원 어려움

출처: 인천광역시육아종합지원센터(2022). 알아두면 유용한 영유아 상호작용 가이드. pp.6-7.

3) 상호작용의 유형

교사는 영유아와 상황에 맞는 상호작용 전략을 사용할 때 교수-학습의 효과가 높아질 수 있다. 일반적으로 상호작용은 관심 보이기, 애정 표현하기, 인정하기, 격려하기, 질문하기, 반응하기 등이 있다. 각 유형에 따른 교사의 역할은 다음 〈표 5-5〉와 같다.

〈표 5-5〉 **상호작용 유형에 따른 교사의 역할**

상호작용 유형	교사의 역할
관심 보이기	• 영유아가 관심 가지고 탐색하는 것에 관심 보이기 • 영유아의 욕구에 관심 보이기 • 영유아의 긍정적인 행동에 관심 보이기 • 영유아의 반응에 관심 보이기
애정 표현하기	• 따뜻한 미소로 애정 표현하기 • 신체적 접촉을 통한 애정 표현하기 • 수용의 눈빛으로 애정 표현하기 • 다정한 말로 애정 표현하기 • 영유아가 정서적으로나 필요로 할 때 애정 표현하기
인정하기	• 영유아의 현재 모습 그대로 조건 없이 인정하기 • 영유아 모두 차별 없이 평등하게 대하며 인정하기 • 영유아의 행동과 태도에 대해 이해하며 인정하기 • 영유아를 독립된 인격체로 존중하며 개별적 특성 인정하기 • 서로 다른 문화의 영유아들을 이해하고 인정하기
격려하기	• 성취한 것에 대해 격려하기 • 활동에서의 과정을 격려하기 • 행동의 긍정적 측면을 격려하기 • 개선한 점에 대해 격려하기 • 재도전하는 것에 대해 격려하기

상호작용 유형	교사의 역할
질문하기	• 예/아니오 또는 사물의 명칭을 묻는 단순한 사실을 확인하는 질문하기 • 이전 경험에 대해 회상시키는 질문하기 • 특정 대상의 수준이나 정서 상태를 평가하는 질문하기 • 다른 관점 및 방법을 찾아내기 위한 질문하기 • 다양한 대답이 나올 수 있는 개방적 질문하기 • 사고를 촉진하는 질문하기
반응하기	• 마음을 읽어 주고 언어적인 반응하기 • 신뢰하는 말로 반응하기 • 눈빛, 미소, 끄덕임 등 비언어적으로 반응하기 • 이해되고 수용되었다는 자세로 반응하기 • 감정과 의미를 반영하는 태도로 반응하기

출처: 안경자 외(2013). 교사-영유아 상호작용 현장이야기. p 42. 수정 제시.

4) 바람직한 상호작용의 실천전략

교사가 영유아와 상호작용을 하기 위해서 가장 우선적으로 고려해야 할 것은 관찰의 중요성을 인식하는 것이다. 영유아는 연령이 어릴수록 언어적 표현도 미숙하고 놀이에 집중하거나 지속하는 것이 어려우므로 교사는 민첩하고 순발력 있게 영유아를 관찰하여 영유아 발달 및 요구도를 파악하여 가장 적절한 상호작용을 해 주어야 한다. 다음 〈표 5-6〉은 영아와 유아를 위한 긍정적인 상호작용 실천전략이다.

〈표 5-6〉 **영아와 유아를 위한 긍정적인 상호작용 실천전략**

영아	유아
영아에게 긍정적이고 공감하며 배려하기	유아가 존중받음을 느낄 수 있도록 말과 행동으로 표현하기
• 영아는 정서적으로 안정되어야 즐겁게 놀이할 수 있다. 교사의 따뜻하고 긍정적 상호작용은 영아 스스로 가치 있고 소중한 존재로 느끼게 되어 정서적 안정과 교사에 대한 신뢰감 형성에 유익하다. 따라서 교사는 영아의 정서적 안정을 먼저 확인하고 불편해하면 정서적 안정을 위해 다양한 시도를 하도록 한다.	• 교사는 유아가 다른 사람과 바람직한 관계를 맺고 타인을 존중하는 태도 형성에 중요한 영향을 미친다. 교사와의 긍정적 관계 속에 유아는 자신에 대한 높은 유능감을 가지고 또래와의 관계에 적극적으로 참여할 수 있다. 따라서 교사는 유아의 생각과 행동에 대한 존중을 구체적으로 표현하여 유아의 자존감과 민주시민의 가치 형성을 지원하도록 한다.
영아 시도에 방해되지 않도록 주의하기	유아 행동에 대해 긍정적인 방법으로 지도하기
• 영아는 자신이 관심 있거나 흥미를 느끼는 것에만 반응하므로 영아-교사 간 상호작용 촉진을 위해 교사는 영아의 생각이나 의도에 따라 기다려 주거나 적절한 반응을 해야 한다. 따라서 교사는 최대한 영아의 개별 속도에 따라 상호작용하도록 한다.	• 유아가 바람직하지 못한 행동을 할 경우 통제적으로 지원하면 유아에게 유익하지 않다. 따라서 유아가 공격적 행동을 보이는 경우 유발하는 원인과 기제가 다름에도 불구하고 통제적 상호작용을 사용하기보다 교사는 공격성의 원인과 상황을 우선 파악하고 유아의 공격적 행동에 대한 마음을 읽어 주고 바람직한 행동에 대해 함께 생각해 보도록 한다.
영아 관찰하며 영아 신호 파악하기	유아 질문에 대해 민감하고 적절하게 반응하기
• 영아가 무엇을 원하는지 즉시 알아야 교사는 적합하고 민감한 반응을 할 수 있다. 따라서 교사는 영아의 행동이나 반응을 잘 관찰하고 영아가 시도하는 반응이나 행동에 구체적으로 표현하며 반응하도록 한다.	• 유아는 환경 변화에 민감하고 호기심이 왕성하여 교사에게 질문을 많이 한다. 따라서 교사가 유아의 개별적 요구와 흥미, 질문에 대해 민감하고 적절하게 반응해 준다면 유아는 지식과 기술 태도, 가치를 자연스럽게 체득하여 더 넓은 세상을 탐색할 수 있다.

영아	유아
영아 강점에 주목하고 격려하기	유아 간 갈등 상황에 적절하게 개입하여 문제 해결 제안하기
• 영아와 신뢰감 있는 관계 형성을 위해 교사는 영아가 주변이나 놀잇감 탐색에 관심을 보이고 시도하는 행동을 격려하고 존중해야 한다. 따라서 교사의 이러한 행동은 영아가 자신이 의도한 탐색 행동과 새로운 것에 대한 도전을 교사에게 인정받고 자신을 가치 있는 사람이라고 여길 뿐만 아니라 교사에 대한 신뢰감을 자연스럽게 형성하도록 돕는다.	• 대다수 교사가 유아 간 갈등을 문제상황으로 인식하고 중단에만 초점을 두는 경향이 있으나, 갈등은 유아가 대안적 방식으로 사회적 문제 해결을 배울 수 있는 중요한 기회임을 인식할 필요가 있다. 따라서 교사는 유아 간 갈등이 생겼을 때 대신 해결해 주기보다 자율적으로 해결할 수 있도록 기회를 줌으로써 갈등의 당사자들 모두가 승승하는 방식을 찾도록 지원한다.
영아 간 갈등 상황에 적절하게 개입하여 문제 해결 제안하기	자연스럽게 또래 간 밀접한 상호작용하도록 기회 마련해주기
• 자신의 탐색을 격려받은 영아는 더 적극적으로 탐색하며 새로운 정보나 지식을 획득할 수 있다. 따라서 교사는 영아 행동을 모방하고 영아가 시도하는 탐색 행동 등을 격려함으로써 영아 발달 속도에 적합한 지원을 하도록 한다.	• 유아는 또래와 함께 놀이할 때 또래의 행동, 언어표현 등을 자연스럽게 익히고 모방하게 된다. 따라서 교사는 쌓기놀이에서 커다란 블록을 가져올 때 한 유아가 무거워하는 것을 다른 유아가 함께 들어주는 상황처럼 유아들이 또래와 놀이할 때 긍정적인 행동을 보이는 경우 구체적으로 표현하여 긍정 행동을 자연스럽게 인식할 수 있도록 한다.
영아의 부정 정서를 이해하고 인정하기	유아와 상호협의 할 수 있는 상호작용하기
• 영아는 발달 특성상 종종 부정적 감정을 표현하고 강하게 표출한다. 이때, 영아는 성인의 도움 없이 부정적 감정 표출을 해결하기 힘들다. 따라서 교사는 영아가 부정적 감정을 폭발적으로 표현할 때 차분하게 위로하고 영아의 개별 상황에 맞춘 방식으로 감정을 표현하여 해소하도록 한다.	• 상호작용의 핵심은 서로에게 주의집중을 하는 공동 주의집중이 핵심인데, 교사와 유아의 상호작용은 시작행동과 반응행동이 지속적으로 교류되는 것을 의미한다. 따라서 교사는 유아와 긍정적인 상호작용을 위해 유아의 생각과 표현을 먼저 이해하고 행동하며 대화하듯이 의사소통을 주고받도록 한다.

출처: 인천광역시육아종합지원센터(2022). 알아두면 유용한 영유아 상호작용 가이드. pp.14-16.

TIP 교실 상호작용 수준 점검하기

다음은 교사의 교실 상호작용 수준을 점검하여 유아 · 놀이 중심 교육과정 실행 수준을 알아볼 수 있도록 체크리스트를 구성하여 제시한 것입니다. 5가지 범주의 각 항목에 대하여 어느 정도 수준으로 상호작용을 하고 있는지를 점검해 보세요. 상호작용 수준은 〈유아의 주도적인 놀이와 활동을 지원하기 위한 교사의 상호작용 수준〉을 기준으로 점검해 보세요.

교실 상호작용 측정 항목

범주	항목	상호작용 수준 (0~3수준)
신뢰, 자신감, 독립심 지원하기	유아의 자기조절력과 사회성 발달을 지원하는가?	
	유아의 선택과 독립적 놀이를 격려하는가?	
	소그룹 및 개별유아와 상호작용하는가?	
사회-정서적 행복 지원하기	유아의 사회-정서적 행복을 지지하는가?	
언어, 의사소통 지원 및 확대하기	유아가 다른 사람과 대화하는 것을 격려하는가?	
	적극적으로 유아의 말을 경청하고 유아가 타인의 말을 경청하도록 격려하는가?	
	유아가 적절한 언어 표현을 하도록 지원하는가?	
	유아의 요구에 민감하게 반응하는가?	
배움 및 비판적 사고 지원하기	유아의 호기심과 문제해결을 지원하는가?	
	유아가 이야기 짓기, 책 함께 읽기, 노래, 동시로 생각을 지속적으로 나누도록 격려하는가?	
	유아가 조사하고 탐구하면서 지속적으로 생각을 나누도록 격려하는가?	
	유아의 개념 발달과 높은 수준의 사고를 지원하는가?	
평가하고 활용하기	유아의 배움과 비판적 사고를 지원하고 확장하기 위한 평가를 하고, 평가결과를 이용하는가?	
	평가결과를 학부모와 공유하는가?	

유아의 주도적인 놀이와 활동을 지원하기 위한 교사의 상호작용 수준

0수준	1수준	2수준	3수준
부적절한 상호작용	최소한의 상호작용	양호한 상호작용	우수한 상호작용
• 무관심 • 유아와 함께 놀이하려는 노력을 하지 않음 • 유아의 감정, 반응 무시하기 • 주로 행동 수정이나 일과 운영을 위한 대화만 함	• 유아의 요구와 흥미 존중하기 • 유아의 놀이, 활동 인정하기 등	• 유아의 감정에 공감하기 • 설명하기 • 안내하기 • 유아가 주도하는 놀이에 참여하기 • 자료 제공하기 • 촉진하기 • 격려하기 • 계획하기 • 적극적으로 반응하기 등	• 유아의 놀이에 비계를 설정하기 • 모델링하기 • 유아의 참여를 격려하기 • 유아의 놀이 확장하기 • 유아 표현 격려하기 • 개별 유아에게 1:1로 관심 보이고 상호작용하기 • 유아의 놀이에서 나타나는 개념 연결하기 • 유아의 경험을 연결하기 • 유아의 학습 성향을 강조하기 • 부모와 평가를 공유하기 등

교실 상호작용 수준이 높은 교사는 유아가 주도적으로 놀이하도록 격려하고, 유아의 놀이를 이해하기 위해서 노력하며, 유아의 놀이 관찰을 바탕으로 교육적 추측을 하고 놀이에 필요한 공간, 시간, 자료, 활동 등의 지원을 하고, 유아와 함께 놀이를 계획하고 평가하는 특성을 보입니다. 즉, 교실 상호작용 수준이 높은 교사는 유아·놀이 중심 교육과정을 잘 실행하고 있다고 볼 수 있습니다.

출처: 교육부(2020). 교사를 위한 놀이지원 워크북. pp.50-51.

Chapter 06

영아 일상생활에서의 교수-학습

1. 등·하원 지도
2. 수유 및 이유식 지도
3. 간식 및 식사 지도
4. 손 씻기 및 양치질 지도
5. 기저귀 갈기 및 배변 지도
6. 낮잠 및 휴식 지도

영아를 위한 교수–학습은 대부분 일상생활과 놀이를 통해 이루어진다. 연령이 낮을수록 일상생활 관련 활동을 중심으로 하루 일과가 이루어진다. 따라서 교사는 따뜻한 보호(care)와 교육(education)적 경험이 동시에 이루어지도록 사전에 계획하고 효율적으로 실행될 수 있도록 한다(강민정 외, 2021).

영아의 일상생활은 등원 및 하원, 간식 및 급식(수유, 이유), 기저귀 갈기 및 배변 활동, 낮잠 및 휴식, 손 씻기 및 양치하기, 옷 입고 벗기 등 다양하게 진행된다. 영아들이 건강하고, 안전하고 즐겁게 하루를 보낼 수 있도록 개별 영아의 신체적 리듬을 반영하고, 규칙적이고 일관되게 계획하여 편성 · 운영하여 안정감을 갖게 해 주어야 한다.

이 장에서는 등 · 하원 지도, 수유 및 이유식, 손 씻기 및 양치하기, 기저귀 갈기 및 배변 활동, 낮잠 및 휴식 지도 등에 대해 살펴보도록 하겠다.

1. 등 · 하원 지도

1) 등원 지도

영아가 부모와 헤어져 어린이집에 등원하는 것은 애착 대상과 분리되는 경험, 낯선 사람들이 있는 곳 등 새로운 환경에 들어오는 것이다. 즉, 어린 영아는 여러 가지 불안감을 느끼고 긴장한 채 교사와 또래와의 공동생활에 참여해야 한다. 따라서 교사는 영아를 형식적으로 인사하지 않고, 영아에게 미소 지으며 다가가거나 영아의 개별 이름을 부르며 반갑게 맞이한다(임부연 외, 2023).

영아의 건강상태 및 기분 정도를 확인하고 부모와 헤어지기 어려워하는 영아의 경우 부모와 잠깐 놀이를 할 수 있는 시간을 마련해 준다. 만일 계속해서 우는 등 부정적인 정서를 보이는 영아는 엄마와 인사를 나누며 저녁에 데리러 온다는 것을 확신시킨 후 교사가 따뜻하게 안아서 달래 주며 영아의 마음에 공감해 준다.

교사가 영아에게 세심하고 민감하게 배려하며 편안한 분위기에서 영아를 맞이할 수 있는 등원 지도방법은 다음 〈표 6-1〉과 같다.

〈표 6–1〉 **등원 지도방법**

• 교실의 쾌적한 환경을 위해 창문을 열고 환기시킨 후 조명, 채광, 온도 등을 조절하고 공기청정기와 냉 · 난방 시설 등을 점검한다. • 교실 바닥, 벽면, 교구장, 놀잇감 등의 청결, 파손 여부 등 안전상태를 점검한다. • 기본생활을 위한 생활용품들이 청결하게 제자리에 있는지 확인하고 정리한다(예: 젖병, 보온 병, 물, 컵, 휴지, 물휴지, 기저귀 등). • 영유아의 건강상태 및 기분정도를 확인하고 부모와의 분리불안이 심한 영아의 경우 억지로 떼어 놓기보다는 시간을 가지고 점차적으로 시간을 조절한다. • 등원 시 인사시간이 지나치게 길어지면 부모와의 헤어짐이 더 힘들 수 있으므로 시간을 적절히 조절한다. • 부모와 편안하게 헤어질 수 있도록 교사는 웃는 얼굴로 친절하게 맞이한다. • 영유아의 불안한 감정을 다스릴 수 있도록 교사가 안아 주거나 쓰다듬어 주는 등 따뜻한 신체접촉을 한다. • 집에서 자주 사용하는 애착 물건을 가져올 수 있도록 지원한다. • 평소 좋아하거나 즐겨 하는 놀잇감을 교실에 미리 준비해 둔다. • 교실 벽면에 가족사진을 제공해 주어 보이지 않지만 가족과 함께하고 있음을 느낄 수 있도록 지원한다.
교사의 상호작용
• 부모와 떨어져서 눈물을 보이거나 우울해할 때 “괜찮아, 엄마 곧 오실 거야”라는 말보다 “OO는 엄마랑 헤어져서 많이 슬프구나! 엄마가 너무 보고 싶구나! 선생님이 엄마처럼 안아 줄까?”라고 영아의 마음을 공감해 준다.

출처: 한혜경 외(2022). 영유아 교수방법론. pp.208-209. 재구성.

영유아의 등원 시 발생할 수 있는 다양한 갈등상황에 따른 대처방법은 다음 〈표 6-2〉와 같다.

〈표 6-2〉 **다양한 갈등상황에 따른 대처방법**

상황	부적절한 대처방법	적절한 대처방법
등원을 거부 및 울면서 등원하는 경우	(분리불안 영유아) • 이제 엄마 가셨으니까 그만 울어. • 친구들은 아무도 울지 않고 있네. • 계속 울면 선생님이 안아 주지 않을 거야.	• 미미야! 엄마랑 함께 있고 싶었는데 엄마가 가셔서 속상하구나. 친구들이랑 놀고 있으면 엄마가 미미 데리러 오신대! 친구들이 미미를 기다리고 있는데 같이 가 볼까?
	(엄마와 헤어지기 힘들어하는 영유아) • 이러면 엄마 힘들지? • 씩씩하게 헤어져야 착한 친구지?	• (영유아를 안고 토닥이며) 엄마랑 같이 있고 싶었구나, 선생님이 엄마처럼 안아 줄까?
	(유아가 울면서 등원했을 때) • 울면 애기 되는데 뚝! • 형님처럼 의젓하게 와야지	• 우리 미미의 기분이 왜 좋지 않을까? 무슨 일이 있었니? 미미가 기분이 좋지 않으니까 선생님이 걱정돼. 무슨 일인지 말해 주겠니?
집에서 장난감을 가져오는 경우	• 선생님이 이런 장난감은 가져오지 말라고 했을텐데… 다음에 가져오면 뺏어서 선생님이 가질 거야.	• 친구들에게 장난감을 보여 주고 싶었구나. 그런데 장난감을 가져오면 다른 친구들도 갖고 싶어 할 수 있는데 어떡하지?

출처: 변혜정 외(2021). 영유아 교수학습방법. pp.129-130.

2) 하원 지도

하원 시간은 영아가 어린이집의 하루 일과를 마치고 교사 및 또래와 헤어져 가정의 부모와 만나는 시간이다. 하원 시에는 안정된 분위기에서 귀가할 수 있도록 귀가 시간 직전에 영아의 기저귀를 새로 갈고, 얼굴과 손을 씻긴 뒤 옷차림을 단정하게 정리해 준다.

영아의 식사, 배변, 수면 등의 건강과 기분 상태를 알림장에 기록하고, 하루 일과를 비롯하여 영아가 새롭게 습득한 기술, 언어, 재미있는 행동 등의 정보 및 가정과 연계해야 할 내용이 적힌 가정통신문을 부모에게 전달한다.

영아가 귀가할 때는 다음 날 다시 반갑게 어린이집에 등원할 수 있도록 칭찬과 격려로 마무리할 수 있도록 한다. 만일 영아가 어린이집 놀잇감을 가정에 가지고 가려고 할 때 "그건 어린이집 거지? 놓고 가는 거예요"라는 말보다 "집에 가지고 가서 놀고 싶구나. 근데 00는 친구들이 같이 가지고 노는 장난감이라서 친구들이 없어졌다고 속상해할 것 같은데? 내일 다시 와서 친구들과 같이 가지고 놀자."라고 영아의 마음에 공감해 주고 제안한다(한혜경 외, 2022).

아직 귀가하지 않고 남아 있는 영아가 불안해하지 않도록 교사는 편안하고 안정적인 분위기에서 자연스럽게 일과를 진행하여야 한다.

2. 수유 및 이유식 지도

1) 수유 지도

영아기는 극히 짧은 기간이지만 일생 중 신체발달이 가장 급격히 이루어지고, 뇌세포가 형성되며 발달하는 시기이다. 이 시기에 영양부족은 심각한 뇌손상을 일으킬 수 있으므로 교사는 영양공급에 신경을 써야 한다.

출생 후 약 1세까지의 영아를 위한 영양공급은 섭식기능과 소화기관이 충분히 발달되지 않았기 때문에 모유나 모유성분에 맞추어 우유의 성분을 조절하여 제조한 조제유 등 유즙을 통해 이루어진다(임미혜, 2021).

수유시간은 영아에게 영양을 공급하여 신체적 성장을 도울 뿐만 아니라 교사와 개별적 상호작용을 통해 심리적 안정감을 얻을 수 있는 중요한 시간이다. 배고픔을 느끼거나 수유하는 횟수, 제공되는 우유의 양은 월령이나 개인차에 따라 다르므로 영아의 개별특성을 파악하여 제공한다(한혜경 외, 2022).

(1) 인공수유 준비물

어린이집에서 영아에게 인공수유를 하기 위해서는 우유병 3~4개, 우유병 젖꼭지, 분유 재는 숟가락, 계량컵, 긴 숟가락, 소독기 주전자, 보온주전자, 분유통 등이 필요하다. 영아는 우유병을 공동으로 사용할 경우 '아구창' 병에 걸리기 쉬우므로 각 우유병에는 영아의 이름을 표시하여 개인적으로 사용하는 것이 위생적이다. 우유병은 잘 닦이고 위생적이며 열에 잘 견디고 입구가 넓은 것이 좋다.

우유병 젖꼭지 구멍의 크기를 고를 때, 구멍이 작은 것은 잘 나오지 않아 영아가 짜증스러워하므로 각 영아에게 맞추어 선택해야 한다.

구체적인 수유 지도 시 유의점은 다음 〈표 6-3〉과 같다.

〈표 6-3〉 **수유 지도 시 유의점**

- 위생에 철저히 신경 써야 한다. 우선 손을 씻는다.
- 수유에 사용되는 모든 도구는 소독해서 사용한다.
- 조제유를 탈 물은 반드시 끓여 식혀서 쓴다(10분 이상 끓여서 38~50℃로 식힌다). 소독한 우유병에 먹일 양의 절반의 물을 붓는다.
- 조제유를 탈 때는 스푼을 깎아서 담아 월령별 권장량대로 정확한 수를 세어 넣는다. 제품에 따른 월령별 권장량보다 묽게 먹이면 적절한 열량과 영양소의 공급이 이루어지지 않고 영아의 식욕을 떨어뜨린다. 반대로 농도가 너무 진하면 소화불량이나 비만을 유발하고 신장 기능에 부담을 주거나 탈수증과 변비를 유발할 수 있다.
- 우유병 뚜껑을 닫고 흔들어 조제유를 다 녹인 후 나머지 필요한 만큼의 물을 붓는다.
- 적절한 온도를 지켜야 한다. 손목 안쪽에 우유 몇 방울을 흔들어 떨어뜨렸을 때 약간 따뜻하거나 실온에 가까운 온도가 적당하다. 우유병의 표면과 내부의 온도가 다를 수 있으므로 주의한다.
- 수유량은 영아의 건강을 나타내는 중요한 단서가 됨으로 알림장에 기록하여 부모에게 알린다.

출처: 임미혜(2021). 아동건강교육. pp.161~162. 재구성.

(2) 수유하기

수유는 영양공급뿐만 아니라 영아가 심리적으로 안정감을 느낄 수 있도록 도와주는 시간이다. 교사는 먼저 영아를 교사의 팔과 무릎으로 안정시킨 다음 영아를 안고서 교사와의 따뜻하고 친밀한 육체적 접촉을 즐길 수 있도록 한다.

수유하기

교사가 민서(8개월)를 팔에 안아 급하게 젖병 젖꼭지를 찾으려는 민서의 입 가까이에 대어 준다.

교사: 우리 민서가 엄청 배고팠구나.

교사: 꿀꺽꿀꺽, 우유가 민서 몸으로 들어가는 소리가 나네. 꿀꺽, 꿀꺽!

민서가 우유 빨던 걸 잠시 멈춘다.

교사: 어~ 소리가 안 나네. 조용해졌어.

민서는 곧 다시 우유를 빨기 시작한다.

교사: 꿀꺽꿀꺽! 잘 먹네.

민서는 교사와 눈을 맞추며 먹다가 멈추기를 반복하다 깔깔거리며 웃는다.

출처: 보건복지부(2020). 제4차 표준보육과정 해설서. p.51.

그 다음 영아의 입술에 가볍게 젖꼭지를 접촉시켜 빨게 한다. 젖꼭지에 유즙이 충분하도록 우유병을 잘 기울여 잡아야 한다. 우유병을 잘못 잡으면 우유와 함께 공기를 들이마셔 영아의 배에 가스가 차서 불편하기 때문이다. 수유시간으로는 약 15분이 적당하다.

먹이다 남긴 조제유는 바로 버리고, 우유병과 젖꼭지는 반드시 열탕 소독하여 위생상태를 철저하게 유지해 주어야 한다. 수유가 끝나면 영아를 곧추안고 등을 가볍게

쓸어 주어 트림을 시켜 주어야 한다.

수유 시 교사와의 상호작용의 예는 다음 〈표 6-4〉와 같다.

〈표 6-4〉 **수유 시 교사와 영아의 상호작용**

• 0세는 울음으로 배고픔, 배변, 감정 등을 표현함으로 울음의 요구를 민감하게 반응한다. "우리 현아가 배가 많이 고팠구나. 선생님 지금 현아가 먹을 우유 타고 있어" • 수유 시 교사는 영아와 눈을 맞추고 옹알이에 다정하게 대화함으로써 영아가 교사를 신뢰할 수 있도록 한다. "우리 현서, 우유가 맛있구나. 꿀꺽꿀꺽 우와! 정말 잘 먹는네. 현서 키가 쑥쑥 자라겠는 걸"

출처: 한혜경 외(2022). 영유아 교수방법론. p.212. 재구성.

2) 이유식 지도

이유란 모유나 조제유만을 먹던 영아에게 곡류나 채소, 과일 및 다른 음식으로 필요한 영양분을 보충해 주는 것을 말한다. 이유는 성장과 발달에 필요한 영양소 공급뿐만 아니라 월령이 높아짐에 따라 소화·흡수하는 능력이 발달되므로 음식을 조금씩 주면서 소화기관을 자극하고 발달시키며 음식을 씹어 삼키는 능력을 익히기 위해 반드시 필요하다. 교사는 영아의 발달 정도에 따라 5개월 이후부터 이유식 시작 시기와 방법에 대해 부모와 협의한다. 또한 앞으로의 바람직한 식습관 형성을 위하여 잘 계획하고 지도해야 한다.

이유식 지도 시 유의점으로 다음 〈표 6-5〉와 같은 사항을 고려하여야 한다.

〈표 6-5〉 **이유식 지도 시 유의점**

이유식 지도 시 유의점
• 0세 말부터 주식으로 밥을 먹기 시작하므로 소화가 잘 될 수 있는 진밥을 제공한다. • 이유식을 먹을 때 영아가 만져 보고 싶어 하면 조금 덜어 탐색할 기회를 제공한다. 턱받이를 하고 흘리더라도 영아가 스스로 먹을 수 있는 기회를 제공한다. • 숟가락과 포크를 이용하여 먹을 수 있도록 도와주고 격려한다. • 새로운 음식을 갑자기 먹이기보다 하루에 1~2회 숟가락으로 조금씩 천천히 제공한다. • 이유식을 먹은 후의 상태가 어떤지 교사는 예민하게 관찰한다. 소화는 잘 되고 있는지, 알레르기 반응이 나지는 않는지 살핀다.
교사의 상호작용
• 이유식을 먹일 때 영아가 편안하고 즐거울 수 있도록 상호작용을 한다. • 숟가락 사용을 장려할 때는 영아의 욕구를 수용하고 혼자 먹을 수 있는 기회를 제공한 후 교사가 한 입 떠 먹여 주며 "이건 어떤 맛일까? 조금만 먹어 보자. 그래 잘했어."라고 한다. • 음식에 관심을 갖도록 할 때는 "이게 무슨 냄새일까? 우와, 맛있는 냄새로구나." 하고 호기심을 유발한다.

출처: 한혜경 외(2022). 영유아 교수방법론. pp.212~213.

즐겁게 먹어요: 이유식 지도

교사가 민서(8개월) 앞으로 숟가락을 하나 놓고, 교사가 사용할 숟가락을 챙기는 사이, 민서는 숟가락으로 테이블을 두드린다.
교사는 "배고파? 그럼 우리 같이 먹어 볼까?"라고 말하며 이유식 그릇을 놓아 준다. 민서는 숟가락을 이유식 그릇에 푹 넣었다가 빼서 입에 가져간다.
교사가 "입에 쏙 들어가네. 이번에 선생님이 한 입 쏙 해 줄게!"라고 말하며 숟가락으로 떠 주자 고개를 흔든다.
교사는 "아~ 민서가 하고 싶구나." 하면서 그릇을 민서 앞으로 당겨 준다.

출처: 보건복지부(2020). 제4차 표준보육과정 해설서. p.51.

3. 간식 및 식사 지도

만 2세 영아는 대부분 이유가 이루어진 상태이기 때문에 우유 섭취는 고형식에 비해 줄어들고, 출생 후 만 1세까지에 비해 성장속도도 느려져 덜 먹게 된다. 그러므로 영양이 풍부한 음식을 소량으로 자주 주어야 한다.

간식이나 식사를 통해 성장에 필요한 영양공급뿐만 아니라 숟가락과 포크 등과 같은 도구사용과 올바른 식습관 형성을 돕는다.

즐겁게 먹어요: 식사지도

교사: 자~ 오늘은 무슨 반찬부터 먹어 볼까? 여기 닭고기랑 당근이랑 같이 있네. 토끼야~ 너는 무슨 반찬을 좋아하니?

지윤이는 포크로 닭고기를 찍는다.

교사: 토끼도 닭고기를 좋아할까? 우리 지윤이가 닭고기 먹어 볼까?

지윤이는 교사를 한번 보고, 다시 토끼인형을 쳐다보며 닭고기를 입에 넣는다.

교사는 숟가락에 밥을 담아 식판 위에 놓는다.

교사: 다음엔 우리 밥도 한번 먹어 볼까? 토끼야 잘 봐 줘.

지윤이는 토끼를 한번 쳐다보고 숟가락을 입에 넣는다.

출처: 보건복지부(2020). 제4차 표준보육과정 해설서. p.52.

이에 교사는 개별 영아의 연령, 식습관, 식사 속도, 식사량 등을 고려하여 편안하고 즐거운 분위기에서 먹을 수 있도록 다음 〈표 6-6〉과 같이 지도한다.

〈표 6-6〉 간식 및 식사 지도 유의점

• 다양한 음식을 제공하되 섞지 말고 한 가지 음식을 영아가 맛을 인식할 수 있도록 자주 제공한다. • 급 · 간식 전에 영아가 스스로 손을 씻을 수 있도록 돕는다. • 영아의 도구사용 수준을 잘 관찰하여 격려하고 도와줌으로써 스스로 식사나 간식을 먹을 수 있도록 한다. 때로 영아는 음식을 손으로 먹기를 즐기는데, 이는 혼자 먹는 능력을 향상시키는 데 도움이 되므로 식기의 사용을 권하되 손가락을 사용하여 식사할 수 있도록 허용한다. • 식사하기 1시간 전에는 간식을 주지 말아야 식욕을 떨어뜨리지 않는다. • 음식의 크기는 영아가 먹기 쉽고 목에 걸리지 않도록 작게 제공한다. • 편식하는 영아가 있다면 다양한 음식에 관심을 가질 수 있도록 모양과 색깔, 맛, 냄새 등을 고려하고 제공한다. • 식사시간은 즐거워야 한다. 식사 중 야단을 치거나 잔소리는 금물이다. • 식탁과 의자, 식기류는 영아의 신체 크기와 능력에 맞는 것을 제공한다. • 음식을 영아 행동에 대한 상이나 벌로 이용하지 말아야 한다.
교사의 상호작용
• 자리에 앉아 바르게 식사할 수 있도록 "채아는 손을 깨끗이 닦고 바르게 앉아서 기다리는구나!"라고 격려한다. • 편안하고 안정된 식사 분위기 조성과 먹는 행동에 집중할 수 있도록 "오늘 반찬이 뭘까? 채아는 정말 맛있게 먹는구나, 현아는 두 숟가락만 먹으면 다 먹겠네. 와! 서준이는 벌써 다 먹었네. 이제 현서도 먹어 보자."라고 제안한다.

출처: 임미혜(2021). 아동건강교육. pp.173~174. 재구성.
한혜경 외(2022). 영유아 교수방법론. p.214. 재구성.

4. 손 씻기 및 양치질 지도

1) 손 씻기

면역력이 충분하지 않은 영아는 질병에 감염될 위험이 높으므로 깨끗한 환경을 유지하는 것이 중요하다. 특히 자신의 몸을 청결히 하는 습관은 영아의 건강과 매우 밀접한 관계가 있다.

손 씻기는 감염병 예방의 가장 기본이 되는 수단으로 감염병의 약 50~70%를 예방할 수 있는 것으로 나타났다(임미혜 외, 2018). 특히 면역력이 충분하지 않은 영아는 질병에 감염될 위험이 높으므로 손 씻기는 영아의 건강 및 위생적인 생활을 위해 반드시 필요한 일이다. 화장실을 이용한 후, 간식이나 식사 전, 코를 풀고 난 후, 미술 활동을 한 후, 실외놀이 후에는 반드시 손을 씻어야 한다.

1세 이전 영아는 교사가 직접 영아의 손을 씻어 주어야 하지만 2세 정도가 되면 교사가 영아에게 "손을 씻자"라고 말하면 혼자 손을 씻을 수도 있다. 그러므로 영아 스스로 할 수 있도록 적절한 높이의 세면대와 미지근한 물과 비누 등을 준비해 주고 옆에서 격려해 준다. 3세 정도 영아에게는 손을 왜 씻어야 하는지 이유를 설명해 주고 올바른 손 씻기 방법을 그림이나 사진 등으로 준비하여 세면대에 부착해 주면 혼자서도 손을 씻을 수 있게 된다.

그 밖에, 화상의 위험을 예방하기 위해 온수 잠금장치를 설치하고, 개인 수건이나 종이 수건을 영아의 손에 쉽게 닿는 곳에 비치한다.

깨끗이 씻어요

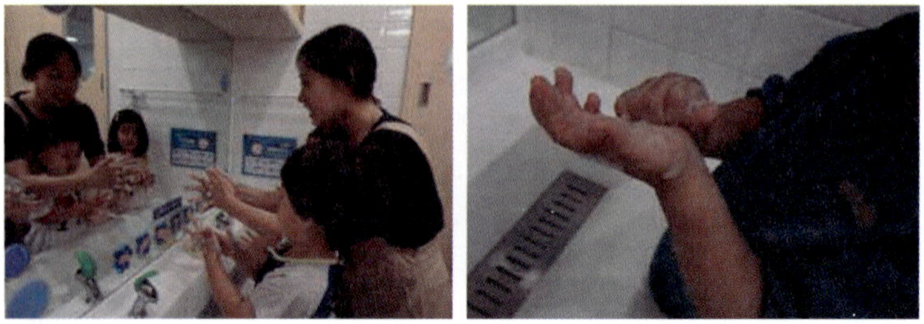

실외놀이를 다녀온 후 영아들이 세 명씩 나뉘어 교사와 함께 손을 씻는다.

교사: 선생님은 이렇게 깍지 껴서 문질문질, 손가락 사이도 깨끗하게 씻어야지! 손을 깨끗이 씻어야 세균이 없어져서 감기에 안 걸려~

민혁: 나는 이렇게 손톱 밑에도 싹싹 닦아요!

지수: 나도 원래 그렇게 해! 이거 봐 봐!

교사: 와~ 선생님보다 손을 더 깨끗하게 씻네.

연수: 아직이야. 거품 있어.

재민이가 물을 잠그려고 하자, 옆에 있던 연수가 재민이의 손을 잡고 물에 가져간다.

재민: 이제 깨끗해.

재민이가 거품을 마저 헹구고 연수에게 손을 내민다.

연수: 좋은 냄새가 나.

재민: 나는 포도 냄새가 나.

연수가 손을 코에 가져다 대며 냄새를 맡자, 재민이도 따라한다.

출처: 보건복지부(2020). 제4차 표준보육과정 해설서. pp.144~145.

2) 양치질 지도

치아는 엄마 배 속에서부터 형성되기 시작하여 출생 전후에 영구치가 만들어진다. 생후 6~7개월이 되면 아래 앞니부터 나며, 2년 6개월 정도면 좌우 5개씩 10개, 위·아래 합해서 모두 20개의 유치가 나게 된다.

치아는 음식물을 잘게 부수어 주어 충분한 영양을 섭취할 수 있도록 하는 중요한 역할을 하므로 건강한 치아를 갖기 위해서는 평소에 이를 잘 닦는 습관을 갖게 하여 충치가 생기지 않도록 예방하는 것이 가장 좋다. 유치가 나기 전 생후 6개월경 이전에는 물에 적신 거즈로 잇몸을 골고루 마사지하여 입술과 잇몸 사이의 우유 찌꺼기를 없애 주어야 잇몸이 건강해진다.

약 6개월부터 유치가 나고 돌이 지나면서부터 칫솔질을 하는 것이 좋다. 칫솔은 손잡이가 직선이고 부드러운 강모와 편평한 솔 면에 강모는 적어도 3열을 가지며 두부는 작아야 한다. 이때 교사는 영아가 좋아하는 색의 부드러운 칫솔과 어린이용 치약을 준비해 주고, 영아들이 쉽게 이를 닦을 수 있도록 적절한 높이의 세면대를 준비해 주는 것이 좋다. 치약은 2~3세 전까지는 사용하지 않아도 무방하다.

구체적인 월령별 유치관리 및 양치 지도방법은 다음 〈표 6-7〉과 같다.

〈표 6-7〉 **월령별 유치관리 및 양치 지도방법**

월령	지도방법	
0세	이가 나기 전	이가 나기 전의 영아는 수유 또는 이유 후에 가제 손수건을 끓였다가 식힌 물에 살짝 적셔 손가락에 말아서 잇몸, 볼 안쪽, 입천장, 혓바닥을 부드럽게 닦아 우유 찌꺼기를 제거해 준다(영아용 구강 티슈 사용 가능).
	3~5개월 이가 나오려 할 때	치아가 나오려고 할 때 잇몸에서 열이 나기 때문에 잇몸 건강을 위해 치아발육기를 물린다. 이때 냉장고에 넣어 두었다가 차게 해서 물리면 잇몸을 시원하게 만들어 주어 효과적이다.
	3~8개월 이가 나기 시작할 때	유치 충치의 가장 흔한 원인이 잠잘 때 수유를 하는 것으로, 입안에 음식물이 고여 있는 시간이 늘어나 세균이 챙기기 쉬워 충치가 쉽게 생긴다. 따라서 잠자는 도중 수유는 가급적 삼가야 한다. 또한 이러한 습관은 젖병 우식증을 예방하기도 한다.
1세	12~20개월 어금니가 나기 시작할 때	• 영아용 칫솔과 월령에 맞는 치약으로 치아의 앞 · 뒤 면을 5회 정도 닦아 준다. • 아직 이가 나오지 않은 부분은 가제 수건을 끓였다가 식힌 물에 살짝 적셔서 잇몸 등을 닦아 준다. • 이 시기의 목적은 칫솔질에 익숙해지기 위한 것이다.
2세	24~30개월 이가 모두 나왔을 때	• 영아용 칫솔과 연령에 맞는 치약을 사용하여 식사 후에는 반드시 이를 닦도록 지도한다. 가정과도 연계하여 이를 닦도록 지도한다. (1일 3회) • 영아에게 이 닦는 방법을 시범적으로 보여 주고 이 닦기의 중요성을 설명하여 스스로 이 닦기를 할 수 있도록 지도한다.

출처: 한혜경 외(2022). 영유아 교수방법론. p.224.

치카치카 양치해요

민서(8개월)는 교사가 식수를 묻힌 거즈 손수건을 들고 있는 것을 보고는 '아' 하며 입을 벌린다.

교사: 민서, 입 닦으려고 기다리고 있었어?

교사가 민서 입으로 거즈를 넣어 잇몸을 닦아 주자 민서는 거즈를 물고 씹으려 한다.

교사: 민서 이가 나려고 해서 간지러운가 봐. 이렇게 문질 문질 해 줄게. 시원하지?

교사가 잇몸을 마사지해 주며, 민서와 눈을 맞춘다.

해준이(24개월)는 세면대 앞에서 거울을 보며 양치를 시작한다. 세면대 옆 양치순서에 관한 그림자료를 보며 "아" 하며 아랫니를 닦는다. 자신의 모습을 거울로 보다가 다시 그림자료를 본다. 이번에는 "이" 하며 다시 거울을 쳐다본다.

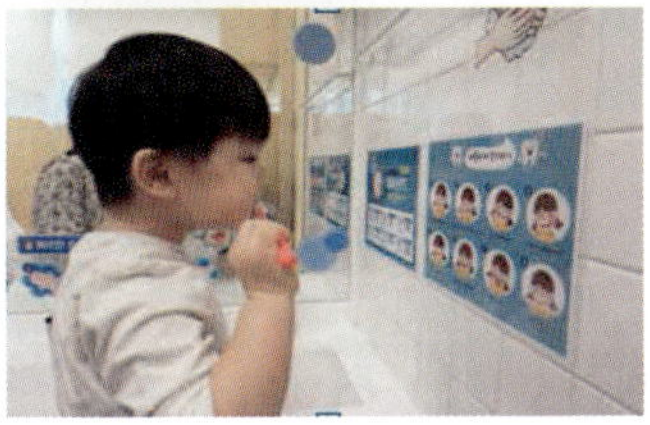

출처: 보건복지부(2020). 제4차 표준보육과정 해설서. pp.48~49.

참고로, 영아가 손 씻기와 양치질을 안 하려는 경우 다음과 같이 대처할 수 있다(〈표 6-8〉).

〈표 6-8〉 손 씻기와 양치질을 안 하려는 경우 대처방법

부적절한 대처방법	적절한 대처방법
• 채아 손에 더러운 병균 있네~ 손 안 씻으면 그 병균 네가 다 먹는 거야~ • 충치 벌레야~ 채아 치아 다 먹어라. • 야! 양치는 해야지. 더러워.	• 채아야! 손 씻는 게 힘들구나. 오늘은 선생님이 도와줄까? • 양치를 하게 되면 입안의 세균을 씻을 수 있어서 더 맛있는 음식도 잘 먹을 수 있게 되기 때문에 선생님은 열심히 양치를 하려고 해. • 와~선생님이랑 누가 양치 잘 하나 해 볼까? • 깨끗하게 닦으니 기분이 어때? • (교사의 양치 모습을 보여 주며) 선생님은 이를 닦을 때 기분이 상쾌해져. • 채아는 어디부터 닦을 거니? 선생님도 너처럼 해 봐야겠다.

출처: 변혜정 외(2021). 영유아 교수학습방법. p.137. 재구성.

5. 기저귀 갈기 및 배변 지도

1) 기저귀 갈기

인간의 기본 욕구 중의 하나는 배설의 욕구이다. 배설이라는 것은 인간의 원활한 신체 건강을 유지하는 동시에 배변 의사를 표현하고 시도하는 것에 격려해 주고 성공적으로 대소변 가리기를 할 때는 성취감과 자신감을 가질 수 있게 되므로 정신적 건강에도 중요한 역할을 한다.

대부분의 영아는 기저귀를 사용하기 때문에 배변 후 위생적으로 잘 처리해 주어야 기저귀 피부염(diaper dermatitis) 또는 기저귀 발진(diaper rash)이 생기지 않는다. 영아의 배변은 개인 리듬에 따라 이루어져 개인차가 있으므로 교사는 영아마다 개별적으로 수시로 확인해야 하지만 특히 수유 및 이유식 먹은 전후, 간식 전후, 실외놀이 나가기 전후, 낮잠 전후에 정기적으로 기저귀 가는 시간을 갖는다.

기저귀 갈기 준비로 우선 교사는 기저귀 갈이대를 소독액으로 닦아 낸 후 교사의 손을 깨끗하게 씻는다. 기저귀 갈이 시 교사는 영아와 눈을 맞추고 대화를 시도하고 다리 주무르기 등 영아의 신체를 자극하면서 배변 활동을 자연스러운 놀이처럼 진행하여 편안하고 즐거운 분위기를 조성해 준다(보건복지부, 한국보육진흥원, 2022).

기저귀 갈이 시 교사는 다음 〈표 6-9〉와 같이 상호작용해 줄 수 있다.

〈표 6-9〉 **기저귀 갈이 시 교사의 상호작용**

• "현서 기저귀는 어디 있을까? 우리 같이 찾아보자. 여기 있구나!, 현서 기저귀 꺼내 주세요. 누워 보자, 우와! 현서는 오늘 우유 많이 먹더니 응가도 많이 했네~, 새 기저귀 가니까 기분이 어때요? 엉덩이가 뽀송뽀송해졌네" 등 과정을 이야기해 준다. • 개별적인 신체접촉과 언어적 상호작용을 통해 영아의 감정에 민감하게 반응해 준다. "우리 현아가 응가를 했구나. 선생님이 기저귀 깨끗하게 갈고 우리 현아 뽀송뽀송하게 해 줄게, 현아가 선생님 보고 웃고 있네. 선생님이 기저귀 갈아 주니까 기분이 좋지? 선생님도 기분이 너무 좋아요." • 영아의 신체를 표현하는 단어로 상호작용하며 영아의 자기 신체 인식에 도움을 준다. "선생님이 지금 채아의 배를 만져 주고 있어요. 동글동글 배, 매끈매끈 배, 쑥쑥 잘 누고 건강하게 자라요!, 배는 어디 있을까? 배꼽은 어디 있을까? 엉덩이는 어디 있을까? 엉덩이 한번 들어 볼까?"

출처: 한혜경 외(2022). 영유아 교수방법론. p.215. 재구성.

사용한 기저귀는 공기를 통한 전염을 막기 위해 비닐봉지에 넣어 뚜껑이 닫히는 기저귀 전용 쓰레기통에 넣어 버린다. 영아와 교사 모두 손을 깨끗이 씻는다. 배변상태를 보아 영아의 건강상태를 체크하고 일일보고서에 기록한 후 하원시간에 부모에게 전달한다.

2) 배변 지도

배변 지도 시기는 대략 18~24개월 사이에 방광과 항문의 괄약근을 통제할 수 있는 생리적인 능력이 생길 때 시작하는 게 좋다. 대 · 소변훈련을 너무 일찍 시키면 훈련기간이 2배 이상 걸리고 영아가 불안과 좌절감을 겪게 돼 자신감이 없거나 강박적인 성격을 가지게 될 수 있다(임미혜 외, 2018).

대부분의 영아들은 2세 전후로 기저귀를 떼는데 기관에서는 6~8월경에 시작한다. 이 시기는 영아가 적응 시기를 거치고 교사나 또래와의 관계 형성이 어느 정도 이루어진 후이기도 하며, 가벼운 옷차림으로 생활하게 됨으로써 보다 용이하게 배변 지도가 가능하기 때문이다(한혜경 외, 2022).

변기랑 친해져요

변기에 관심을 보이는 지혁(24개월), 민재(29개월), 민주(20개월)가 교사와 함께 화장실 변기를 살펴본다. 지혁이가 변기레버를 손으로 까딱여 본다.

교사: 지혁아. 꾸욱 눌러 봐.
민주: 그럼 물이 막 나와.
지혁: (레버를 살살 누르며) 안 돼. 안 돼.
교사: (지혁이 손을 잡으며) 그럼 같이 해 볼까? 이렇게 꾸욱 눌러야 돼.
민주: (귀를 막으며) 아 무서.
지혁: 안 무서워.

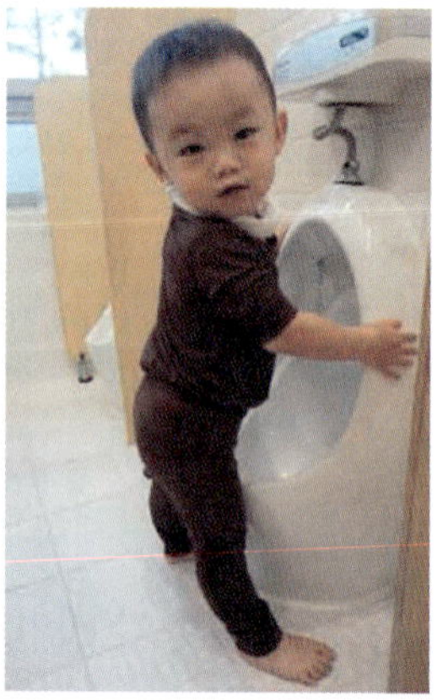

연강이(28개월)는 바지 앞섶을 잡고 교사에게 다가온다.

교사: 연강아. 쉬 마려워? 선생님이랑 쉬 하러 갈까?
연강: 쉬야 할래.

교사가 연강이의 손을 잡고 변기 앞에 선다.

연강이는 변기를 양손으로 잡고 다리를 벌리고 어정쩡하게 선다.

교사: 연강아, 연강이 변기에 쉬할 준비가 다 되었네. 멋지다. 우리 바지랑 팬티부터 내리고 다시 서 볼까?

연강이는 변기를 잡았던 손으로 변기를 몇 번 두드리고 교사를 향해 돌아선다.

출처: 보건복지부(2020). 제4차 표준보육과정 해설서. pp.55~56.

대·소변훈련 시 연령별, 월령별, 개인차를 고려하여 진행하고, 영아가 실수를 한 경우 혼내거나 부정적으로 반응하거나 평가하지 않도록 주의해야 한다(보건복지부, 한국보육진흥원, 2022). 배변훈련을 위한 준비가 되었을 때 나타나는 영아의 행동은 다음과 같다(임미혜 외, 2018 재인용).

- 젖은 기저귀나 옷을 가리키거나 만지며 기저귀를 바꾸어 달라는 의사를 표현한다.
- 소변을 보는 간격이 길어지며 밤사이에 소변을 보지 않기도 한다.
- 용변기의 용도를 알고 옷을 입은 채 자주 가서 앉는다.
- 젖지 않은 바지나 기저귀, 용변기 사이의 관계를 이해한다(바지가 젖지 않으려면 변기에 용변을 해야 한다는 것을 이해).
- 대·소변 관련 용어를 사용하고 화장실에 가고 싶다는 말을 한다.
- 대·소변을 볼 때 스스로 적절한 자세로 서거나 변기에 앉아 있을 수 있다.
- 용변의 의사가 있을 때 얼굴 표정이 바뀌거나, 다리를 꼬거나 팔짝팔짝 뛰거나 끙끙거리는 등의 행동을 보인다.
- 옷을 스스로 벗고 입는다.

교사가 영아에게 자연스럽게 배변훈련을 시킬 수 있는 지도방법은 다음과 같다(임미혜 외, 2018).

- 영아용 이동식 변기를 보여 주면서 용도를 설명해 준다.
- 배변훈련에 대한 예행 연습을 한다. 하루 일과 중 일정한 시간에 영아가 이동식 변기에 앉아 소변 보기를 유도한다. 교사는 '쉬' 또는 "응가"라고 말해 줌으로써 행동과 언어를 연결시켜 볼 수 있도록 유도한다. 이동식 변기를 거부하는 영아

는 그냥 변기에 앉았다 일어나는 것으로도 격려를 해 준다.

- 영아가 처음 변기에 앉으면 다정하게 말을 걸어 긴장을 해소시킨다. “이것은 변기통이야, 여기에다 쉬나 응가를 할 수 있단다.”
- 변기에 앉아 5분이 지나도 변이 나오지 않으면 영아를 변기에서 내려 주고, 배변에 성공했을 때는 칭찬을 해 준다.
- 영아가 변기에 앉는 것이 익숙해지면 변기를 가까운 곳에 놓아 두고 혼자서 할 수 있게 한다.
- 영아용 이동 변기는 사용한 뒤 깨끗이 소독하는 것이 좋고, 처음에는 방수팬티를 입히는 것이 용이하다.

[그림 6-1] **남아용 소변기와 영아용 이동식 변기**

6. 낮잠 및 휴식 지도

충분한 수면은 영유아가 건강하게 자라기 위해서 필수적이다. 잠이 부족하면 피곤해서 쉽게 지칠 수 있고, 기억력과 몸의 면역력이 떨어지기 때문에 하루 대부분의 시간을 어린이집에서 보내는 영아의 경우, 발달 특성상 편안히 쉬면서 새 에너지를 충전하는 휴식시간은 반드시 필요하다.

영아는 피곤하면 짜증을 내거나 또래와 다투기 쉽고, 졸음으로 인해 비틀거리거나 넘어지면서 부딪히는 등 안전사고가 발생하기 쉽다(임부연 외, 2023). 그러나 자지 않으려고 하는 경우, 지나친 강요를 하지 말고 낮잠 대신에 휴식을 취하도록 한다.

편안하게 쉬어요

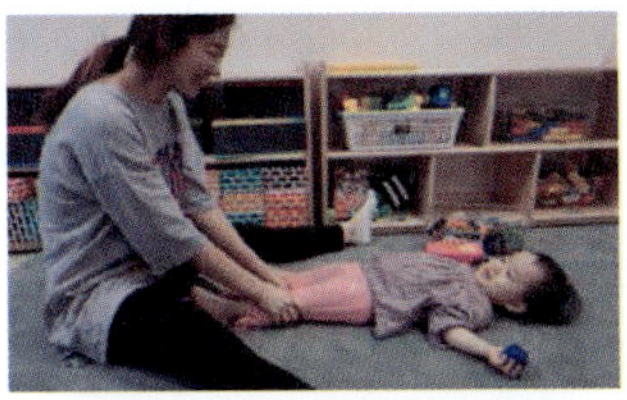

매트에 누워서 뒹굴거리는 정민이(14개월)에게 교사가 "쉬고 싶었어?"라고 말하며 다가간다. 정민이의 다리를 만져 주며 "선생님이 쭉쭉이 마사지해 줄까?"라고 묻는다. 정민이가 교사에게 싱긋 웃으며 몸을 쭉 편다.

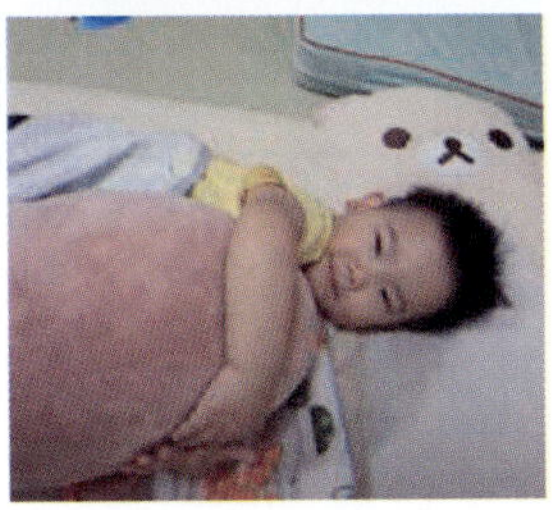

교사는 낮잠매트를 준비하며, 영아별로 애착인형이나 이불을 챙겨 놓는다.
양치를 마친 지민이(18개월)가 자신의 낮잠매트를 찾아간다. 매트 위에 있는 자신의 애착인형을 껴안고 누워서 뒹굴거린다.
교사가 블라인드를 내리기 시작하자, 지민이는 눈을 꼭 감는다.

출처: 보건복지부(2020). 제4차 표준보육과정 해설서. p.53.

교사가 낮잠 및 휴식 지도 시 고려할 점은 다음과 같다(임미혜 외, 2018).

- 부모와의 긴밀한 연락을 통하여 영아 개개인의 생활리듬이나 수면습관 또는 수면과 관계된 생활 경험을 파악한다.
- 영아들이 편안하게 낮잠 잘 수 있도록 커튼이나 블라인드를 이용하여 실내를 조금 어둡게 하고 적절한 온도를 유지하며 바깥의 소음도 차단해 준다.
- 영아가 잠자리에 들 시간인지를 알게 하기 위하여 일과를 규칙적으로 진행한다.
- 낮잠시간 직전 영아들이 화장실에 다녀오도록 하고, 쉽게 잠이 들 수 있도록 조용한 음악을 틀어 주거나 집에서 가져온 인형을 안고 자도록 허락한다. 예를 들면, "토끼가 현아하고 같이 자려고 누었네. 자장자장 잘도 잔다" 등 자장가를 불러 주거나 '토닥토닥' 등을 두드리며 재우기 등 편안한 잠자리를 마련한다.
- 이불과 베개, 매트 등은 개별침구를 사용하고, 주 1회 가정으로 보내 세탁해 오도록 한다.
- 낮잠을 자지 않으려는 영아는 억지로 잠자라고 강요하지 않고 조용한 놀이를 할 수 있도록 배려한다.
- 영아들이 낮잠 자는 동안 교사는 반드시 자리를 지키고 있어야 한다. 영아돌연사 등을 고려하여 잠자는 영아의 위치나 수면상태를 지속적으로 관찰하고 이불을 덮어 주는 등 세심히 살핀다.
- 잠에서 깬 영아에게 개별적으로 다가가 따뜻하게 안아 주거나 눈맞춤을 통해 심리적 안정감을 가질 수 있도록 돕는다. 예를 들면, "현서야, 잘 잤니?" 하며 안아 주거나 토닥거려 준다. "(쭈욱 ~) 아! 잘 잤다" 하며 쭉쭉이 마사지를 해 준다.
- 낮잠을 자고 난 후에는 잠잔 이부자리를 정리하고 다음 활동을 할 수 있도록 도와준다.

참고로, 낮잠을 못 자거나 옆 친구를 불편하게 하는 경우, 적절한 대처방법은 다음 〈표 6-10〉과 같다.

〈표 6-10〉 낮잠 시 대처방법

부적절한 대처방법	적절한 대처방법
• 경찰 아저씨 데려가세요. • 채아는 아기 반에 가서 자고 와야겠다. 이야기하지 않아요. 이야기하면 친구 자는 데 방해가 돼요. • 지금 안 자고 있다가 늦게 잠들어서 깨울 때 안 일어나려고 그러지? • 자 빨리 자야지~ 언제까지 떠들 거야. • (옆 친구를 불편하게 할 때) 너 밖에 나가 있어야겠다. 너 친구랑 함께 놀 수 없어. 자지 말고 여기에 앉아 있어.	• (등을 토닥이며) 선생님이 토닥토닥해 줄게. 꿈나라로 가 볼까? • 채아야! 짜증이 났니? 잠이 안 오는구나. (인형들을 안겨 주며) 토끼도 코~자네! 우리 채아도 코~자네. • 채아야 잠이 안 오니? 지금은 자는 시간이니까 잠이 오지 않으면 누워서 쉬도록 하자(머리를 쓰다듬어 주며) 놀이하느라 오늘 많이 피곤하지? • (옆 친구를 불편하게 할 때) 친구가 자니까 우리 작은 목소리로 이야기하자. 친구가 푹 잘 수 있도록 말야.

출처: 변혜정 외(2021). 영유아 교수학습방법. p.134. 일부 재구성.

Chapter 07

영아 자유놀이에서의 교수-학습

영아들은 먹고, 자고, 배변하기와 같은 일상생활 이외에는 깨어 있는 대부분의 시간을 놀이하며 보낸다. 영아들에게 놀이는 하고 싶고, 재미있는, 즐거운 행동일 뿐만 아니라 영아의 성장과 발달에 직접적인 영향을 주는 '무엇가를 알아 가는 과정'이다. 즉, 영아의 놀이는 영아가 흥미와 관심을 가지고 자발적으로 즐겁게 참여하여 배우는 과정이며, 그들의 삶이자 앎이다.

교사는 영아의 반복되는 놀이를 존중하고 그 즐거움을 충분히 느끼도록 하되, 다음 〈표 7-1〉을 참고로 영아가 새로운 놀이를 탐색해 볼 수 있도록 영아의 개인적 리듬을 고려해 지원해야 한다(중앙육아종합지원센터, 2020).

〈표 7-1〉 **연령별 발달 수준과 놀이 행동**

연령	발달 수준	놀이 행동
0세	• 급격한 신체발달 • 요구나 느낌을 언어적 행동으로 표현 • 사회적 행동 • 시각적 탐색의 절정기 • 다른 사람의 감정과 말을 이해함 • 정서의 분화 일어남 • 낯가림, 격리되면 불안해 함 • 자신과 타인을 구별하고, 자아정체감이 형성됨	• 뒤집기, 혼자 앉기, 서기, 걸음마 시작 • 주먹 쥐기, 놀잇감 잡기, 움직이는 사물을 잡기 위해 시도하기, 엄지 · 집게 손가락 사용하기 • 자신의 느낌과 요구를 소리와 행동으로 표현 • 다양한 감정과 정서 발달 • 다른 사람과의 사회적 행동이 나타남 • 눈을 맞추고 애정을 교환하며 언어적 신호를 주고받음 • 시각적 탐색 • 기기나 걷기 등의 놀이행동
1세	• 신체 조절 능력 증진 • 이동 능력 증진 • 양육인에 대한 근접 추구와 자율성 공존 • 언어 표현의 증가 • 상상놀이 등 상징적 사고를 함	• 적극적으로 운동 능력을 연습함 • 무엇이든 새롭게 시도하여 알아내고 싶어함 • 사물의 이름을 말하고, 자신의 요구를 말로 표현하기 시작함
2세	• 활발하게 주변 탐색 시작 • 주위 모든 세계가 호기심의 대상이 됨 • 공간적 탐색을 하고 부분과 전체의 관계에 대해 알기 시작함 • 자의식이 표현되고, 자기 주장과 고집이 세짐 • 다양한 정서 표현이 이루어짐 • 형제자매 및 또래 관계과 확대되고, 사회적 기술을 배우기 시작함 • 단어나 말을 사용한 의사소통이 활발해짐	• 자신만의 방법으로 놀잇감으로 놀이하며 다양하게 놀잇감 활용 • 선호하는 놀이 반복 • 도전적인 과제를 시도하는 것을 즐김 • 자신의 놀이 행동에 대해 구체적인 말로 설명하거나 표현하면서 의사소통을 즐김 • 또래 간 갈등 상황이 자주 일어나지만 또래와 어울리고 싶어함

출처: 중앙육아종합지원센터(2020). 놀면서 자란다(영아 0~2세 보육과정). p.15.

이 장에서는 영아의 놀이를 감각 · 탐색놀이, 신체놀이, 언어놀이, 쌓기놀이, 역할놀이, 음악 및 동작활동, 미술놀이, 실외놀이 등으로 구분하여 교수-학습방법에 대해 살펴보고자 한다.

1. 감각 및 탐색놀이

영아기는 주위 환경으로부터 눈, 귀, 코 등의 감각기관을 통해 여러 가지 자극을 경험하며 환경에 능동적으로 적응해 나가는 시기이다. 새로운 사물이나 상황에서 탐색하고 이후 익숙해지면 놀이를 하고, 탐색과 놀이의 반복을 통해 습득한 기술과 지식을 재구성하면서 발달해 나간다. 특히 소근육을 활용하여 놀잇감을 탐색하고 조작해 보며 인지발달과 함께 눈과 손의 협응력을 기를 수 있게 된다. 따라서 영아의 교수-학습은 탐색과 놀이를 중심으로 이루어질 때 효과적이다(보건복지부, 2013).

영아의 감각 및 탐색놀이 교수-학습방법은 다음과 같다.

- 감각을 활용한 놀이를 격려한다. 영아가 감각을 활용한 탐색놀이를 할 때 교사가 감각적인 특성과 영아의 행동을 연합하여 상호작용(예: "어, 마라카스에서 무슨 소리가 나네? 현서도 한번 흔들어 볼까?", 여기 고양이 인형이 있네, 한번 만져 볼까? 아~ 부드럽구나!")을 해 주면 영아는 자신이 느끼는 감각과 자신의 움직임, 그것과의 관계에 대해 알아 갈 수 있다(정정옥, 김광자, 2019).
- 영아의 탐색 방식과 반복적인 탐색을 수용한다.
- 영아가 안전하고 다양하게 사물을 탐색할 수 있도록 쉽게 옮기거나 들 수 있는 다양한 재질로 된 가벼운 놀잇감을 제공한다.
- 정적이고 개인적인 활동이 많으므로 영아가 좋아하는 놀잇감의 경우, 영아의 수만큼 충분한 수량의 놀잇감을 제공한다(손순복, 정진화, 박진옥, 2020).
- 영아가 놀이한 뒤에는 교사가 바닥에 있는 놀잇감을 정리해 주어 안전사고가 일어나지 않도록 한다.

다음은 영아의 감각 및 탐색놀이를 촉진할 수 있는 활동의 예이다.

영아 경험의 실제(0~만 1세): 탐색을 즐기는 하루하루

〈어디어디〉

서우가 등원하여 신발을 벗다가 신발에 있는 찍찍이를 만진다.

교사: (찍찍이를 붙였다 떼며) 소리가 나네~ 까칠까칠하네.

서우가 신발 한 짝을 들고 신발장으로 간다.

교사: 서우 자리가 어디 있지? 여기 위에 있네.

서우는 교사와 신발장에 신발을 넣는다.

〈미끌미끌 & 첨벙첨벙〉

은서가 두 손으로 비누 거품을 비빈다.

교사: 미끌미끌 부드럽네!

은서가 두 손을 비비다가 손을 물에 대고 적시며 “무~무~” 한다.

교사: 물이 나오는구나.

은서는 수도꼭지에서 떨어지는 물을 손바닥으로 쳐서 물을 튀긴다. 고인 물에 손을 넣어 주먹을 쥐었다 펴고 두 손을 교차해 두드려 첨벙거린다.

교사: 물방울이 튀었네~ 첨벙첨벙~~ 첨벙첨벙~~ 비누 거품이 다 어디 갔지?

〈아삭아삭 & 새콤달콤〉

교사: 새콤달콤 사과네!

하온이가 사과를 한 입 먹고 씹으며 교사에게 보여 준다.

교사: 아삭아삭~ 아삭아삭~ 소리가 나는구나.

하온이가 사과를 계속 씹으며 소리를 낸다.

교사: 소리가 계속 나는구나. 맛있어?

양손으로 사과를 잡고 먹으며 고개를 끄덕인다.

〈자장자장~ 까꿍~〉

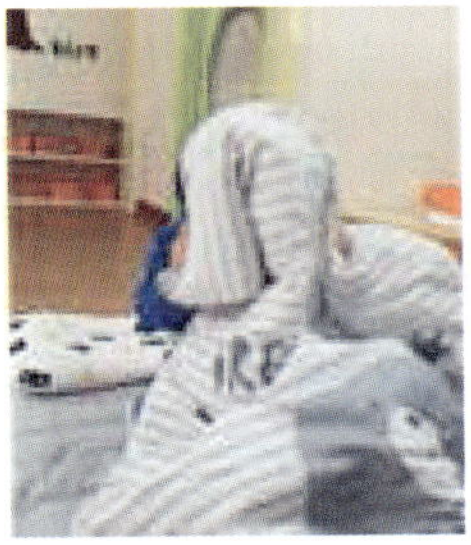
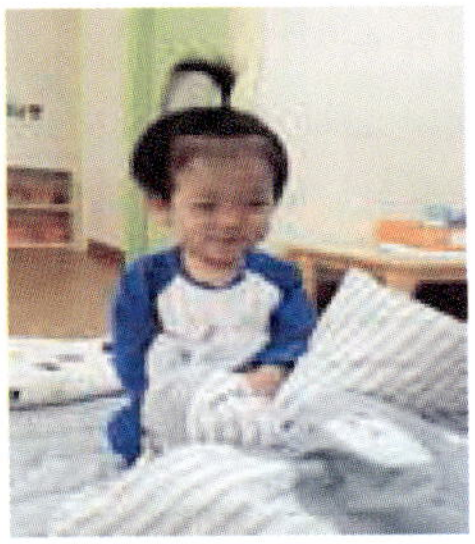

승오가 이불 위에 누워 이불을 덮어 달라는 몸짓을 한다.

교사: (이불을 덮어 주며 교사의 얼굴을 살짝 가렸다가 내린다.) 까꿍~

승오가 스스로 얼굴을 이불로 가렸다 내리고 교사를 쳐다보고 "까~" 하고 웃는다. 이불로 얼굴을 가렸다 내리기를 반복하다가 눕는다.

교사: (이불을 덮어 주고 토닥이며) 자장 자장 자장 자장 우리 승오 잘도 잔다.

출처: 보건복지부(2020). 제4차 어린이집 표준보육과정 해설서. p.131.

영아 경험의 실제(만 2세): 톡톡톡 눌러요

겨울철 한기를 막기 위해 창문에 붙여 놓은 에어캡에 영아가 관심을 보인다. 새로운 물체인 에어캡을 바라보고, 손가락으로 눌러 보고 햇빛에 비친 에어캡의 그림자 모양을 살펴본다.

영아가 창에 붙여 놓은 에어캡에 지속적인 관심을 보이자 교사는 에어캡을 바닥에 붙여 준다. 영아들은 에어캡을 반복적으로 눌러 보며 톡 터지는 소리를 듣고, 손톱으로 긁어 보는 탐색활동을 계속한다.

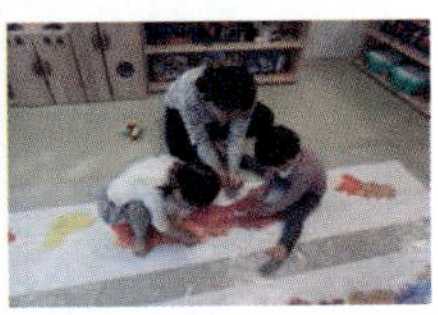

영주는 에어캡 탐색 중 에어캡 밑에 색 있는 종이가 깔려 있는 것을 발견하고 "이거~"라고 말하며 에어캡 밑의 색을 손가락으로 만져 보려 한다.

영아가 에어캡 밑의 색에 관심이 있는 것을 관찰한 교사는 바닥에 종이를 깔고 물감을 뿌린 후 에어캡으로 덮어 준다. 영아들은 자신의 손바닥과 주먹을 이용해 에어캡을 눌러 보거나 문지른다.

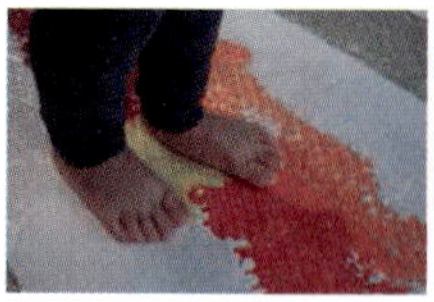

영아는 물감 묻은 종이를 덮은 에어캡 위에서 두 발로 깡충 뛰어 보고, 제자리 걸음 걷기를 반복한다. 영아가 에어캡 위를 경주하듯 빨리 기어서 앞으로 움직이니 교사가 함께 기어서 따라가며 "와~ 채원이가 무릎으로 기어간 자리에 빨간색 길이 생겼구나." 하고 말한다. 다른 영아는 친구가 지나가며 남긴 흔적을 탐색한다.

출처: 보건복지부(2020). 제4차 어린이집 표준보육과정 해설서. p.69.

2. 신체놀이

영아들은 잘 때를 제외하고는 움직임 욕구가 강해 끊임없이 움직인다. 대근육 움직임인 기고, 걷고, 오르내리고, 끌차를 밀고 당기기 등 신체놀이를 통해 영아는 감각 및 신체 조절능력과 신체 운동능력이 발달하게 된다. 특히 영아기는 대근육이 급속하게 발달되는 시기로 보육실 내에 대근육 운동기구를 배치하여 영아의 대근육 활동을 자극해 주는 것이 필요하다.

영아는 다양한 운동을 시도하는 것을 좋아하는데 이와 같은 기본 동작을 포함하는 신체활동은 실내뿐 아니라 바깥놀이에서도 일어나며 자신의 몸을 통해 혹은 도구를 사용함으로써 자연스럽게 경험된다. 이를 위하여 교사는 0~1세 영아가 편안하게 오감각으로 자극에 반응하고 주변을 다양하게 탐색할 수 있도록 하고, 대소근육을 움직이면서 기본 운동을 포함한 실내·외 활동에 관심을 가지고 즐길 수 있도록 지원해야 한다(보건복지부, 2020).

영아의 신체놀이 교수–학습방법은 다음과 같다(김금주, 오진희, 김은정, 박형신, 2021; 한혜경 외, 2022).

- 영아가 안전하게 움직일 수 있도록 안전하게 제작된 놀이기구(KC인증)를 제공해 주고 안전하게 놀이하는지, 어려움은 없는지 살피며 상호작용한다.
- 영아의 다양한 놀이도구를 제공하여 움직여 보도록 함으로써 새로운 기술을 시도해 보도록 격려할 수도 있다(예: "와 ~ 현서가 계단을 잘 오르는구나" 등)
- 영아가 자신감과 성취감을 느낄 수 있도록 성공의 경험을 자주 제공하고, 다양한 수준의 활동을 제공한다.
- 하루 일과 중 대근육 활동을 할 수 있도록 일정한 시간을 계획한다.

다음은 영아의 신체놀이를 촉진할 수 있는 활동의 예이다.

영아 경험의 실제(0~만 1세): 올라갔다 내려왔다

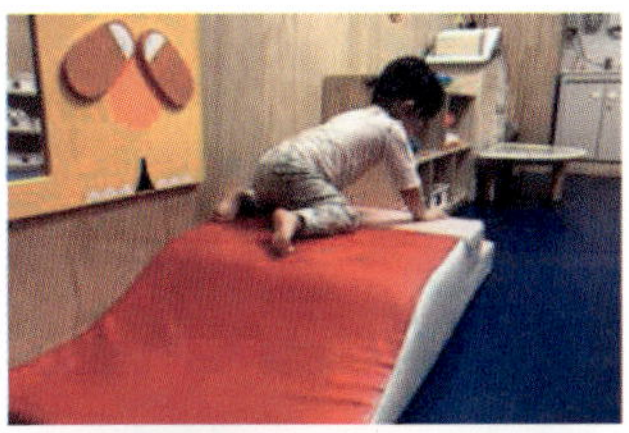

나연이가 놀이실 안에서 오르기 매트가 있는 곳까지 이동한 후 경사를 기어 올라가서 매트 위에 앉자 "우리 나연이, 매트 위까지 올라왔구나." 하고 교사가 말한다.

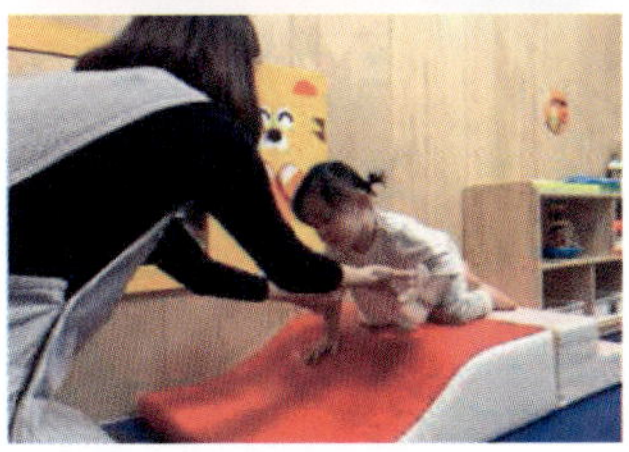

잠시 후 양팔과 다리에 힘을 주고 경사진 매트를 기어서 내려가려 시도한다. 이 모습을 본 교사는 아이에게 두 팔을 벌리고 "나연이 내려오고 싶구나. 천천히 내려와~ 어려우면 선생님이 손 잡아 줄게." 하고 말한다.

출처: 보건복지부(2020). 제4차 어린이집 표준보육과정 해설서. p.71.

영아 경험의 실제(만 2세): 종이공 던질래요

"얘들아! 우리 바닥에 있는 종이를 뭉쳐 볼까?"라고 말하며 교사가 종이를 뭉치자 영아들이 종이를 모아 뭉친다.
유나가 "공! 왕공이에요"라고 말하자 교사가 "왕공이구나! 종이가 공이 되었네."라고 관심을 보여 주자 "공 던질래요."라고 유나가 말한다. "그래, 어디에 공을 넣어 볼까?"라고 교사가 말하자 유나가 바구니를 가리킨다.

교사가 바구니를 바닥에 두자 유나가 바닥에 떨어진 종이를 뭉쳐 바구니에 던진다.
유나가 던진 종이 공이 바구니에 들어가자 "내가 넣었어."라고 말한다.
그러자 주원이가 "나도 나도 던질래."라고 말하며 종이를 뭉쳐서 두 팔을 벌려 위로 던진다.

주원이가 일어나서 뭉친 종이를 오른쪽 다리를 들어 종이 공을 차자 유나도 일어나서 오른쪽 다리를 들어 종이 공을 찬다.

출처: 보건복지부(2020). 제4차 어린이집 표준보육과정 해설서. p.168.

3. 언어놀이

영아기는 언어가 폭발적으로 발달하는 시기이다. 타인과의 효과적인 의사소통을 위하여 말하기, 듣기, 읽기, 쓰기 등 언어적 의사소통과 울음, 웃음, 미소, 표정, 몸짓 등 비언어적 의사소통 수단을 사용한다. 따라서 교사는 언어적 · 비언어적 의사소통을 효과적으로 사용할 수 있도록 환경을 조성해 주며, 주변의 소리, 대화, 동화, 동요, 동시 등 다양한 활동을 통해 의사소통 능력과 기술을 기를 수 있도록 도와주어야 한다(강민정 외, 2021).

영아의 언어놀이 교수-학습방법은 다음과 같다(강민정 외, 2021; 양옥승 외, 2022).

- 교사는 언어적 상호작용을 통해 언어놀이를 격려한다.
- 아주 어린 영아의 옹알이에도 마치 대화를 나누듯 반응을 해 준다.
- 영아의 질문에 관심을 보여 주고 새로운 단어나 어휘를 사용했을 때 강화해 준다.
- 표정이나 몸짓으로 의사표현을 했을 때 언어화해 준다(예: "물 마시고 싶구나! 물 줄까?").
- 교사는 영아에게 그림책을 매일 읽어 줌으로써 책을 읽는 습관을 길러 주고 영아가 책을 좋아하는 사람으로 성장하는 데 도움을 준다.
- 영아의 책은 넘기기 쉽고 파손되지 않도록 책장이 두꺼운 재질이나 천으로 된 것을 선택한다.

다음은 영아의 언어놀이를 촉진할 수 있는 활동의 예이다.

영아 경험의 실제(0~만 1세): 책을 읽어 보아요

서우는 바닥에 앉아 책을 거꾸로 넘기다가 거울을 발견한다.
거울을 바라보고, 웃고, 손가락으로 가리키고, 가까이 들여다본다.

서우는 시선을 옮겨 거울 옆 페이지를 본다.

그리고 강아지 그림을 가리키며 웃는다.

책장을 넘겨, 다른 페이지에서 다시 강아지 그림을 가리킨다.

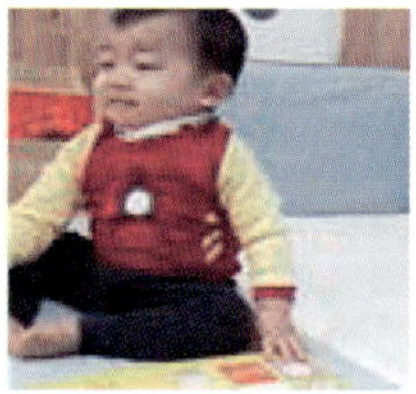

다시 책장을 넘겨 전 페이지 그림을 본 후 교사를 바라보고 옹알이를 한다.
(서우 18개월)

출처: 보건복지부(2020). 제4차 어린이집 표준보육과정 해설서. p.90.

영아 경험의 실제(만 2세): 어떤 소방차를 좋아하니?

경완: 경완이도 소방차 하고 싶어요.
교사: 그럼 경완이가 그려 볼래?
경완: 싫어, 선생님이가 해 줘요.
교사: 그럼 같이 그려 볼까?
교사가 끼적인 흔적 위에 경완이가 더 끼적이며 말한다.
경완: 물이 윙윙 나가고 있어요.

교사는 현서의 말을 그대로 글로 옮겨 적어 주었다.

현서는 교사에게 자신의 끼적이기를 설명해 준다.
현서: 이건 펌프차야. 펌프차로 불 끄는 걸 도와주는 거야. 어, 이건!! 싸이렌!
교사: 이건?
현서: 이건 물탱크. 여기에 물이 가득 들어 있는 거고! 이건 연결하는 호스, 이건 바퀴들이야.
교사: 아! 물탱크 차구나! 자세하게 그렸네. 그럼 맨 아래에 있는 이건 뭐야?
현서: 이건 주차장이야. 다른 소방차들도 출동해야 해.

출처: 보건복지부(2020). 제4차 어린이집 표준보육과정 해설서. p.188.

4. 쌓기놀이

쌓기놀이는 영아가 다양한 종류의 모양, 색, 크기, 형태의 블록을 가지고 탑을 쌓아 보거나 구성물을 만들어 보는 놀이이다. 2세 정도가 되면 상징적인 사고가 가능하여 블록을 이용해 구성 놀이를 하게 된다(황현주, 신현정, 2020).

영아는 쌓기놀이를 통해 전체와 부분의 관계, 공간 구성력, 분류 능력이 발달되며, 신체기술의 향상 및 성취감, 정서적 긴장 해소뿐만 아니라 또래와 함께 쌓기놀이를 하면서 의사소통능력, 문제해결력과 협동하기 등의 친사회적 행동이 발달된다.

영아의 쌓기놀이 교수–학습방법은 다음과 같다(손순복 외, 2020; 한혜경 외, 2022).

- 연령이 어린 영아들은 블록을 이용하여 구성하는 대신 쌓고 부수는 활동에 집중할 수 있다. 영아의 안전을 위하여 블록 중 날카로운 부분은 없는지, 작은 조각들이 영아의 입에 들어가지 않도록 주의한다. 특히 나무 블록 등의 딱딱한 블록 놀이 시 다치지 않도록 안내한다.
- 영아들의 발달 수준을 고려하여 블록의 종류와 수를 제공하고, 색 분류, 1:1 대응 등에 관해 질문하기와 모델링하기 상호작용을 한다. 단, 영아가 쌓기에 몰두하고 있을 때 지나치게 수 활동과 관련하여 질문하는 것은 삼간다.
- 영아들의 쌓기활동을 격려하기 위하여 교사는 함께 놀이에 참여하기, 영아의 구성활동을 인정하고 격려하기 등의 방법을 통해 영아와 소통한다.

다음은 영아의 쌓기놀이를 촉진할 수 있는 활동의 예이다.

영아 경험의 실제(만 2세): 블록을 쌓고 무너뜨려요

현준이는 스펀지 블록을 집어 옆으로 길게 늘어놓는다. 블록을 길게 늘어놓기 위해 블록장에서 원하는 색의 스펀지 블록을 찾고, 몸을 숙여 블록끼리 늘어놓기를 반복한다.

교사: 현준이가 블록을 연결해 주니 블록이 길어졌네~

이번에는 플라스틱 블록을 꺼내 아래에서부터 하나씩 하나씩 조심스럽게 위로 쌓아 올린다.

교사: 어머~ 현준이가 블록을 이렇게 높이 쌓았구나.

잠시 후 쌓아 올린 플라스틱 블록을 손을 뻗어 툭 쳐서 무너트린다.

교사: (무너진 블록을 보며 웃는 영아에게) 블록이 와르르 무너졌네! 현준이는 무너트리기가 정말 재미있구나~

소리 내어 웃는 현준이 모습을 본 수진이가 다가와 옆에서 블록을 하나씩 하나씩 위로 쌓기 시작한다.

교사: 어머! 수진이 블록도 높이높이 쌓여 가네~

출처: 보건복지부(2020). 제4차 어린이집 표준보육과정 해설서. p.76

5. 역할놀이

역할놀이는 영아의 경험과 가장 밀접한 관련이 있는 가족과 주변 사람의 모습을 표현해 보는 것이다. 특히 엄마, 아빠 놀이를 즐겨 하는데, 이를 통해 성역할과 자아인식 및 인지발달과 사회성의 기초를 형성하게 된다.

만 2세가 되면 자신의 경험과 생활을 흉내 내며 더욱 상상놀이를 즐기게 되므로 병원놀이, 미장원놀이 등 다양한 역할놀이가 일어날 수 있도록 인형, 음식모형, 그릇, 옷, 신발, 모자 등 실물과 유사한 소품을 제공해 주어야 한다.

영아의 역할놀이 교수–학습방법은 다음과 같다(한혜경 외, 2022).

- 영아는 경험을 통한 가작화가 가능하므로 친숙하고 일상생활의 사실적 소품이나 상상력을 격려하는 다양한 소품을 제공하여 영아들의 역할놀이 환경을 확장시켜 준다.
- 영아의 자율성과 주도성을 장려하기 위해 스스로 인형의 옷을 입히거나 벗기는 활동을 제공한다.
- 교사 자신이 상징놀이 하는 모습을 보여서 영아들이 모방행동을 할 수 있도록 구체적인 행동이나 언어적 표현을 제공한다.
- 영아가 특정 활동을 반복하거나 쳐다보고만 있으면 영아의 활동이 새로운 방향으로 확장되도록 도움을 주고 격려한다.

다음은 영아의 역할놀이를 촉진할 수 있는 활동의 예이다.

영아 경험의 실제(0~만 1세): 약을 먹여요

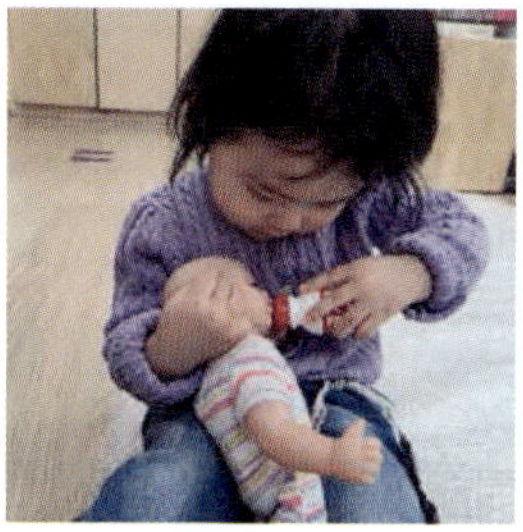

예린이가 인형과 약병을 가져와 인형에게 약을 먹인다.
  교사: 예린이 선생님~ 아기가 어디 아파요?
  예린: 배가 아파요~
  교사: 아이고~ 아기가 배가 아프군요~
  예린: 자 이제~ 주사도 맞아야 해요.
예린이는 주사기와 체온계도 가져와 인형에게 약을 먹이고 주사를 놓으며 놀이한다.

출처: 보건복지부(2020). 제4차 어린이집 표준보육과정 해설서.p.156.

영아 경험의 실제(만 2세): 상상놀이

〈엄마 구두를 좋아하는 지호와 수연〉

지호와 수연이는 등원하면 구두와 가방, 핸드폰을 챙긴다.
구두를 신고 가방과 핸드폰을 들고 보육실 여기저기를 다니고, 구두를 신은 채로 다른 놀이를 한다.

〈스카프를 좋아하는 준성이〉

준성이는 검정 구두를 신고 목걸이를 하더니 교사에게 스카프를 가져온다.
  준성: 이거 해 줘.
  교사: 어떻게 해 줄까?
  준성: (허리를 가리키며) 여기에.
  교사: (스카프를 허리에 둘러 묶어 주며) 이렇게 하면 될까?
준성이는 거울로 가서 비춰 보더니 웃으며 모자를 쓴다.

준성이는 교사에게 스카프를 내민다.
준성: 이거 머리에.
교사: 머리에 해 달라고? (스카프를 머리에 둘러 뒤로 묶는다.)
머리에 스카프를 두르고서 계산기를 책상 위로 가져와 놓고 숫자를 누르며 계산하는 시늉을 한다.

출처: 보건복지부(2020). 제4차 어린이집 표준보육과정 해설서. p.226.

6. 음악 및 동작활동

노래 부르기, 악기 연주하기, 음악감상, 음악에 맞추어 신체표현 하기 등 음악 및 동작활동은 영아에게 즐거움을 경험하게 하는 놀이이다. 즉, 영아가 자신의 느낌과 경험을 소리, 음악과 리듬 신체를 움직이는 것을 통해 아름다움을 느끼고 창의성을 발달시키게 된다.

영아의 음악 및 동작활동의 교수-학습방법은 다음과 같다(정정옥 외, 2019).

- 의성어와 의태어, 짧으면서도 반복되는 부분이 많은 노래나 리듬 있는 운율을 일상생활의 다양한 상황에서 자주 들려준다.
- 손뼉을 치거나 목소리로 노래, 모창 등 영아가 직접 다양한 소리를 만들 수 있는 기회를 제공한다. 교사는 영아가 다양한 소리를 낼 수 있는 놀잇감이나 간단한

리듬 악기를 제공해 주고, 영아가 소리를 만들었을 때 격려해 준다.

- 영아가 알고 있는 친근한 노래를 반복적으로 자주 들려주고, 반복적으로 불러 볼 수 있는 기회를 제공한다.
- 여러 가지 소리를 탐색해 볼 수 있도록 집안의 물건(예: 냄비)이나 간단한 악기를 제공한다. 무엇이든 입으로 가져가는 영아의 특성을 고려하여 모든 악기는 청결하게 유지한다.
- 느낌과 생각을 신체, 악기나 막대리본 등을 통하여 다양하게 표현해 볼 수 있는 기회를 제공한다. 다른 영아가 다치지 않도록 공간을 마련하고 주의한다.

다음은 영아의 음악 및 동작활동을 촉진할 수 있는 활동의 예이다.

영아 경험의 실제(0~만 1세): 신기한 소리가 들려요

놀잇감 바구니에서 마라카스 두 개를 꺼내 바닥에 굴리다 소리가 나자 양손으로 잡고 흔들어 본다. 그리고 소리가 나는 마라카스를 쳐다본다.
  교사: 무슨 소리지? 찰랑찰랑 소리가 나네.

바닥에 놓인 베이비 드럼을 만져 본다.
드럼 버튼을 손가락으로 누르며 소리와 함께 불빛이 반짝이는 것을 바라본다.
불빛이 사라지자 다시 누르기를 시도한다.

하임이는 옆에 있던 친구가 북 치는 것에 관심을 보이자, 자기도 북채로 북을 두드려 소리를 내 본다.

교사: 하임이가 둥둥둥둥 소리를 내는구나.

혜수는 사운드 북 버튼을 눌러 동요를 들어본다. 버튼을 누르고 귀에 갖다 대는 행동을 반복하며, 노랫소리에 고개를 끄덕이거나 몸을 흔들어 보기도 한다.

교사는 동요를 함께 불러 주고, 노래가 끝나자 혜수와 함께 박수를 친다.

출처: 보건복지부(2020). 제4차 어린이집 표준보육과정 해설서. p.67.

영아 경험의 실제(만 2세): 노래는 즐거워

〈놀이 중 노래하기〉

영아들은 종이벽돌 블록으로 탈것을 구성하여 정글로 간다.

준모가 "밀림으로 밀림으로♪" 노래를 시작하자 동준이도 같이 노래를 흥얼거린다.

"♬ 배를 타고 배를 타고 밀림으로 밀림으로♪"

생일 잔치놀이 중 영아들은 밀가루 반죽으로 만든 케이크에 초를 꽂고 생일 축하 노래를 시작한다.

교사가 우쿨렐레로 반주를 하니 영아들은 그에 맞춰 노래를 부른다.

"♬ 생일 축하합니다♩"

출처: 보건복지부(2020). 제4차 어린이집 표준보육과정 해설서. p.217.

영아 경험의 실제(만 2세): 방울춤

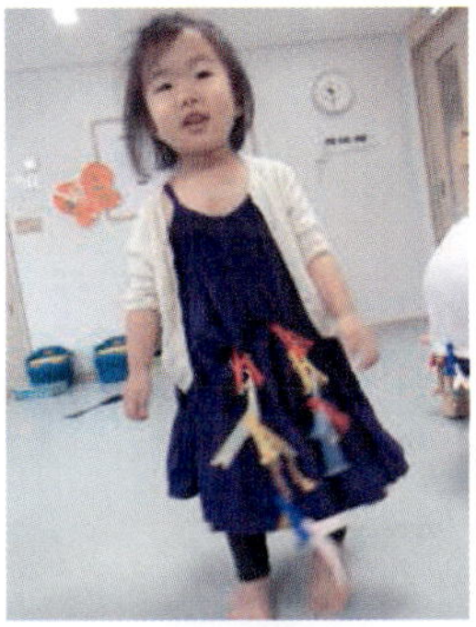

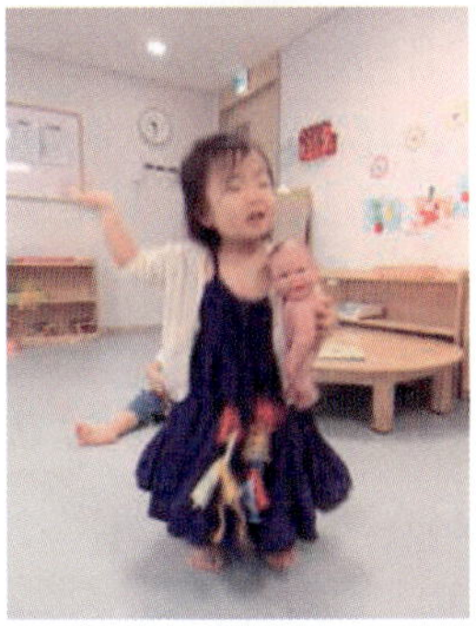

지현이는 또래들이 집게로 옷을 집는 것을 유심히 지켜보다가 치마에 기다랗게 집게를 연결한다.

"선생님, 나 치마 봐!"

치마에 꽂은 집게를 교사에게 보여 주다가 집게에 달려 있는 방울에서 소리가 나는 것을 알아차리고 웃으며 교사를 바라본다.

"딸랑딸랑! 지현이 치마에서는 소리도 나네!"

교사가 소리를 듣고 말하자,

"요술 치마지! 움직이면 소리가 나!"

지현이는 빨리 걷고, 제자리에서 빙그르르 돌기도 하며 치마를 나풀거린다.

움직일 때 나는 방울 소리를 즐기며 자신의 움직임에 따라 흔들리는 색색깔의 리본테이프를 바라본다.

출처: 보건복지부(2020). 제4차 어린이집 표준보육과정 해설서.p.221.

7. 미술놀이

미술놀이는 끼적거리고, 찢고, 오리고, 자르고, 구기고, 만들기 등 평면과 입체 등 다양한 조형 경험을 하는 놀이이다. 영아에게 미술은 학습과 표현을 위해 자신의 모든 감각을 이용하는 수단이 되고 자아개념과 창의성 등 인성발달과도 밀접한 관련을 갖게 된다.

영아에게 미술놀이는 오감을 통한 환경과의 상호작용을 통해 시작되는데, 이를 통해 자연스럽게 창의적이며 상상적인 놀이가 발달된다. 처음에는 끼적거리다가 점차 선을 그리거나 모양이나 그림을 그리는 단계로 발달하게 된다.

영아의 미술놀이 교수-학습방법은 다음과 같다(정정옥 외, 2019; 한혜경 외, 2022).

- 영아가 주변에서 보는 자연이나 사물의 조형적 형태에 관심을 갖고 탐색해 볼 수 있도록 지속적으로 안내하고 격려해 준다. 이때 영아가 느끼는 다양한 시각, 촉각, 청각을 자극하는 질문을 해 준다(예: "어떤 모양이니?", "종이를 만져 볼까? 어떤 느낌이 드니?", "흔들어 볼까? 어떤 소리가 나지?").
- 여러 가지 재료나 도구를 이용하여 탐색한 것을 바탕으로 자신의 생각이나 느낌을 표현할 수 있도록 격려하고 지원한다.
- 영아들이 필요한 재료를 직접 선택하고 정리할 수 있도록 종류대로 분류하여 배치한다.
- 영아가 표현한 그림이나 작품을 격려하고 전시해 주어 성취감을 느낄 수 있도록 한다.

다음은 영아의 미술놀이를 촉진할 수 있는 활동의 예이다.

영아 경험의 실제(0~만 1세): 끼적끼적

〈비오는 날 창가에서〉

종언이는 빗물이 창문에 흘러내리는 모습과 튕겨 나가는 모습을 한참 동안 바라본다.
유리용 마커로 끼적이기를 한다.
양손에 마커를 들고 한쪽씩 끼적이기를 하다가 빗물을 따라서 찍기를 반복한다.

〈보육실 바닥에서〉

우택이과 경석이는 보육실 바닥에 펼쳐 놓은 포장지 전지 위에 끼적이는 행동을 반복한다. 각자 끼적이다가 서로가 끼적인 위에 다시 끼적이기를 반복하며 나타난 모양과 색을 바라본다.
큰 원과 작은 원을 반복하여 끼적이고 그 흔적을 바라보며 혼잣말을 중얼거린다.

〈실외놀이에서〉

효주가 이젤에 끼적인다.
효주 옆에 있던 준석이도 함께 끼적인다. 끼적이고 지우고 다시 끼적이고 지우는 과정을 반복한다.

출처: 보건복지부(2020). 제4차 어린이집 표준보육과정 해설서. p.120.

영아 경험의 실제(만 2세): 쓱쓱싹싹

영아들은 벽면에 게시된 커다란 흰 종이를 보고 다가간다. 헤나는 그 앞의 칫솔을 보고 "칫솔이네?" 하며 교사를 바라본다. 교사가 "치카치카 하는 칫솔이지." 영아들은 물감으로 물든 솔을 다시 들여다본다.
헤나는 "근데 물감이 묻었어. 이거로 그림 그려?" 하며 전지에 칫솔로 끼적인다.
아무런 흔적이 나타나지 않자, 헤나는 "선생님, 물감 어디 있어?" 하며 물감 바구니가 있는 공간으로 간다.
"나 빨강!", "나는 파랑!" 하며 영아들은 물감의 색을 고른다.

남호는 칫솔에 파란 물감을 묻혀 둥그렇게 선을 그린다.
민준이는 파랗게 면을 칠한다.
헤나는 빨강으로 칠한 곳에 파랑 물감이 묻자 나타난 보라색을 가만히 본다.
"이거 봐! 포도색이야!"라고 한다.

영아들은 팔을 크게 움직이며 빨강, 파랑색으로 자유롭게 흔적을 만들어 본다.
상윤이는 파란색을 칠하던 칫솔에 빨간색을 묻혀 칠해 보라색이 나오자 반복해서 힘껏 칠하여 보라색으로 면을 채운다.

한참을 칠한 뒤 상윤이는 잠시 멈춰서 나타난 흔적을 바라본다.

출처: 보건복지부(2020). 제4차 어린이집 표준보육과정 해설서. p.224.

8. 실외놀이

실외놀이는 건물 밖에서 이루어지는 놀이로써, 개방된 공간에서 마음껏 움직일 수 있고 소음에 긴장하지 않아도 되기 때문에 실내에서 불가능한 여러 가지 활동이 다양하게 이루어질 수 있어 영아의 전인적 성장과 발달을 위해 필수적인 곳이다(김재숙, 임미혜, 김선희, 김혜경, 배선미, 2007). 특히 영아기의 운동능력 발달은 일생 동안 건강, 운동기능, 신체 조정능력을 좌우할 뿐만 아니라 긍정적인 신체 자아개념을 형성하는 중요 요인이다(임미혜, 황순각, 2005). 또한 계절의 변화나 꽃, 나뭇, 낙엽 등을 탐색하거나 날씨 등을 직접적으로 느껴 보며 자연환경과의 상호작용을 경험할 수 있는 교육적 시간이다.

그동안 많은 교사들이 실외놀이 활동을 단순히 주로 미끄럼틀이나 시소 등 놀이기구를 타거나 걷기, 달리기 등 동적인 놀이만 이루어진다고 생각하여 실외놀이 환경구성 및 교수-학습에 대한 계획을 소홀히 하는 경향이 있었다. 그러나 실외놀이는 실내놀이의 연장으로서 모든 실내놀이가 실외로 이어지거나 옮겨질 수도 있음을 명심하여 자연스럽게 영아의 학습이 이루어질 수 있도록 세심하게 계획해 주어야 한다. 예를 들어, 그늘진 곳에서 책을 읽거나, 퍼즐 맞추기, 물로 바닥에 그림 그리기 등 정적인 놀이도 할 수 있도록 다양한 놀이자료를 준비해 주어야 한다.

한편, 영아들은 면역력이 약하여 감기에 걸리기 쉬우므로 실외놀이를 나가기 전에 기온, 황사나 미세먼지, 바람 등을 체크하여 적절한 시간을 선택해서 진행한다. 영아의 실외놀이 교수-학습방법은 다음과 같다(김재숙 외, 2007; 보건복지부, 2020; 서동미 외, 2019; 양옥승 외, 2022; 한혜경 외, 2022).

- 실외놀이는 계절, 미세먼지, 날씨 등을 고려하여 하루 중 영아가 실외활동 하기에 가장 좋은 시간에 실외놀이를 계획한다.
- 활동 공간에 적절한 인원 수, 충분한 이동공간, 기구의 견고성, 공간 바닥 등에 대해 정기적으로 안전점검을 실시하고, 기구 등을 안전하게 사용할 수 있도록 개별적으로 상호작용한다.
- 영아가 식물이나 동물을 관찰하고 변화에 대해서 이야기할 수 있도록 격려한다. 과학적 개념을 가르치기보다 영아의 표현을 수용한다. 이때 '탐색하기(예: 이것은 무엇일까?)', '설명하기(예: 이건 개나리 꽃이란다)', '시도 격려하기(예: 이 꽃 냄새 맡아 볼까?)', '시범 보이기(예: 코를 꽃에 가까이 대고 냄새 맡아 보자)' 등의 교수활동을 한다.
- 영아들이 실외에서 신체활동 외에도 자연탐구가 가능하도록 식물 관찰하기, 물과 모래놀이, 비눗방울 놀이 등을 제공한다.
- 물놀이 시 물을 다양한 경로로 흘려 보고, 다양한 용기에 담아 보며, 다양한 물체를 제공하여 물에 뜨는 것과 가라앉는 것 실험을 해 볼 수 있도록 안전한 도구를 준비해 주고, 안전하게 놀이할 수 있도록 상호작용한다.
- 모래놀이 역시 다양한 자료를 제공하여 과학적 탐구활동이 이루어질 수 있도록 적절한 발문을 해 준다.
- 영아가 피로를 느끼거나 쉬고 싶을 때 편하게 쉴 수 있도록 한다. 휴식을 취하면서도 조용히 동화를 읽거나 퍼즐 맞추기, 주변 환경을 관찰할 수 있는 기회를 제공한다.
- 실외놀이 후 놀잇감을 정리할 수 있는 창고를 마련해 둔다.
- 실외놀이 후 실내로 들어오기 전 신발에 묻은 먼지를 털고 들어와 화장실에서 손을 깨끗하게 씻도록 지도한다.

다음은 영아의 실외놀이를 촉진할 수 있는 활동의 예이다.

영아 경험의 실제(0~만 1세): 신기하다

세홍이가 양손을 뻗어 나무에서 뻗은 가지를 만지려고 한다.

교사: 세홍이가 새로 나온 잎을 보고 싶구나.

교사가 세홍이가 만질 수 있도록 가지에 다가가 주자 새홍이가 새순을 한참 동안 만지작거린다.

세홍: 오... 응...

교사: 세홍이가 이야기를 하고 싶구나. 오...오 하고 이야기해 주고 싶구나.

세홍이는 두 팔을 뻗어 새순을 만지려고 몸을 구부리며 만지다가 웃는다.

세홍: 히힝~

교사: 세홍아 만지는 것이 재밌어? 또 해 볼까?

교사는 세홍이를 안고 새순 앞으로 다가갔다 뒤로 물렀다 하며 세홍이가 새순을 만질 때 리듬 있는 말소리로 세홍이의 움직임을 표현해 준다.

교사: 세홍이가 만졌다. 세홍이가 뒤로 갔다.

세홍: 까르륵

교사: 다시 세홍이가 만졌다, 세홍이가 뒤로 갔다.

세홍: (새순을 만질 때마다) 히잉~ 오오~까르륵~

소리를 반복하며 웃는다.

출처: 보건복지부(2020). 제4차 어린이집 표준보육과정 해설서. p.111.

영아 경험의 실제(만 2세): 여기 매미 허물 있어!

가을날, 영아들은 높고 낮은 바위를 오르락내리락하기도 하고, 나뭇잎 사이로 떨어진 도토리를 줍기도 하며, 자유롭게 가을산책을 즐긴다.

민재가 자신의 키 높이만한 나무 앞에 멈춰 서서 친구들을 향해 큰 소리로 외친다.

민재: 여기 매미 허물 있어!!

여기저기를 자유롭게 거닐며 산책하던 영아들이 모여든다.

혜준: 어! 어디?
채연: 여기 진짜 있어!!
민재: 이것 봐. 여기 있어.

영아들은 한동안 가만히 바라만 본다. 이때 채연이가 매미 허물을 손으로 만지려고 하다가 다시 거둔다.

채연: 어흐흐, 나 못 만지겠다.
도윤: (민재에게) 니가 좀 만져 봐.
민재: 안해~ 흐흥~ 니가 해 봐!
도윤: 나는 무서워서 못해.
민재: 나도 무서워.
혜준: 그럼 나뭇가지로 해 보자.

혜준이가 재빨리 나뭇가지를 주워 와 매미 허물을 조심스럽게 건드린다. 나뭇가지 끝에 매미 허물이 닿자 나뭇잎이 흔들리면서 매미 허물이 움직이는 듯하다. 영아들은 비명을 지르며, 멀리 또는 가까운 거리로 달아난다.

"꺄~!" "만졌다~~~~!"
영아들은 다시 돌아와 매미 허물을 가만히 관찰하고, 나뭇가지로 건드렸다가 다시 멀리 달아나기를 반복한다.

도윤이가 매미 허물을 가만히 바라보다가 매미 허물을 조심스럽게 잡아 산책 가방에 조심스럽게 넣는다.

교사: 도윤이는 매미 허물을 어린이집에 데려가고 싶구나.

도윤: 기쁨반에 데리고 갈 거에요.

영아들은 도윤이가 매미 허물을 직접 손으로 잡아 산책 가방 속에 넣는 모습을 신기한 듯 바라본다.

영아들은 '맴맴' 노래를 부르며 이 나무 저 나무를 기웃거린다. 그리고 낙엽을 주워 산책 가방에 조심스럽게 넣는다. 다음 날, 영아들은 산책하면서 가져온 낙엽으로 알록달록한 가을 숲을 꾸미고, 매미 허물을 나뭇잎 위에 붙인다.

"여기에 나뭇잎 붙여 봐."

"여기에는 매미 붙이자."

출처: 보건복지부(2020). 제4차 어린이집 표준보육과정 해설서. pp.246-247.

Chapter 08

유아 일상생활에서의 교수-학습

1. 등원 지도
2. 간식 및 점심 지도
3. 낮잠 및 휴식 지도
4. 청결(위생) 지도
5. 배변 지도
6. 귀가 지도

유아의 일상생활 역시 아침에 유아교육기관에 등원하는 순간부터 하원하기 전까지 유아교육기관에서 이루어질 수 있는 반복적인 생활을 의미한다. 만 3~5세 유아를 위한 일과 운영은 일관성과 융통성 있게 운영되어야 한다. 영아반의 일과 운영과 같이 일과를 규칙적이고 반복적으로 진행하면서 당일 날씨, 계절, 행사, 유아의 건강상태, 유아교육기관의 물리적 환경, 지역적 특성 등에 따라 계획된 일과를 조금 수정하여 운영한다(위영희 외, 2021).

이 장에서는 유아 일상생활인 등원, 간식 및 점심, 낮잠 및 휴식, 청결(위생), 배변, 하원 등 지도방법에 대해 살펴보고자 한다.

1. 등원 지도

1) 등원

(1) 등원 전

유아가 아침에 교실에 들어오면서 따뜻하고 반가운 분위기를 느낄 수 있도록 교사는 등원 전에 교실 환기, 온도 · 습도 조절, 유아용품 정리, 투약의뢰서 등을 준비해 둔다. 구체적인 준비 내용은 다음과 같다.

- 매일 아침 교실 창문을 열거나 공기청정기를 가동하여 환기시킨다. 특히 미세먼지가 발생하는 날에는 하루 3번, 30분 이상 환기를 실시한다(교육부 홈페이지, www.moe.go.kr). 환기 시 [그림 8-1]과 같이 출입구를 2곳 이상 열어 두는 것이 효과적이다. 환풍기를 사용할 경우에도 반대쪽의 창을 열어 공기가 흐를 수 있도록 한다.

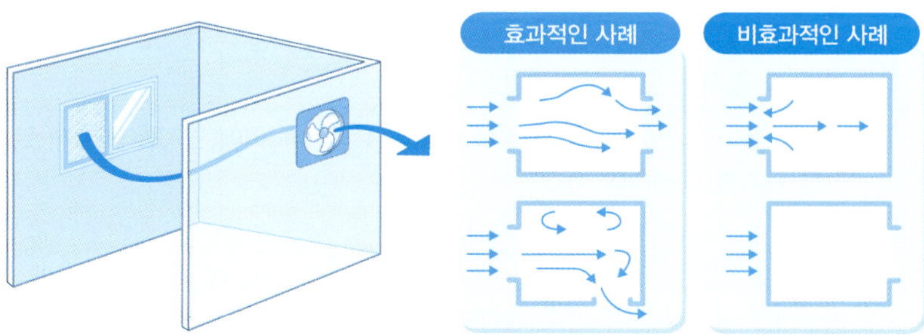

[그림 8-1] 환기 방법

출처: 식품의약품안전처(2019). 어린이집, 유치원 식중독 예방 관리 매뉴얼(시설관리자용).

- 냉난방 시설과 가습기를 점검하고 가동한다. 공간별, 계절별 온도차가 급격히 나지 않도록 관리한다(겨울철 18~21℃, 여름철 24~27℃, 습도 40~60% 유지)(보건복지부 외, 2022).
- 실내 공간(교실, 복도, 현관, 신발장, 유아 개인사물함, 화장실 등)과 놀잇감 등 위생과 안전상태를 점검한다(〈표 8-1〉 참고).

〈표 8-1〉 **놀잇감 세척방법**

구분	세척방법
플라스틱 소재	• 유아용 세제를 손수건에 묻혀 표면을 닦고, 젖은 수건으로 깨끗이 닦아 낸 다음 바람이 잘 통하는 그늘에 말린다. • 크기가 큰 것은 젖은 수건이나 알코올로 닦을 수 있다. • 솔을 이용하여 더러운 부분을 유아용 세제로 닦을 수 있다.
털로 만든 봉제인형	• 먼지를 털어 주고 물세탁을 한다. • 세탁할 때는 미지근한 물에 샴푸나 유아용 세제를 푼 다음 가제 수건과 같은 부드러운 천에 묻혀 살살 주무르듯 때를 닦아 낸다. • 헹굴 때는 미지근한 물을 부드러운 천에 묻혀 꾹꾹 눌러 물기와 비눗기를 뺀 다음, 물기를 털고 드라이기로 말린다. • 봉제인형은 물에 담그면 모양이 망가지고 천의 질감이 달라질 수 있으므로 주의한다.
타월 재질	• 세탁기에 넣기보다는 손으로 조물조물 주물러 때를 빼는 게 손상을 줄일 수 있다. • 세탁 후 그늘에서 말린다.
나무재질	• 물로 씻지 않고 마른 수건으로 닦아 준다. • 항균 코팅된 장난감은 젖은 수건으로 닦고, 다시 마른 수건으로 물기를 없앤 다음 바람이 잘 통하는 그늘에 말린다.
고무재질	• 솔을 이용하여 손이 잘 닿지 않는 안쪽이나 틈새 사이에 먼지를 가볍게 털어 주고 유아용 세제를 이용하여 세척한다.
천 소재	• 먼지를 털고 정기적으로 세탁한다. • 세탁기를 이용할 때에는 올이 나가거나 찢어지지 않도록 세탁망에 넣어 준다. • 손빨래를 할 때에는 유아용 세제를 물에 풀어서 조물조물 문지른 후 깨끗한 물로 여러 번 헹궈 준다. • 햇볕에 완전히 말린다.

구분	세척방법
기타	• 건전지 등을 사용하는 놀잇감은 녹이 슬거나 칠이 벗겨질 수 있으니 물로 세척하지 않는다. • 놀잇감에 낀 틈새 먼지들은 칫솔이나 면봉 등을 이용하여 제거한다.

출처: 어린이집안전공제회(2016). 어린이집 안전관리 백과(실내 · 외 보육환경). p.31.

- 주제와 적합한 흥미 영역 자료를 보충 및 보완해 준다.
- 등원 시 유아가 사용할 출석 이름표, 놀이 계획표 등을 점검한다.
- 행사안내, 면담 일정, 준비물 등 부모에게 전달할 내용을 게시판에 부착한다.

(2) 등원 시

등원 시 유아가 부모에게서 교사로 전이하는 시간이므로 등원하는 유아에게 안정감과 편안함을 주고 즐거운 마음으로 하루를 시작할 수 있도록 교사는 유아의 이름을 부르며 따뜻하게 맞이해 준다. 또한, 교사는 유아를 맞이하며 유아의 건강상태를 점검(〈표 8-2〉)하고 아침에 가정에서 어떤 일이 있었는지 등을 물어보며 개인적인 관심을 표현한다. 유아가 등원하면서 입고 온 옷이나 물품은 개인사물함에 넣도록 지도하고, 약과 투약의뢰서는 확인하고 보관방법에 따라 상온 혹은 냉장보관한다.

〈표 8-2〉 **일일 건강관찰표**

항목	예	아니오
1. 표정		
• 인사는 명랑하게 하는지?	______	______
• 얼굴에 미소가 있는지?	______	______
• 피곤한 기색은 없는지?	______	______
• 졸리지 않은지?	______	______
• 부모와 잘 말하는지?	______	______
• 평상시와 같이 일과를 시작하는지?	______	______
2. 병색		
• 감기 증상(기침, 콧물 등)은 없는지?	______	______
• 눈이 충혈되거나 눈곱이 끼지는 않는지?	______	______
• 눈빛에 이상은 없는지?	______	______
• 피부병은 없는지?	______	______
• 귀가 붓거나 고름이 나지는 않는지?	______	______
• 코가 헐거나 막히지는 않는지?	______	______
• 잇몸에서 피가 나거나 부어 있지는 않은지?	______	______
• 안색은 좋은지?	______	______
• 열은 없는지?	______	______
• 몸에 땀이 나지는 않는지?	______	______
• 특별히 불편해하는 곳은 없는지? 있다면 ____________________	______	______
3. 청결		
• 외모는 단정한지?	______	______
• 자세는 정상적인지?	______	______
• 눈이나 코를 후비고 긁지는 않는지?	______	______
• 머리, 손발, 얼굴 등은 깨끗한지?	______	______
• 손톱은 잘 깎았는지?	______	______
• 입에서 냄새가 나지는 않는지?	______	______
• 의복은 깨끗한지?	______	______
4. 기타(매일이 아니라 주간으로 관찰한 것)		
• 일상적인 행동에는 변화가 없는지? 있다면 ____________________	______	______
• 간식과 점심에 변화가 없는지? 있다면 ____________________	______	______
• 낮잠에 변화가 없는지? 있다면 ____________________	______	______
• 배변에 변화가 없는지? 있다면 ____________________	______	______

출처: 임미혜(2022). 영유아 건강지도. p.65. 재구성.

또한 부모와 헤어지는 것을 어려워하는 유아를 위해 서둘러 부모와 헤어지기를 강요하지 말고 유아의 마음을 공감해 주며 기다려 준다. 한편, 등원 시간은 유아를 데리고 온 부모와 소통이 이루어질 수 있는 시간이다. 부모와 간단한 면담을 통해 유아에 대한 정보를 공유하고 필요한 경우 기록해 두었다가 부모에게 전달한다.

(3) 등원 후

유아가 스스로 가방과 옷을 벗어 개인사물함에 넣었는지 확인하고, 출석한 유아와 결석한 유아를 확인한다.

2) 전이 및 주의집중

(1) 전이

전이(transition)는 하루 일과에서 한 활동에서 다른 활동으로 이어지는 중간 지점을 의미하는 것으로, 하나의 활동이 마무리되고, 다음 활동으로 연결되거나, 장소가 이동되는 다리 역할을 한다. 이때 약간의 시간이 소요되기 때문에 '전이 시간'이라고 부른다(김혜수, 이순영, 2022).

유아교육기관의 하루 일과는 규칙적으로 여러 활동이 이루어지기 때문에 다음과 같은 전이 시간을 갖는다.

- 대집단 활동이 마무리된 후, 다음 모이기까지의 시간
- 활동을 마치고 바깥놀이를 위해 밖으로 나가기까지의 시간
- 바깥놀이를 마무리하고, 실내로 들어오기까지의 중간 시간

- 점심 전 · 후 화장실 다녀오는 시간
- 다 함께 모여서 하루 일과를 평가하고, 귀가를 준비하는 시간 등

전이시간은 짧은 시간이지만 잘못 운영할 경우 혼란이 생길 수 있으므로 교사는 유아가 무엇을 해야 하는지 알도록 해 주어야 한다. 이에 유아들의 소란스러움이 줄어들고, 의미 없이 기다리는 시간도 최소화할 수 있기 때문에 유아는 안정되고 즐거운 일과를 보낼 수 있게 된다.

전이시간을 잘 운영하기 위한 원칙은 다음과 같다(김혜수 외, 2022).

원칙 1: 유아들이 해야 할 일을 명확하게 안내하기

"놀잇감을 다 정리한 여자 친구부터 화장실에 다녀오자"
"화장실에 다녀와서 겉옷을 입고 문 앞에 두 줄로 서 보자"

원칙 2: 유아들을 몇 명씩 그룹핑해서 이동하기

"이제부터 선생님이 색깔을 말해 주실 거야. 그 색깔이 내 옷에 있는지 찾아 보고, 있는 친구는 선생님과 친구에게 보여 주고, 바깥놀이 나갈 준비를 하자"
"내 이름은 '김'씨로 시작해요. 그 친구들은 일어나 화장실에 가서 손 씻고 간식 먹을 준비를 하자"
"오늘 악기 연주할 때 탬버린을 친 사람부터 바깥놀이터에 나갈 준비를 하자"
"이제 점심 시간이야. 누구부터 손 씻으러 화장실에 갈지 잘 들어 보자"

('우리 모두 다 같이' 멜로디에 맞추어 노래 부르며)
우리 모두 다 같이 손 씻어 임현서, 박서준
우리 모두 다 같이 손 씻어 최유라, 김동원
우리 모두 다 같이 화장실로 갑시다
우리 모두 다 같이 손 씻어 강경준, 장현아

원칙 3: 무의미하게 기다리는 시간 되지 않게 하기

평소 옷을 입거나 신발을 신을 때 다소 시간이 걸리는 유아부터 먼저 옷장이나 신발장으로 보낸다. 옷을 잘 입는 친구라도 입기 어려운 옷을 입고 온 경우에는 그 유아부터 준비할 수 있도록 한다.

유아들이 다 모일 때까지 간단한 동시나 동화책 읽어 주기, 수수께끼 놀이, 입 모양 보고 알아 맞추기 게임 등을 할 수 있다.

원칙 4: 이동하기 편하게 하기

실내에서 바깥놀이터로 이동하려고 할 때 이동하기 편리하게 문 앞에 모이는 것이 효과적이다. 다른 유아가 나가는 동선에 앉아 있어 이동에 방해가 된다면 그 유아들부터 먼저 보낸다. 의자와 바닥에 앉아 있는 유아가 있을 경우, 다칠 위험이 있으므로 바닥에 있는 유아부터 이동시킨 뒤 의자에 앉은 유아를 이동시키는 것이 좋다.

(2) 주의집중

유아는 발달 특성상 한 가지 사건이나 활동에 주의집중하기가 어렵다. 연령이 어릴수록 집중하는 시간은 대체로 만 2세 영아는 약 5분, 만 3~4세 유아는 10~15분, 만 5세 이상 유아는 15분 이상~30분 정도이다(김혜수 외, 2022).

특히 대집단 활동을 진행할 경우 주의집중이 되지 않은 상태에서는 시작하면 집단 활동이 제대로 진행되지 않으므로 유아들과 함께 활동을 효과적으로 진행하기 위해 사전에 반드시 다음 〈표 8-3〉과 같은 다양한 주의집중 전략을 마련해 놓아야 한다.

〈표 8-3〉 **주의집중 방법**

자료 없이 주의집중하는 방법	• 교사나 친구의 달라진 모습 찾기 • 수수께끼 내기 • 신체부분으로 모양을 만들거나 소리 만들기 • 소리내지 않고 입 모양으로만 말하기 • 동시, 동화 제목 추측해 보기 • 수 세기 놀이하기 • 반대로 말하거나 행동하기 • 손유희 등
실물자료를 활용한 주의집중 방법	• 소리 세기(빈 통에 구슬 떨어뜨려 구슬 숫자 맞추기) • 명화를 보여 주고 다른 점 찾기 • 비밀 주머니에서 똑같은 물건 찾기 • 부분 보고 전체 추측해 보기 • 녹음한 사물이나 목소리 알아맞히기 • 손 인형으로 말하기 등

출처: 양옥승 외(2022). 영유아 교수 · 학습방법. p.224.

2. 간식 및 점심 지도

유아기는 영아기 이후 활동량의 증가, 두뇌의 완성, 신체의 제반 기능 조절 및 사회 · 인지적 능력의 발달 시기이다. 이 시기의 충분한 영양공급은 일생 동안의 건강에 많은 영향을 미치기 때문에 간식과 식사에 대한 전문적인 계획과 지도는 매우 중요하다. 또한 유아기는 식습관과 관련된 기본적인 태도가 형성되는 결정적 시기이므로 바람직한 식습관을 형성할 수 있도록 교사의 지도가 필요하다.

1) 간식 지도

유아들은 한 번에 섭취할 수 있는 음식의 양이 제한되어 있으므로 하루 3회의 식사만으로 충분한 영양을 섭취하기 어려운 경우가 많다. 따라서 간식은 유아의 성장에 필요한 열량 보충과 영양의 균형 차원에서 중요하므로, 하루에 두 번(오전, 오후) 비타민과 무기질이 풍부한 과일이나 채소를 영양소 파괴를 최소화하여(예: 생과일, 샐러드, 찐감자, 군고구마 등) 주 3회 이상 제공하는 것이 바람직하다. 그러나 한 주에 동일품명(예: 바나나를 일주일에 3회 제공)으로 과일이나 채소를 제공하지 않아야 한다.

간식 지도 시 교사가 유의해야 할 사항은 다음과 같다(보건복지부, 한국보육진흥원, 2023).

- 영양사(임용된 영양사 또는 어린이급식관리지원센터, 육아종합지원센터 등)가 작성한 간식 식단표를 사용한다.

- 사전에 수립된 식단과 실제 제공된 간식의 내용이 일치해야 하고, 간식 제공은 운영일지나 보육일지의 간식 관리에 기록해 둔다.
- 간식으로 제공된 음식물은 조각이 크지 않아 쉽게 먹을 수 있고, 지나치게 뜨겁거나, 차갑거나, 맵고 짜지 않게 조리되어 자극적이지 않아야 한다.
- 유아의 연령, 개별 요구에 맞추어 충분한 양의 간식을 제공하고, 배식할 음식은 여분이 있어 더 먹기를 원하는 유아에게는 추가로 배식이 가능해야 한다.
- 유아별로 식품 알레르기 질환이 있는지 입학 시 사전 조사한다. 식품 알레르기 질환이 있는 유아를 고려하여 간식의 조리나 배식이 이루어져야 한다.

2) 점심 지도

교사는 유아에게 점심을 단순히 먹이는 것에 급급해하지 말고, 음식에 대한 즐거운 경험 및 심리적으로 편안하고 즐거운 분위기를 조성한다. 유아들의 쾌적한 식사를 위해 식탁, 의자 등이 유아의 체형에 맞아야 하며, 식기는 깨지지 않고 단단하고 밝은 색상의 것을 선택하고, 자유롭게 이야기할 수 있도록 허용해 준다. 활동량이 많은 후에는 피곤하여 먹기 싫을 때가 있으므로 식사시간 전에 짧은 휴식시간을 배정하는 것이 효과적이다.

교사는 유아에 따라 음식의 양과 선호도 등에 개인차가 있음을 인지하고 개별 유아의 특성에 따라 식생활습관, 즉 음식에 대한 기호, 태도, 식사예절, 식사태도 등은 유아의 장래의 건강과 인성에 밀접한 관계를 맺고 있으므로 교사는 유아에게 좋은 식습관이 형성될 수 있도록 지도해야 한다. 이를 위해 고려할 점은 다음과 같다(임미혜, 2022).

- **유아의 식품에 대한 감각을 고려한다.**

유아들은 미각이 대단히 민감하다. 따라서 유아들의 입맛에 맞게 음식을 조리해 주어야 한다. 유아들은 강하지 않은 연한 맛을 좋아하며, 부드럽고 젤리와 같은 질감의 음식을 좋아하고, 미지근한 온도를 좋아한다. 색은 선명하고, 모양은 손가락 모양이며, 바삭거리는 종류를 좋아한다. 주의해야 할 것은 유아들도 성인과 같이 개인차가 있으며, 성인들이 제공하는 음식에 따라 미각이 달리 발달한다는 것이다.

- **호기심을 만족시켜 준다.**

언제나 같은 음식만 주면 싫증을 내므로 변화 있게 흥미를 끌 수 있는 모양으로 음식을 만들어 준다.

- **유아에게 적절한 식사 환경을 준비해 준다.**

편안한 자세로 손에 알맞은 물컵, 숟가락, 포크를 이용하여 식사할 수 있게 해 준다. 식사하기에 불편한 식탁이나 의자, 성인용의 큰 물컵, 숟가락 등은 유아에게 좌절감을 주기 쉬우며 좋은 식습관을 형성하는 데 큰 장애가 된다.

- **식사하기 전 교사는 유아들의 화장실 지도와 손 씻기를 지도한다.**

- **바른 자세로 앉아 그릇과 수저를 올바르게 사용할 수 있도록 지도한다.**

- **유아가 선택할 기회를 준다.**

어릴 때부터 자신의 식생활을 할 수 있도록 무엇을 먹을지 선택하고 결정할 수 있는 능력을 길러 준다. 맛있고 영양이 있는 몇 가지 음식을 준비하고 유아의 식욕에 따라 선택하게 한다든지, 우유를 줄 때에 찬 우유를 원하는지 따듯한 우유를 원하는지, 한 컵을 마실지, 반 컵을 마실지 등을 물어서 유아가 선택하게 한다.

- **규칙적인 식사시간과 음식의 양을 조절할 수 있게 한다.**

  식사는 항상 일정한 시간에 규칙적으로 하며 음식의 양을 조절하여 남기지 않으며 밥과 반찬을 편식하지 않고 골고루 먹을 수 있도록 지도한다.

- **유아들에게 식사 지도를 할 때는 참을성 있게 한다.**

  이 시기 유아들은 근육운동기관이 완전히 발달되지 않아 음식을 흘리거나 동작이 느릴 수가 있다. 그러므로 음식을 빨리 먹도록 강요하지 말고 유아의 신체기능과 이해력을 기준으로 연령과 능력에 맞게 지도해야 한다.

- **식사를 다 한 후에는 자기 자리를 스스로 정리하고, 이 닦기를 지도한다.**

- **음식을 준비해 준 분들에 대한 고마운 마음을 표현할 줄 알도록 지도한다.**

3. 낮잠 및 휴식 지도

영아와 마찬가지로 유아에게도 낮잠은 필요하다. 유아교육기관에서 장시간 생활하는 유아가 충분한 낮잠과 휴식을 취하지 못하면 쉽게 피로를 느끼고 짜증을 내는 경우가 있다. 또한 유아는 스스로 쉴 필요가 있다는 것을 알지 못하거나 쉬는 것을 잊으며 놀이하기도 하므로 일관성 있는 낮잠이나 휴식을 제공하여 유아의 건강을 지켜 줄 필요가 있다. 낮잠을 자지 않는 유아의 경우 자는 유아들을 방해하지 않는 범위 내에서 조용히 휴식을 취할 수 있도록 지도한다.

교사는 유아의 낮잠이나 휴식을 위해 교실 창문의 블라인드, 조명을 조절하여 낮잠을 자거나 휴식을 취할 수 있는 분위기를 만들어 준다. 개별 이불, 베개, 매트나 요를 준비하여 잠자는 시간이 안락하고 평안한 시간이 되도록 배려한다(변혜정 외, 2021).

유아가 잠자리에 들기 전 화장실에 다녀온 뒤 간편한 옷으로 갈아입고 자신의 요나 매트에 눕도록 한다. 이때, 여아와 남아를 구분하여 잠자리를 배치해 준다. 낮잠에서 깬 후에는 스스로 겉옷을 입고 이불과 베개를 정리하도록 지도한다(위영희 외, 2021).

낮잠 시간에 교사는 밀린 업무를 처리하는 경우가 있다. 그러나 낮잠 시간도 교육시간의 연장이므로(양옥승 외, 2022) 교사는 유아들이 낮잠을 자거나 휴식을 취하는 물리적 공간에서 오랫동안 자리를 비워서는 안된다.

이부자리 정리를 못하거나 자고 일어나서 짜증을 내는 경우 교사는 다음 〈표 8-4〉와 같이 대처할 수 있다.

〈표 8-4〉 **이부자리 정리와 낮잠 후 짜증을 낼 때 대처방법**

이부자리 정리를 못 할 때	
부적절한 대처방법	적절한 대처방법
• (유아가 이부자리 정리를 못하고 끙끙대고 있을 때) 자, 이제 네가 혼자 이불 정리해! 이제는 혼자 할 줄도 알아야지.	• 선생님이 좀 도와줄까? 이불을 선생님이 정리하고 베개와 인형은 채아가 정리하자! • 선생님이 이 쪽을 잡고 있을 테니까 채아가 한 쪽 끝을 잡고 둘이 함께 이불을 정리하자.
자고 일어나서 짜증 내는 경우	
부적절한 대처방법	적절한 대처방법
• 잘 잤으면 웃고 일어나야지. 왜 시끄럽게 울면서 짜증을 내는 거야?	• 무서운 꿈을 꾸었니? 괜찮아, 선생님이 옆에 있어 줄게. • 잘 잤니? 좀 더 잘래? 친구들이 아직 일어나지 않았으니 언어영역에서 책을 읽으면서 조금 기다려 주겠니?

출처: 변혜정 외(2021). 영유아 교수학습방법. pp.134~135. 일부 재구성.

4. 청결(위생) 지도

1) 손 씻기

2008년 10월 15일 UN에서는 '세계 손 씻기의 날'로 정하여, 간단한 손 씻기를 통해 감염병을 예방하자는 캠페인을 벌였다. 식중독, 아폴로 눈병, 독감, 농가진, 인후염, 설사 등은 손 씻기를 통해 예방할 수 있다. 따라서 교사는 유아에게 손 씻기를 일상에서 실천할 수 있도록 도와줌으로써 면역력을 증진시키고 질병에 감염될 위험성도 낮출 수 있다.

손을 씻을 때 주의해야 할 사항은 다음과 같다(임미혜, 2022).

- **손 소독제보다는 비누 사용하기**
  손 소독제를 너무 자주 쓰면 피부트러블을 일으켜 감염에 더 취약해질 수 있다.
- **먼저, 손 전체를 물로 적시기**
  세면기나 대야 등 고인 물보다 흐르는 물이 좋다.
- **수도꼭지를 잠그고 비누칠을 한 뒤 30초 이상 충분히 문질러 닦기**([그림 8-2] 참조)
- **종이타월 사용하기**
  여러 차례 사용한 수건은 눅눅해져 곰팡이나 세균이 번식할 우려가 있으므로 3번 정도만 사용한다.
- **손을 씻은 뒤 깨끗해진 손으로 수도꼭지와 문 손잡이를 만지면 다시 오염될 수 있으므로 종이타월 등으로 감싸는 것이 바람직하다.**

(1) 손 씻어야 하는 상황

교사가 손을 씻어야 하는 상황은 다음과 같다(보건복지부, 2020).

- 유아에게 음식을 먹이기 전(간식 및 점심 식사), 음식을 다루거나 먹고 마실 때
- 바깥놀이 후
- 변기 사용 후, 유아의 변기 사용을 도와준 후
- 기타
  - 투약을 하기 전(특히, 안약 투약 전)
  - 상처를 소독하거나 밴드를 붙이기 전
  - 애완동물을 만진 후
  - 쓰레기통을 만지거나 사용한 후
  - 콧물 등 신체 분비물을 만진 후
  - 손이 더러운 경우 등

유아는 다음과 같은 상황에서 손을 씻어야 한다(보건복지부, 2020).

- 유아가 음식을 먹기 전(점심 식사, 오전 · 오후 간식), 음식을 먹은 후
- 바깥놀이 후
- 대 · 소변 이후
- 기타
  - 손이 더러운 경우
  - 애완동물을 만진 후
  - 콧물 등 신체 분비물을 만진 후 등

(2) 손 씻기 지도방법

학기 초반에 대·소집단활동을 통해 유아에게 손을 씻어야 하는 이유와 구체적인 방법, 필요한 도구의 사용방법에 대해 정확히 알려 준다. 지도방법에 따라 즐거운 일이 되기도 하고 귀찮아 하는 일이 되기도 하므로 유아의 발달을 고려해서 유아용 비누, 수건 등을 준비해 준다. 손 씻는 방법을 그림으로 그려 화장실 안 세면대에 부착한다([그림 8-2]). 교사가 수시로 올바른 손 씻기의 모델링이 되어 주며 적극적인 상호작용을 통해 유아가 손 씻기를 할 수 있도록 격려한다.

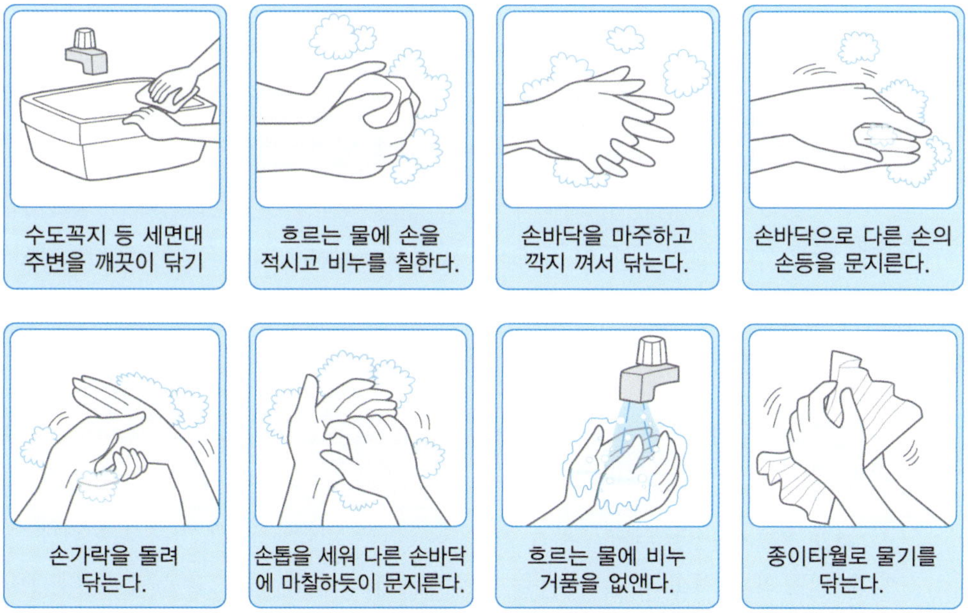

[그림 8-2] 손 씻는 방법

2) 이 닦기(양치하기)

만 3~5세 유아는 20개의 완전한 젖니를 가지게 되므로 칫솔질에 익숙해지도록 지도한다. 유아교육기관에서는 일반적으로 점심 식사 후 이를 닦는데, 손 씻기보다 더 정교한 기술을 필요로 하기 때문에 학기 초부터 양치 방법에 대해 적극적으로 지도할 필요가 있다. 또한 유아들이 이를 닦고 난 뒤 교사가 한번 더 구석구석 닦아서 마무리해주어야 한다. 더불어 안전사고 예방을 위해 여러 유아가 칫솔을 들거나, 입에 물고 뛰어 다니지 않도록 유의해야 한다(신혜원 외, 2022).

올바른 이 닦는 방법은 다음과 같다(임미혜 외, 2018).

- 이와 잇몸이 접하는 곳에서 칫솔모를 45° 각도로 향하게 한다.
- 이와 잇몸이 접하는 곳에 칫솔모를 놓고 짧게 회전식으로 이의 안과 밖을 닦는다. 즉, 윗니는 위에서 아래로, 아랫니는 아래에서 위로 손목을 돌려 칫솔의 탄력을 이용하여 털어 내듯이 닦으며, 잇몸도 닦는다.
- 음식 씹는 면을 닦는다.
- 혓바닥을 닦는다.
- 이를 닦는 일정한 순서를 각자 정하여 따르도록 돕는다. 예를 들어, 오른쪽 윗니의 안쪽 면 → 오른쪽 윗니의 바깥쪽 면 → 왼쪽 → 양쪽의 씹는 표면 → 혓바닥과 같은 순서를 따를 수도 있다. 또는 영유아의 이는 크기가 작으므로 아래 · 윗니를 맞물리게 하고 바깥쪽 면을 닦은 뒤 이의 안쪽 면을 닦을 수 있다. 이때 바깥쪽 면의 이는 칫솔을 둥글게 돌려가며 닦도록 한다.

5. 배변 지도

유아기는 스스로 배변활동을 할 수 있지만, 옷을 입고 벗거나 마무리하는 데 교사의 도움이 필요할 수 있다. 또한 놀이에 몰두하다 보면 가끔 배변 실수를 하는 경우도 있다. 따라서 교사는 전이활동 시간에 화장실에 갈 수 있도록 안내해 주어 모든 유아가 화징실을 이용할 수 있도록 한다. 만약 유아가 대소변을 실수했을 때는 교사는 유아를 혼내거나 수치심을 느끼지 않도록 배려하며, 친구가 보지 않는 곳에서 편안한 마음으로 씻고 학기 초에 유아교육기관에 갖다 놓은 여벌의 옷으로 갈아입는 등 뒤처리를 할 수 있도록 지원해야 한다.

화장실은 유아와 성인 등 여러 사람이 함께 이용하는 장소이므로 사회적 규칙을 지킬 수 있도록 안내해야 한다. 구체적 배변 지도 내용은 다음과 같다.

- 화장실 사용하기 전에 사람이 있는지 노크하여 확인할 것
- 줄을 서서 차례를 지켜 시용할 것
- 소변과 대변에 따라 적당량의 휴지를 사용하여 깨끗하게 용변 처리를 할 것
- 유아 스스로 옷을 벗고 화장실 사용 후 물 내리기와 손 씻기
- 소변을 보는 다른 유아를 뚫어지게 쳐다보거나 훔쳐보지 않기

6. 귀가 지도

귀가는 하루의 일과를 마무리하고 내일의 놀이에 대한 기대를 하며 행복하게 집으로 돌아갈 수 있는 시간이 되도록 한다. 귀가 시간 전 반 전체 유아가 모여 하루 활동에 대한 평가를 한다.

구체적인 교수-학습방법은 다음과 같다(양옥승 외, 2022 재인용).

- 한자리에 모여 하루 생활을 회상하는 시간을 갖는다. 하루를 지내면서 기분이 어땠는지, 기뻤던 일, 속상했던 일 등에 대해 질문하고 알아본다. 또한 놀이했던 것에 대한 소개시간을 가질 수도 있다.
- 다음 날 있을 활동에 대해 소개하기도 한다(예: 내일은 오늘 들려준 '아기돼지 삼형제'을 가지고 동극을 해 볼 거야).
- 일과에 대한 회상 및 내일 활동에 대한 소개 후, 귀가 노래를 부르고, 유아의 이름을 한 명씩 다정하게 불러 주며 인사를 나눈다.
- 유아가 개인준비(가방, 겉옷, 목도리, 신발 등)을 잘 챙겨 갈 수 있도록 빠진 것이 없는지 개인사물함을 살펴본다.
- 하원 시 귀가동의서에 적힌 보호자가 아닌 다른 보호자가 데리러 왔을 경우에는 반드시 보호자의 확인을 거친 후에 귀가시켜야 한다.
- 하원 시 학부모로부터 유아의 귀가 일정 변경에 대한 요청이 있었을 경우 차량 담당자에게 정확하게 전달한다.
- 유아들이 모두 귀가한 후에는 다음 날 일과를 위한 준비를 한다. 예를 들어, 놀잇감 세척, 실내 외 안전점검, 교실의 물품(휴지, 소독액, 수건 등) 점검, 일지

작성과 교육 계획안에 따른 자료 준비 등을 한다.

- 유아가 하루를 어떻게 보냈는지, 유아의 건강상태와 어떤 조치를 취했는지 다음과 같이 부모와 통화한다(임미혜, 2021 재인용).

> 예) "서준이가 오늘 기침을 자주 하고 누런 색의 코를 자주 흘렸어요"
> "채아가 오늘 11시경부터 38.5℃ 정도로 열이 있었어요. 그리고 힘이 없고 보통 때처럼 활발하게 놀지 않았어요"

> 예) "서준이가 아파서 많이 속상하시죠?"
> "우리 서준이는 지금 집에서 어떤가요?"
> "유치원(어린이집)에서 더욱 신경 써서 앞으로 더욱 건강하고 즐겁게 생활할 수 있도록 하겠습니다."

Chapter 09

유아 자유놀이에서의 교수-학습

1. 자유놀이의 교육적 의의
2. 놀이 지원 교수-학습방법
3. 놀이 평가

유아교육기관에서 유아의 일과는 놀이, 일상생활, 활동이 매일 반복된다. 놀이는 유아 자신이 하고 싶은 것을 자발적으로 즐기는 행위이다. 「2019 개정 누리과정」에서는 놀이를 유아가 흥미와 관심을 가지고 자발적으로 즐겁게 참여하며 배우는 과정이라고 보았다. 유아에게 놀이는 삶 자체이자 배움의 내용, 방식, 과정으로 매우 의미가 크다. 즉, 유아에게 놀이는 단순한 경험이 아니라 세상을 살아가며 만나는 수많은 문제를 해결하고 배워 가는 앎과 삶의 방식이다(교육부 외, 2019).

「2019 개정 누리과정」은 유아의 놀이를 강조하는 교육과정으로, 1일 4~5시간을 기준으로 편성하되 유아가 놀이를 통해 배울 수 있도록 하루 일과에서 바깥놀이를 포함해 2시간 정도의 충분한 놀이 시간을 계획하여 운영할 것을 제안하고 있다. 이는 유아들의 자발적이고 주도적인 놀이가 더욱 깊고 풍성해지기 위해서는 충분한 시간과 공간, 자료가 제공되어야 하기 때문이다(신혜원 외, 2022).

유아의 놀이는 유아의 일상에서 자연스럽게 나타나므로 놀이를 단순히 교육과정 내용을 잘 가르치기 위한 전략 또는 방법이라고 보기는 어렵다. 다시 말해, 놀이를 학습의 도구나 교사가 계획한 활동의 수단으로 국한해서는 안 된다(교육부 외, 2019a). 따라서 교사는 자유롭게 놀이할 수 있는 환경을 만들어 주고, 유아가 능동적으로 참여하고 주도적으로 세상을 탐색해 갈 수 있도록 지원하며 교사와 유아가 함께 즐기는 교육과정을 운영해야 한다(김진희, 강미영, 2021).

이 장에서는 자유놀이의 교육적 의의, 놀이 지원 방법에 대한 구체적인 교수-학습방법에 대해 살펴보고자 한다.

1. 자유놀이의 교육적 의의

자유놀이는 유아의 개별적인 흥미와 발달 정도, 욕구에 따라 스스로 하고 싶은 놀이를 선택하고 계획하여 놀이를 하고, 놀이에 대한 평가를 하는 활동을 말한다. 이를 통해 의사결정 능력, 자율성과 책임감, 타인에 대한 이해력, 문제해결 능력, 표현 능력, 창의성, 경험과 발견학습의 기회를 가지며, 구체적인 지식을 학습할 수 있다(손순복 외, 2020).

자유놀이의 교육적 의의를 구체적으로 살펴보면 다음과 같다(한혜경 외, 2022).

- 유아 개개인의 요구와 흥미, 능력에 적합한 주도적 개별활동이 가능하다. 스스로 선택한 활동을 계획하고 수행함으로써 능동적인 학습자로서의 태도를 경험한다.
- 다양한 방법의 놀이를 통해 경험을 반복하고 통합해 봄으로써 문제를 해결할 수 있는 창의적인 사고를 할 수 있다.
- 자신의 권리를 주장하면서 타인의 주장을 존중하고 감정과 행동을 조절하는 과정을 통해 다른 사람과 함께하는 의사소통 방법을 익힐 수 있다.
- 다른 유아들과 협동하는 등의 경험을 통해 인간관계를 학습할 수 있다.
- 기쁨을 경험하고 유아 스스로 지켜야 할 한계를 인식하고 행동할 수 있는 방법을 학습할 수 있는 기회를 가질 수 있다.

2. 놀이 지원 교수-학습방법

놀이를 지원하기 위해서 교사는 유아의 놀이, 일상생활, 활동으로 하루 일과를 계획하고, 특히 유아가 몰입하여 놀이할 수 있도록 놀이를 충분히 계획한다. 바깥놀이를 포함한 놀이시간이 분절되지 않고 지속적으로 운영될 때 유아는 놀이에 몰입하면서 의미 있는 배움의 기회를 가질 수 있다. 그러므로 유아들이 놀이의 흐름이 끊어지지 않고 충분히 놀았다고 느낄 수 있도록 놀이시간을 편성한다(교육부 외, 2019c).

「2019 개정 누리과정」에서는 놀이운영 시 교사가 유아의 흥미와 관심, 개별 특성을 존중하며 유아의 다양한 놀이와 경험을 지원할 수 있도록 공간 구성, 자료와 시간 조직, 상호작용에 있어 교사의 자율성을 강조하고 있다(교육부 외, 2019a).

유아의 놀이를 지원하기 위해서는 교사가 놀이를 이끌어 가려는 시도를 멈추고 교실 전체의 상황과 놀이의 흐름, 개별 유아의 관심과 흥미를 관찰해 보는 것이 중요하다. 유아의 놀이를 유심히 들여다봄으로써 교사는 유아들의 특별한 관심과 흥미, 좋아하는 놀이, 실제적인 경험이 놀이를 통해 어떻게 표현되고 있는지 알게 되어 교사의 지원이 필요한 시점과 유아의 지원 요구를 파악할 수 있게 된다.

또한, 교사는 유아의 놀이가 배움으로 이어지도록 유아와 활발하게 상호작용(관찰하기, 함께 놀이하며 질문하기, 제안하기, 정서적 지원하기)하고, 유아가 자유롭고 주도적으로 놀이할 수 있는 교육 환경(시간, 공간, 자료)을 제공해야 한다. 놀이를 지원하는 다양한 교사의 역할은 [그림 9-1]과 같다.

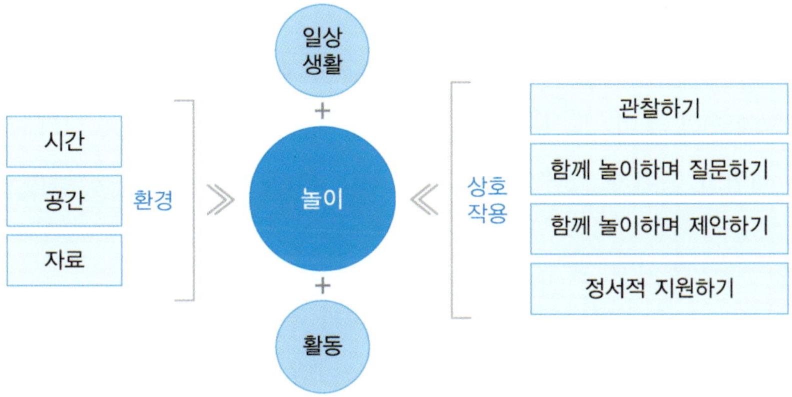

[그림 9-1] 놀이를 지원하는 교사의 역할

출처: 교육부, 보건복지부(2020). 놀이를 지원하는 교사의 역할. p.9.

1) 놀이 공간 구성

유아는 놀이를 통해 하나의 공간을 자신들의 놀이에 적합한 공간으로 새로운 목적을 부여하여 사용하기도 하고 놀이할 공간을 스스로 찾아내거나 만들기도 하고, 공간과 공간을 연결하여 새로운 놀이로 확장하기도 한다. 이에 교사는 유아의 놀이를 지켜보면서 유아의 놀이를 방해하는 요소가 무엇인지를 관찰하고, 유아의 의견을 반영하여 놀이 공간을 구성하고 운영해 나가는 자율성을 가진다.

놀이 공간 구성 방법은 다음과 같다(교육부 외, 2019b).

- **놀이 공간을 넓히고 융통성 있게 배치해 보기**

  교실 내에 반드시 배치되어야 하는 흥미영역이 정해져 있는 것이 아니므로 유아의 흥미와 놀이에 따라 확장 또는 축소, 구석진 곳이나 조용한 곳에 옮겨 주기도 하고, 놀이가 서로 연결될 수 있도록 가까이에 배치해 주기도 하는 등 자율성을 발휘해 본다.

• **유아에게 공간 배치의 주도권 주어 보기**

교사 외에 유아에게 자연스럽게 유아 스스로 놀이 공간을 배치하거나 변경하도록 지원하다 보면 유아도 교실이 자신의 공간이라고 생각하게 된다. 이때 다수와 개인의 놀이가 고루 존중되는 교실의 문화를 만드는 것이 좋다.

• **다른 놀이 공간을 찾아 보기**

유아는 스스로 찾아낸 공간, 놀이를 하다가 우연히 발견한 공간을 더 좋아하고 애착을 갖는다. 교사는 교실이나 실외 놀이터 외에 복도, 현관 입구, 교실과 교실 사이의 공유 공간, 계단 밑 등도 안전하다면 유아의 놀이 공간으로 허용할 수 있다. 단, 교사는 각 공간의 위험요소를 사전에 점검하고, 위험요소를 치우거나 안전하게 처리한 후 유아와 함께 안전에 유의할 수 있는 방법 및 공간을 활용할 수 있는 방법에 대해 함께 의논한다. 비상구나 비상계단 등 비상시 대피경로에 놀잇감이나 자료장을 배치하지 않도록 주의한다.

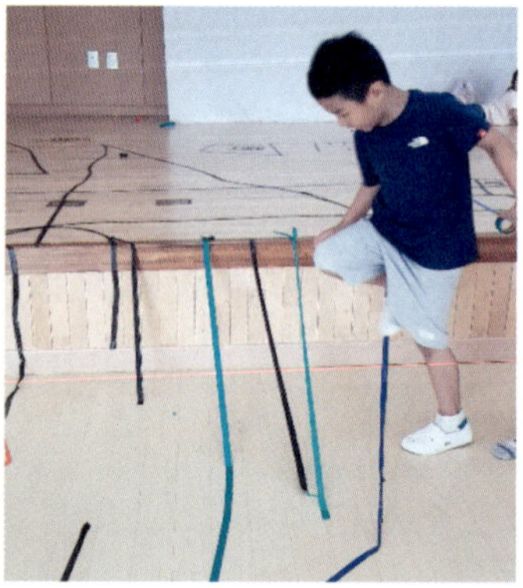

계단이나 강당 등의 공간은 이동 및 공유의 공간이기도 하지만 때로는 유아들에게 공간에 대한 새로운 시각과 특별한 놀이경험을 제공하는 공간이 될 수도 있다.

출처: 교육부 외(2019b). 2019 개정누리과정 놀이실행자료. p.37.

2) 놀이자료 제공

유아에게 자료는 세상을 만나고 자신의 감정과 생각을 표상하는 매개이다. 유아는 다양한 놀이자료를 풍부하게 사용하고 자신만의 방식으로 재창조하는 과정을 통해서 사물에 대한 탐색, 심미적인 경험, 또래와의 상호작용, 성취감 등을 얻을 수 있다.

놀이방법이 이미 정형화되어 있거나 특별한 교육적 목표를 가진 자료를 교사가 제공하더라도 유아는 다른 방식으로 놀이할 수 있다. 유아의 배움은 이미 만들어진 놀잇감과 놀이방법을 통해서만 일어나는 것은 아니다. 교사가 제공한 놀잇감일지라도 자신만의 탐색방법이 허용되었을 때 배움이 일어난다. 그러므로 교사는 유아가 어떤 자료에 흥미를 갖고 탐색하고자 하며 놀이를 통해 새롭게 의미를 부여할 때 이를 수용해 주어야 한다. 유아에게 위험하거나 유해하지 않는 한 모든 자료가 놀이자료가 될 수 있다는 새로운 가치를 함께 실현하려는 열린 마음과 유아의 주도성을 인정해 주는 태도를 가지는 것이 필요하다. 놀이 지원을 위한 자료 제공 시 교사가 유의할 점은 다음과 같다(교육부 외, 2019b).

- **유아가 결정한 자료활용 방법을 격려하기**

  교사가 새로운 자료를 내어 줄 때는 일반적으로 어떤 의도나 기대를 가지게 된다. 그러나 유아가 자신만의 방식으로 자료를 해석하고 교사가 의도한 것과 다르게 자료를 활용할 수 있도록 하여 유아가 스스로 선택한 방법 속에서 배움이 일어나도록 지원한다.

교사는 집 꾸미는 자료로 천을 제공했는데 유아는 옷으로 입고 패션쇼 놀이하는 데 사용했다.

출처: 교육부 외(2019b). 2019 개정누리과정 놀이실행자료. p.39.

- **자연물이나 자연현상 및 다양한 일상의 사물을 놀이자료로 활용하기**

  유아는 바깥놀이를 하거나 주변의 숲을 산책하면서 곤충, 풀, 꽃 등의 자연물을 보고 만지고 냄새 맡으면서 발견의 즐거움, 색, 모양, 선, 질감과 같은 자연물의 속성과 아름다움에 대한 감성, 생명의 존귀함 등을 스스로 배운다. 빛과 그림자, 눈, 비, 구름 등과 같은 자연현상도 놀이의 매개 또는 주제가 될 수 있다.

한편, 유아는 일상의 물건을 놀이자료로 사용하면서 본래의 용도 외에 물질의 고유한 특성과 형태, 색, 질감 등 감각적 요소를 발견하게 된다. 교사는 상품화되거나 정형화된 놀잇감 이외에 다양한 열린 자료를 지원하도록 한다.

유아들은 재활용품을 활용하여 새로운 놀잇감을 만들어 놀이에 활용하였다.

출처: 교육부, 보건복지부(2019b). 2019 개정누리과정 놀이실행자료. p.41.

- **자료 없이 놀아 보기**

실내 · 실외에서 놀잇감이 없어도 자신의 몸으로 놀이를 할 수 있고 또 다른 유아와 만나 몸을 이용해 함께하는 놀이를 하기도 한다.

햇살 좋은 날 신나게 달리는 것만으로도 놀이는 시작될 수 있다.

출처: 교육부, 보건복지부(2019b). 2019 개정누리과정 놀이실행자료. p.42.

3) 유아와 활발하게 상호작용하기

유아는 놀이를 하면서 자연스럽게 또래 유아, 교사, 환경과 능동적으로 상호작용하고 이 과정에서 사물과 현상, 관계에 대해 배운다. 유아와 유아 간의 상호작용은 놀이하는 과정에서 끊임없이 일어난다.

「2019 개정 누리과정」에서 유아와 교사 간의 상호작용은 놀이의 시작과 지속, 새로운 놀이로의 전이와 확장, 마무리 등 놀이의 흐름을 관찰하고 유아의 흥미와 의도를 이해하는 과정에 기반해야 한다. 교사는 유아와 비언어적(예: 미소 짓기, 고개 끄덕이기 등), 언어적 방법으로 상호작용한다.

교사는 유아의 놀이에 대해 열린 태도를 갖고, 관찰하기, 질문하기, 제안하기, 함께 참여하기, 정서 지원하기와 같은 방법으로 유아와 상호작용하면서 놀이를 간접적 또는 직접적으로 지원한다. 교사의 상호작용은 놀이에 대한 흥미를 지속시키거나 놀이의 방해요소를 제거해 줌으로써 유아의 놀이에서 5개 영역의 내용에 해당하는 충분한 경험이 일어나도록 하는 데 초점을 둔다.

(1) 유아 놀이에 대해 열린 태도 갖기

열린 태도란 교사 자신이 유아의 놀이에 대해 아직 모르는 것이 있다는 것을 인정하고, 미처 예상하지 못한 부분이 발현될 때 수용하는 것을 의미한다. 이런 태도는 유아의 놀이에 의미나 방향을 교사의 의견이나 원하는 바에 제한시키지 않고 유아가 중심이 된 자유놀이 시간으로 운영할 수 있다(임부연 외, 2023).

(2) 유아의 놀이 관찰하고 기록하기

상호작용에 대해 교사들이 가지고 있는 오해 중 하나는 무조건 유아의 놀이에 개입을 하고 언어적인 상호작용을 해야 한다는 것이다. 그러나 유아와 함께 만들어 가는 교육과정을 운영하기 위해서는 유아와 유아의 놀이를 관찰하고 기록하며 이해하는 것이 중요하다. 유아의 일상과 놀이를 따라가며 남긴 기록은 유아 배움의 내용, 방식, 과정을 포함하며 교육과정이 어떻게 실행되었는지를 보여 준다. 이것이 교사의 교육적 행위이다.

유아의 놀이를 지원하기 위해서는 유아의 놀이에 즉각적으로 개입하기보다 유아의 놀이를 관심 있게 들여다보는 관찰부터 시작해야 한다. 관찰을 통해 유아의 놀이유형, 질, 패턴, 선호도, 환경 및 자료에 대한 반응, 기분상태, 궁금한 것 등을 주의 깊게 살피고 관찰함으로써 교사는 유아에게 배움이 일어나도록 상호작용하기에 적절한 순간과 방법을 결정할 수 있다.

또한 유아의 사회적 상호작용과 놀이성에 대한 분석과 평가를 위한 정보도 수집한다. 이렇게 수집된 정보는 유아의 전반적인 평가와 놀이의 흐름 및 확장을 위한 놀이 계획의 기초가 된다.

유아 놀이를 지켜보면서 다음 〈표 9-1〉과 같은 내용에 주목하여 관찰을 실시한다.

〈표 9-1〉 **관찰 내용**

유아의 일상과 놀이 관찰 내용	
유아가 즐기고 잘하는 것 놀이의 특성 흥미와 관심	친구 관계 놀이 시간의 지속과 단절 놀이를 이어 가기 위한 자료나 공간의 유아의 반응(시선, 표정, 몸짓, 말 등) 활용
유아와, 유아의 놀이 이해 내용	
놀이를 어떻게 만들고 이어 가는지 놀이에서 무엇을 경험하고 배우는지	어떻게 놀이하고 배우는지 무엇을, 어떻게 지원해 줄지

출처: 서울시육아종합지원센터(2022). 놀이관찰과 기록. p.3.

교사는 시간을 두고 충분히 주목하고 천천히 살피면서, 관찰할 자료를 남겨 두고 돌아 볼 필요가 있다고 느낄 때, 유아 이해 및 놀이 지원에 중요하고 의미 있다고 판단되는 자료를 선별하여 기록한다. 유아의 일상과 놀이를 관찰한 기록은 교육과정을 평가하는 교육일지, 다음 놀이계획을 반영하는 계획안, 유아발달을 담는 관찰일지, 놀이를 공유하는 매체(소식지, 게시물 등) 등에 다양하게 활용할 수 있다.

기록할 내용은 다음과 같다(임부연 외, 재인용 2023).

- 같은 자료를 어떻게 다르게 활용하여 놀이했는지?
- 누구와 놀이했는지?
- 놀이에 대해 어떠한 새로운 아이디어를 제시하였는지?
- 놀이 가운데 나타난 의미 있는 말은 무엇인지?
- 누가 놀이를 이끌었고, 누가 그것에 협력했는지?

유아 관찰에 기반한 놀이 기록의 예

놀이 시작과 동시에 수민이와 지은이는 아이스크림 마을을 어떻게 만들지에 대해 이야기를 나눴다. 전체적인 형태와 색의 사용, 각 공간의 쓰임 등에 대해 정하고 검정색 테이프로 전체적인 형태를 먼저 만들었다.

수민: "과자는 한 칸이 집이야. 가족들이 사는 집이니까 작게 만들어야 해. 그래야 아파트가 되거든."
지은: "그건 아니지 않아? 여기에다 해야지. 여기에 아파트를 하기로 했잖아."
수민: "그래도 과자에 작은 네모가 있으니까 더 아파트 같지 않아? 잘 봐. 여기 아이스크림 네모 칸 있지?"
(서로 마주 보며 침묵)
지은: "우리 계획이랑 달라지기는 하는데…. 그래. 과자가 더 아파트 같기는 하겠다. 그러면 여기는 빨간색 엘리베이터야. 초록색 말고."
수민: "알았어. 그렇게 하자."

수민이는 아이스크림 마을을 완성하기 위해 전체적인 건물의 형태, 위치와 방향에 대한 의미를 부여하며 놀이를 진행하였다. 지은이는 의견이 일치하지 않을 때는 자신의 생각을 먼저 이야기하기보다는 상대방의 이야기를 먼저 들어주는 모습을 관찰할 수 있었다. 수민이와 지은이는 맡은 공간에 대한 역할을 나누고 서로 의견을 물으며 공간을 구성해 나갔다.

출처: 교육부, 보건복지부(2019b). 2019 개정누리과정 놀이실행자료. p.109.

4) 유아의 놀이 따라가기

유아의 놀이를 따라간다는 것은 교사의 생각과 다르게 놀이가 흘러간다 할지라도 유아가 매 순간 무언가를 창조해 내는 가운데 있다는 것을 믿고 지켜보는 것을 의미한다. 놀이가 단순한 반복 그 이상임을 이해하고, 놀이가 충분히 무르익을 수 있도록 따라가면서 놀이의 의미를 발견하고 노력하는 것이 필요하다.

5) 유아들의 놀이에 동참하기

유아와 동등한 관계에서 함께 놀이에 참여하고 놀이를 즐기는 역할로 함께 주도권을 나누며 서로 존중하는 형태의 역할을 하는 것이다. 교사는 유아와 함께 놀면서 여러 가지 기술과 의사소통 방법 등에서 좋은 모델링이 될 수 있다.

꽃가게를 구성하는 놀이에 교사가 함께 참여함으로써 꽃을 만드는 방법을 활발하게 의논하는 계기가 되었다.

출처: 교육부 외(2019b). 2019 개정누리과정 놀이실행자료. p.48.

6) 제안하기

교사는 유아의 놀이를 지원하기 위해 제안할 수 있다. 현재 진행 중인 놀이가 잘 지속될 수 있도록 공간, 자료, 시간 등의 측면에서 무엇을 어떻게 지원하는 것이 좋을지 고민하고 제안하며, 유아가 교사의 지원을 어떻게 받아들이는지 살펴보고 추후 지원에 반영할 필요가 있다.

또한 안전이나 교육적 가치에 기반을 두고 제안할 수도 있다. 예를 들면, 함께 놀이하면서 지켜야 하는 약속과 규칙이 있을 때, 교사가 일방적으로 정하고 알려 주기보다 유아가 규칙의 필요성을 느끼면서 적절한 규칙을 만들어 보도록 제안할 수 있다. "다른 친구에게 방해되지 않으려면 어떻게 하면 좋을까?", "교실에서 던지며 놀면 부딪힐 수도 있으니까 어떻게 하면 좋을까?" 등이다.

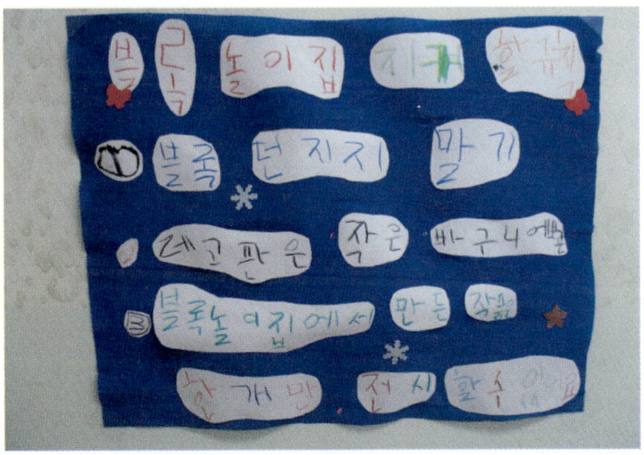

유아들이 놀이하면서 규칙이 필요할 경우에는 스스로 규칙을 만들었다.

출처: 교육부 외(2019b). 2019 개정누리과정 놀이실행자료. p.47.

7) 질문하기

유아는 놀이하면서 끊임없이 "왜?", "어떻게?"와 같은 내면적 질문을 만나고 스스로 해답을 찾기 위해 놀이에 몰입한다. 교사는 유아의 관심과 흥미를 알아내기 위해서보다는 유아의 생각이 유연하게 흐르도록 돕기 위해서 질문하는 것이 좋다. 교사의 질문이 즐거운 대화의 방식으로 이루어질 때 유아의 사고가 확장되고 스스로 새로운 문제를 찾아낼 수 있게 된다. "이것은 무엇이니?", "어떻게 할 거니?"와 같이 교사가 기대하는 답을 염두에 둔 질문보다는 "선생님은 이런 생각이 드는데, 너는 어떻게 생각해?", "그것도 좋은 방법인데 무겁진 않을까?"와 같이 유아와 능동적으로 생각을 나눌 수 있는 질문이 바람직하다. 이러한 질문은 유아로 하여금 보다 높은 수준으로 사고할 수 있도록 유도하며 새로운 상상을 놀이로 구현하게 하고, 다시 문제를 발견하고 해결해 가는 선순환의 구조를 만드는 원동력이 된다.

멀리 날리기 시합하기

복도에서 블록 날리기 놀이를 제각기 하던 유아들은 점차 누가 더 멀리 날리는지 시합하는 것에 흥미를 보였다.

"어느 쪽이 더 멀리 가는지
시합해 보면 알지."
"내가 더 멀리 날릴 거야."

한 유아가 먼저 블록을 날리고 멀리 떨어진 블록을 다시 주워 왔다.
뒤이어 다른 유아가 블록을 멀리 날렸다.

"내가 더 멀리 날렸지?"
"아니지. 내 거가 더 멀리 갔어. 아까 나는 이만큼 왔잖아."
"아닌데. 잘못 본 거 같은데?"
"선생님, 내 거가 더 멀리 갔는데 얘가 자꾸 자기가 더 멀리 갔대요.

〈교사의 놀이 지원: 질문하기〉

교사는 유아 간 갈등을 중재하면서 유아가 블록이 날아간 거리를 비교, 측정하는 것이 수학적 경험을 하기에 교육적으로 적절한 순간이라 생각하였다.
유아가 블록이 날아간 거리를 비교할 수 있도록 기록하고 측정하는 방법에 대해 질문하였다.

"날아간 블록을 그냥 가져와 버리면, 얼마나 멀리 날렸는지 알 수 있을까?"
"정확하게 기억하려면 어떻게 해야 할까?"
"바닥에 어떻게 표시하면 좋을까?"
유아는 자신의 이름을 적어 와서 블록이 떨어진 곳에 놓고 블록을 되가져 오는 방법으로 시합을 진행하였다.

출처: 교육부(2019b). 2019 개정누리과정 놀이실행자료. p.141.

8) 정서적으로 지원하기

유아의 놀이를 관찰하면서 교사는 유아가 놀이를 통해 성취감을 경험할 수 있도록 긍정적인 정서 지원(예: 미소, 끄덕거림, 공감하는 표정)을 해 줄 수 있다. "그렇게 만들 생각을 하다니 놀랍구나."와 같은 감탄, "큰 것부터 쌓는구나. 그래, 이번에는 무너지지 않을 거야."와 같은 격려 등의 언어적 상호작용도 유아의 정서를 지원해 주는 좋은 방법이다. 교사가 유아의 놀이에 긍정적인 지원을 함으로써 유아는 존중받는 느낌을 받게 되고 새로운 놀이를 좀 더 주도적으로 지속할 수 있다.

교사는 유아가 놀이하는 과정에서 느끼는 좌절감, 걱정, 불안 등의 부정적인 정서에도 관심을 기울여 위로와 격려를 해 주어야 한다. 이를 통해 유아는 존중받고 있음을 느끼고 새로운 놀이를 시도할 수 있게 된다.

목표물 맞추기 시합하기

복도에서 자유롭게 지렛대로 블록 날리기 놀이를 하다가, 유아가 날린 블록이 복도 한쪽으로 치워 두었던 공동작품 나무에 우연히 맞았다.

(교사의 눈치를 보며) "야, 그걸 맞추면 어떡해…."

교사는 미소 지으며 공동작품 나무를 복도 가운데로 옮겨 주었다. 유아들의 놀이는 나무에 블록 맞추기 시합으로 이어져 나갔다. 다른 유아들도 관심을 가지며 점차 많은 수의 유아가 복도로 나오기 시작하였다.

〈교사의 놀이 지원: 정서적 지원〉

공동작품에 유아가 블록을 날려 맞춘 상황에서 교사는 유아의 행동을 제한하거나 나무라지 않고, 재미있는 놀이로 이어갈 수 있을 것이라 판단하여 공동작품 나무를 복도 중앙으로 옮겨 주었다.

출처: 교육부(2019b). 2019 개정누리과정 놀이실행자료. p.142.

3. 놀이 평가

유아 놀이에 대한 평가는 일상생활 및 놀이 과정에서 이루어질 수 있다. 유아의 놀이에 대한 기록(예: 계획안 또는 일지에 기록한 유아들의 실제 놀이 모습, 유아의 놀이결과물, 작품, 사진이나 동영상 등)을 통해 유아의 흥미와 관심, 놀이 선호, 또래와의 상호작용 등 유아의 특성과 변화 정도를 평가할 수 있다. 이때 누리과정 5개 영역의 내용이 놀이에서 어떻게 경험되고 어떤 배움이 일어났는지 살펴본 후 이를 추후 놀이 지원에 반영할 수 있도록 한다.

놀이 평가 시 고려해야 할 사항은 다음과 같다(임부연 외, 2023 재인용).

- 영유아 놀이에 대한 기록을 기반으로 평가한다. 기록 자료는 영유아 놀이모습을 담은 계획안이나 일지, 놀이 결과물, 작품, 사진, 동영상, 메모지 등을 다양하게 활용한다.
- 영유아의 흥미와 관심, 놀이 선호, 또래와의 상호작용 등의 변화 정도를 평가한다.
- 누리과정 5개 영역의 내용이 어떻게 경험되고 어떤 배움이 일어나는지 살펴본다. 이때, 5개 영역 59개 내용을 성취 기준으로 잘못 인식하여, 영유아의 놀이에서 59개 내용이 나타나는지의 여부만을 체크하지 않도록 한다.
- 평가는 단순하게 영유아의 놀이 상황을 적는 것이 아니라, 영유아의 배움에 대한 교사의 이해와 해석이 포함되어야 한다. 놀이의 의미를 찾기 위해서는 영유아가 놀이하는 하나의 장면만을 보고 판단해서는 안 되며, 영유아들이 구성하고 만들어 내는 놀이의 흐름을 보고 그 총체적 의미를 읽어야 한다.
- 교사는 영유아가 사회적 존재임을 기억한다. 개별 영유아의 발달 정도를 평가하기보다는 또래, 교사, 환경과의 관계 속에서 평가하도록 한다.

다음은 유아관찰 내용과 누리과정 운영 평가를 함께 기록한 예이다.

유아관찰 내용과 누리과정 운영 평가를 함께 기록한 예

일시	년 월 주
유아 놀이관찰 내용	 주현이가 봄나물로 가방을 만들었다. 서진: 이거 가방! 가방이야 가방! 서진이 거야. 주현: 서진아 너도 만들래? 주현이가 서진이에게 지퍼백을 준다. 서진이가 가방 만들기를 어려워하자 주현이, 교사가 도움을 주어 완성한다. 가방이 완성되자 서진이는 주현이에게 가방을 보여 준다. 교사: 이거 가방이야. 서진: 이거 가방이야. 교사는 서진이가 주현이에게 언어로 표현할 수 있도록 지원한다.
누리과정 운영평가	• 친구의 놀이를 관심 있게 지켜보는 장애 유아를 관찰하던 중, 일반 유아가 장애 유아의 놀이참여를 유도하는 상호작용이 일어났고, 긍정적인 통합놀이의 모습을 관찰할 수 있었음 • 장애 유아가 어려워하는 부분에 대해서는 교사가 신체적 촉진, 언어적 모델링 등을 통해 지속적인 놀이지원을 하였음 • 놀이전반에서 장애 유아와 일반 유아의 놀이가 즐겁게 이루어졌으며 친구의 이야기에 집중하고 모방하여 표현하는 장애 유아를 관찰할 수 있었음 • 바깥놀이에서 할 수 있는 통합활동을 계획해 보고자 함

출처: 교육부 외(2019b). 2019 개정누리과정 놀이실행자료. p.65.

Chapter 10

유아 대·소집단 활동과 교수-학습

1. 이야기 나누기
2. 동화
3. 동시
4. 동극
5. 노래
6. 음악감상
7. 동작 활동
8. 미술
9. 게임
10. 요리

집단활동은 대집단 또는 소집단으로 나누어 교사에 의해 다양한 단위 활동 형태로 이루어지는 활동을 의미한다. 대집단 활동은 한 반 유아를 모두 함께 한 집단으로 모아서 주로 출결 상황, 날씨의 변화, 한 주간 또는 하루 일과 계획 또는 이야기 나누기, 동화 듣기, 노래 부르기, 음악감상, 게임, 신체활동, 일과평가 및 귀가 지도 등의 활동을 진행하는 것이다. 이는 유아교육기관의 주요 활동으로 교사의 교수 능력이 가장 잘 드러나는 활동이며, 자유놀이에 비해 교사 주도적인 활동이다. 그러나 교사의 운영방법에 따라 교사와 유아 둘 다 주도적인 활동으로 이루어질 수 있다.

한편, 소집단 활동은 한 학급을 2~4개의 작은 집단으로 나누어 교사 대 유아의 비율을 낮추거나 유아 대 유아의 수를 낮추어 진행하는 활동으로 토의, 실험 및 관찰, 조형 활동, 요리 활동 등이 있다. 소집단 활동에서는 유아들이 보다 적극적으로, 주도적으로 수업에 참여함으로써 보다 의미 있는 또래와의 상호작용이 일어날 수 있다(김정원, 김유정, 이효정, 2022). 교육활동의 집단크기는 유아의 연령, 생활주제, 활동의 종류 등에 따라 결정한다.

이 장에서는 일반적으로 대 · 소집단으로 이루어질 수 있는 활동인 이야기 나누기, 동화, 동시, 동극, 노래, 음악감상, 신체표현, 미술, 게임, 요리 등 교수방법에 대해 살펴보고자 한다.

1. 이야기 나누기

1) 교육적 의의

이야기 나누기는 교사와 유아가 함께 모여 하나의 이야깃거리에 대해 정보를 공유하고, 의견을 나누는 시간이다. 즉, 하루 일과 계획, 계절의 변화나 날씨, 출결 사항, 일일 교육주제, 유아의 경험이나 소개할 물건, 특정 주제에 대한 토의, 평가에 대한 서로의 생각 등을 말하는 시간이다. 교사가 유아에게 다양한 주제와 관련된 지식과 정보를 직 · 간접적으로 전달하기도 하며 유아들과 함께 지식과 경험을 나누고 공유할 수 있는 교육적 기회로 활용하기도 한다.

이야기 나누기는 자신의 생각이나 느낌을 표현하며 의사결정 과정에 참여하게 된다는 점에서 교육적 의의가 크다. 그러나 교사가 설명식 수업으로 이끌어 가면 유아들은 금세 지루해 하고, 교사는 준비한 내용을 전달하기에 급급해져 의도와는 달리 경직된 시간으로 운영될 소지가 크다. 그러므로 이야기 나누기 시간이 유아의 이야기에 귀 기울이며, 교사와 유아 간의 상호작용이 이루어질 수 있는 역동적인 시간이 되도록 해야 한다.

2) 이야기 나누기의 내용

이야기 나누기 시간은 다음 [그림 10-1]과 같이 다양한 내용으로 이루어질 수 있다(양옥승 외, 2022 재인용).

인사하기 및 출 · 결석 알아보기	날짜와 요일, 날씨 알아보기	하루 일과 계획 하기와 돌아보기	교실에서 이루어지는 자유놀이에 대해 공유하기
주제와 관련된 이야기 나누기	경험 나누기	새소식이나 구체물 소개하기	토의하기

[그림 10-1] 이야기 나누기 내용의 예

(1) 인사하기 및 출 · 결석 알아보기

유아가 등원 후 개별 혹은 대집단으로 인사를 하고 이름을 부르면서 유아에게 관심을 보여 주는 시간이다. 출석을 부르는 방법으로 교사가 유아의 이름을 한 명씩 부르거나, 출석판을 이용하거나 이름표를 가지고 친구를 찾아보는 등 다양하게 할 수 있다.

(2) 날짜와 요일, 날씨 알아보기

날짜판, 날씨판, 달력을 이용하여 날짜와 요일, 날씨 등에 관해 이야기 나누기를 할 수 있다. 날짜와 요일은 유아에게 어려운 개념이므로 생일이나 특별한 날과 연관하여 이야기를 나누어 볼 수 있다.

(3) 놀이 계획하기 및 평가하기

'놀이계획'은 등원 후 자유놀이 전에 유아가 실내 · 외 어떤 흥미 영역에서 놀이를 할 것인지를 계획하는 활동이다. 이때 새롭게 소개된 놀이와 기존에 진행되던 놀이, 본인이 생각한 놀이 등 어떤 흥미 영역에서 어떤 순서로 놀이할지에 대해 이야기를 나눈다.

자유놀이가 끝난 후 어떻게 놀이하였는지, 놀이할 때 어떤 일이 있었으며, 그때 느낀 감정과 놀이가 유지되고 확장되기 위해서 어떻게 놀이해야 하는지, 더 보완하고 개선해야 할 점은 무엇인지에 대해 이야기를 나눈다. 이런 과정을 통해 유아는 서로의 감정과 생각을 공유하고 자신과 다른 사람의 생각을 비교하고 차이를 인식하며 사고의 폭을 확장해 나가는 경험을 하게 된다(황현주 외, 2020).

(4) 주제에 따른 이야기 나누기

주제에 따른 이야기 나누기는 주간 교육계획안과 일일 교육계획안에 따라 진행되는 주제에 대해 유아들의 생각이나 의견을 나누고 특정한 사실이나 정보를 함께 공유할 수 있는 시간이다. 이때 교사는 유아에게 학습시켜야 하는 주제 관련 내용을 전달하는 것으로 그치지 말고, 유아들이 주제에 대해 가지고 있는 다양한 생각들을 말하고, 다른 유아들의 생각을 들어 보고, 서로의 생각을 조정하고 공유하는 데 중점을 두어 진행하는 것이 좋다.

다음 〈표 10-1〉은 '채소와 과일의 좋은 점 찾기'라는 주제로 이야기 나누기 활동의 예이다.

〈표 10-1〉 **이야기 나누기 활동의 예**

<table>
<tr><th>생활 주제</th><td>건강과 안전</td><th>주제</th><td>채소와 과일을 먹어요</td><th>소주제</th><td>채소와 과일의 좋은 점</td></tr>
<tr><th>활동명</th><td colspan="5">채소와 과일의 좋은 점 찾기</td></tr>
<tr><th>목표</th><td colspan="5">1. 채소와 과일을 먹으면 좋은 점을 말할 수 있다.
2. 채소와 과일을 골고루 먹으려는 태도를 가진다.</td></tr>
<tr><th>활동 자료</th><td colspan="5">색깔별 채소와 과일 그림자료 및 글자카드</td></tr>
<tr><th>활동내용</th><td colspan="5">교사: 지금부터 선생님이 수수께끼를 낼 거에요. 선생님이 말하는 질문을 잘 듣고 어떤 채소와 과일인지 알아맞춰 보아요. 나는 빨간색이고 케첩으로 만들어 먹기도 해요. 그리고 주스로도 변신해요.
유아: 토마토에요.
교사: 나는 주황색이고 씹으면 아삭아삭 소리가 나요. 그리고 토끼가 가장 좋아해요.
유아: 당근이에요.
교사: 와~ 잘 맞췄어요. 우리 친구들은 어떤 채소와 과일을 좋아하나요?
유아: 사과, 딸기, 포도, 오이, 감자요!
교사: 그러면 이런 채소와 과일을 많이 먹으면 어떤 점이 좋을까요?
유아: 건강해져요, 튼튼해져요.
교사: 네, 그래요. 그럼 오늘은 선생님과 함께 채소와 과일을 먹으면 좋은 점에 대해 이야기해 봐요. 채소와 과일의 좋은 점을 알고 나면 잘 먹을 수 있겠어요?
유아: 네~
교사: 선생님이 나눠 준 활동지를 다 같이 볼까요? 여기 알록달록 무지개색으로 나눠진 여러 가지 채소와 과일이 있어요. 다 같이 그림을 보면서 어떤 채소와 과일인지 말해 보아요. 제일 처음에 나오는 색은 빨간색이네요. 빨간색 과일과 채소에는 어떤 것이 있을까요?
유아: 토마토, 사과, 딸기요.
교사: 네, 맞아요. 여기에서 백설공주가 먹고 쓰러진 독이 든 빨간 과일은 무엇일까요?
유아: 사과요.
교사: 주황색 과일과 채소에는 어떤 것이 있을까요?
유아: 당근, 귤, 감이요.
교사: 네, 여기에서 토끼가 좋아하고 씹으면 아삭아삭한 소리가 나는 주황색 채소는 무엇일까요?
유아: 당근이에요!
교사: 네, 당근이죠. 다음으로 초록색 과일과 채소에는 어떤 것이 있을까요?
유아: 브로콜리, 오이, 시금치요.
교사: 친구들, 브로콜리는 무슨 모양으로 보여요?</td></tr>
</table>

유아: 나무모양이요, 파마머리 같아요.
교사: 네, 브로콜리는 마치 작은 나무 같아 보이기도 하고, 뽀글뽀글한 파마머리 같기도 해요. 그럼, 보라색 채소와 과일은 어떤 것들이 있죠?
유아: 가지, 포도, 블루베리요.
교사: 여기에서 매끈매끈한 몸에 초록색 꼭지를 가진, 말캉말캉한 보라색 채소는 무엇일까요?
유아: 가지요!
교사: 네, 가지에요. 그러면 많이 먹으면 눈에 좋은 보라색 과일은 무엇일까요?
유아: 블루베리요!
교사: 네, 맞아요. 블루베리에요. 마지막으로 흰색 채소와 과일은 어떤 것들이 있죠?
유아: 양파, 버섯, 배추요.
교사: 여러 겹으로 쌓여 있고, 껍질을 까면 매워서 눈물이 나는 흰색 채소는 무엇일까요?
유아: 양파에요
교사: 네, 양파에요. 이제 마지막 문제를 선생님이 물어볼께요. 다 같이 대답해 보아요. 이 흰색 채소로 김치를 만들어요. 이 채소는 무엇일까요?
유아: 배추, 무에요!
교사: 네, 그래요. 배추로 김치를 만들고, 무로 깍두기를 만들죠. 이번에는 선생님이랑 여러 가지 색깔의 채소와 과일을 골고루 먹으면 어떤 점이 좋을까요?
유아: 튼튼해져요.
교사: 잘 알고 있군요. 먼저 채소와 과일을 많이 먹으면 병균과 싸워서 이기는 힘이 길러져서 감기 같은 병에 잘 걸리지 않게 돼요. 또 채소와 과일을 먹으면 우리 몸이 어떻게 될까요?
유아: 눈이 좋아져요. 피부가 좋아져요.
교사: 네, 채소와 과일에는 비타민이 들어 있어서 많이 먹으면 눈이 건강해지고, 피부도 매끈해져요. 친구들 오늘 아침에 똥 누었나요? 어떤 색깔 똥 눴어요?
유아: 검은색이요. 갈색이요.
교사: 네, 검은색도 있고 갈색도 있네요. 그런데 건강한 똥은 황금색이예요. 황금색똥을 누기 위해서는 채소와 과일을 많이 먹어야 해요. 앞으로는 여러 가지 채소와 과일을 골고루 많이 먹어서 병균도 이기고, 눈도 건강해지고, 피부도 매끄러워지고 황금똥을 누도록 해요.
유아: 네!
교사: 그럼, 앞으로는 우리 건강에 좋은 채소와 과일을 골고루 먹도록 해요. 약속! 다음 시간은 간식시간이에요. 자기가 좋아하는 채소나 과일 그림카드를 붙이며 화장실에 다녀오도록 해요.

출처: 식품의약품안전처(2019). 어린이 식품안전 영양교육 지도서(만 3~5세).

(5) 경험 및 사물 소개하기

한 주가 시작되는 월요일에는 주말 동안 가정에서 무엇을 하며 어떻게 지냈는지를 소개하고 그 경험을 공유하는 '주말 지낸 이야기 나누기'를 할 수 있다. 이때, 유아가 자신의 경험을 소개함으로써 자신의 생각을 표현할 수 있는 유의미한 시간이 될 수 있다.

또한, 그 주에 전개되는 주제와 관련된 사물이나 책 등을 소개하는 시간인 '사물 소개하기'로 이야기를 나눌 수 있다. 이때 교사는 유아가 가져온 것이 무엇인지를 미리 파악하여 적절한 순서에 소개할 수 있도록 지도한다. 유아가 소개한 사물에 대해 또래 유아들이 궁금해하거나 질문하고 싶어 할 경우 질문을 받고 질문에 답을 할 수 있도록 도와준다. 이러한 상호작용이 자연스럽게 일어날 수 있도록 지도한다.

(6) 토의하기

유아반의 경우 또래 친구들과 함께 사이좋게 지내기 위한 교실에서 그리고 실내 자유놀이에서 서로 지켜야 할 약속이나 규칙이 있음을 안다. 이러한 규칙 등을 만들기 위해 서로 토의시간을 가지는 게 좋다. 이러한 교수-학습 상황이 '토의를 위한 이야기 나누기'이다. 연령이 높아질수록 유아는 자신의 생각과 아이디어를 제안하여 스스로 약속이나 규칙을 세우고 정할 수 있게 된다. 그리고 자신들이 만든 규칙이기 때문에 더욱 지키려고 노력한다. 따라서 교사는 유아 간 충분한 토의를 통해 유아들만의 약속을 정하고, 지킬 수 있도록 지도한다.

3) 교수-학습방법

- **집단크기:** 이야기 나누기의 주제나 내용에 따라 대집단 또는 소집단으로 집단 크기를 정한다.
- **장소 및 앉는 대형:** 이야기 나누기에 집중할 수 있도록 햇빛이 강하거나 어두운 장소는 피하고 조용한 곳을 선택한다. 유아와 교사, 유아와 유아가 서로 마주 볼 수 있는 원이나 반원 형태로 앉아 진행하고, 유아는 교실 출입구나 창문을 등지고 앉게 한다.
- **시간 배치:** 이야기 나누기의 주제나 상황에 따라 자유놀이 전이나, 일과 중, 귀가 전으로 융통성 있게 시간 배치를 한다.
- **다양한 교수 매체:** 유아들의 흥미나 이해 그리고 활발한 언어적 상호작용이 이루어질 수 있도록 주제와 관련 있는 실물이나 표본, 그림과 사진, 슬라이드, 동영상, 인형 등의 다양한 교수 매체를 활용한다.
- **교사의 언어 선택:** 교사는 유아의 발달과 이해 수준을 고려하여 바르고 정확한 발음과 고운 말로 천천히 이야기해야 한다. 최근 사용되고 있는 '헐', '대박' 등의 신조어를 사용하는 것은 지양한다.
- **교사의 발문:** 발문은 교수-학습 과정에서 사용하는 질문으로, 이는 평상시 질문과 구별되어 말하는 것이다. 질문은 유아가 모르거나 의심나는 것을 교사가 정보를 제공해 주는 것을 기대하면서 물어보는 것이라면, 발문은 유아의 사고를 자극하고 유지하며 발전시켜 나가기 위해 문제를 제기하는 것을 의미한다(신애선 외, 2022).

유아에게 단순한 질문이나 정답이나 반응이 제한되어 있는 폐쇄식 질문은 유아의 학습을 향상시키지 못할 뿐만 아니라 지루함과 사기 저하를 가져올 수 있다. 교사는 상황에 따라 다음 〈표 10-2〉와 같은 수렴적 발문과 발산적 질문을 적절히 혼합하여 활용하는 것이 좋다.

한편, 교사는 발문 후 유아에게 답을 재촉하지 말고 편안한 마음으로 자신의 지식, 생각, 의견을 제시할 수 있도록 충분히 생각할 시간과 여유를 주어야 한다. 또한 교사는 유아가 표현력이 부족하거나, 내성적이어서 큰 소리로 분명하게 말을 못하는 경우에도 주의를 기울여 잘 들어줘야 한다.

〈표 10-2〉 **발문 유형**

	발문의 분류		내용	예시
교수적 발문	폐쇄적 발문	인지·기억적 발문	인식, 기억, 회상 등으로 사실, 공식과 같은 것을 단순하게 회상하도록 요구하는 발문	• 애벌레가 자라면 무엇이 되지? • 비눗방울이 비눗물에서 점점 많이 생기는 것이 보이니? • 개미는 어디서 산다고 했니?
		수렴적 사고 발문	주어지거나 혹은 기억된 자료를 종합하고 적용하거나 연결, 분류, 구별, 결론과 같은 정신적 활동을 자극하려는 발문	• 우리가 조사한 것을 가장 잘 나타내려면 그래프나 그림 중 어떤 것이 좋을까? • 비눗물을 더 많이 저으면 비눗방울이 어떻게 변화되니? • 00과 △△의 다른 것과 같은 것에 대해 말해 보자.
	개방적 발문	확산적 사고 발문	창의적이고 상상적인 대답을 불러일으키도록 하는 발문	• 너는 왜 00가 △△보다 더 크게 될 것이라고 생각하니? • 얼음은 어떻게 하면 쉽게 녹일 수 있을까? • 쓰레기가 많아지면 어떻게 될까?
		평가적 사고 발문	판단, 가치 선택이 이루어지게 하며 자신의 반응을 정당화하는 것을 포함하는 발문	• 00가 △△보다 빨리 자라게 된 것은 어떤 이유일까? • 쓰레기를 줄이기 위해 우리가 할 수 있는 일은 무엇일까? • 왜 이런 결과가 나타날 거라고 생각하니?

출처: 신애선 외(2022). 영유아 교수-학습 방법. p.138. 일부 재구성.

이야기 나누기 진행 시 고려해야 할 점은 다음 〈표 10-3〉과 같다.

〈표 10-3〉 이야기 나누기 진행 시 고려할 점

- 유아들이 자유롭게 자신의 생각을 표현할 수 있는 수용적인 분위기를 제공한다. 교사는 유아의 반응에 "왜 그렇게 생각했니?"라고 질문하여 유아가 자신의 생각을 다양하게 표현하도록 한다.
- 자연스럽게 유아들의 어휘를 확장시켜 준다. 유아가 불완전하게 문장을 표현하거나 어휘를 사용했을 때 교사는 유아가 말하고자 하는 것을 이해하고 이를 표현할 수 있는 적합한 어휘를 자연스럽게 들려준다.
- 질문 후 유아가 답하기까지 충분한 시간을 준다.
- 교사는 유아의 이야기를 주의 깊게 들은 후 중요한 내용을 요약하여 들려준다. 이를 통해 유아는 자신이 한 이야기의 내용을 평가할 수 있다. 또한 유아는 교사가 정리하여 들려주는 말을 듣고 문장 표현력을 배울 수 있다.
- 유아가 교사의 질문에 대답하지 못할 때는 질문의 수준 또는 방향을 수정한다. 유아가 대답하지 못하거나 단순한 답을 되풀이할 때는 동일한 질문을 반복하기보다는 보다 쉬운 수준으로 질문을 하거나 구체적인 수준으로 다시 물어본다.
- 이야기 나누기 중간에 방해하는 유아가 있다면 교사는 이야기 나누기 시간에 지켜야 할 규칙을 상기하도록 돕는다.
- 진행되고 있는 주제와 상관없는 이야기를 하는 유아가 있을 경우에는 유아의 개인적 관심을 존중해 주고 원래의 대화 맥락을 이해하도록 돕는다.
- 유아들의 다양한 반응을 수용하고 골고루 참여할 수 있도록 배려한다.

출처: 서동미 외(2019). 영유아교수방법론. p.188.

2. 동화

1) 교육적 의의

동화는 어린이가 이해할 수 있는 언어를 사용하여 어린이의 심성, 생활, 성장 발달에 도움이 되는 내용과 정신적인 요소를 내포하고 있는 문학이다. 교사가 읽어 주는 이야기를 듣고, 눈으로 그림을 보면서 유아는 자신을 둘러싸고 있는 새로운 세계를 만나게 된다.

유아들은 동화를 통해서 글과 그림을 구분하게 되고 동화가 담고 있는 의미를 이해하며 문해력이 발달하고, 동화의 배경, 사건 전개와 인과관계를 통해 상상력이 발달된다. 동화 속에 등장하는 인물과 사건을 접하면서 감정이입, 공감 등 정서적 이해와 문제해결력도 길러진다(서동미 외, 2019).

2) 동화의 선정기준

유아에게 적절한 동화를 선정할 때는 유아의 언어발달을 고려하여야 한다. 동화 선정기준은 다음과 같다(양옥승 외, 2022).

- **이야기의 주제:** 유아의 주변 세계와 관련 있는 친숙한 이야기나 유아의 관심을 끌 수 있는 새로운 이야기를 선정한다.
- **이야기의 내용:** 유아에게 재미를 줄 수 있어야 하며, 유아가 이해하기 쉽고 간단하여야 한다.
- **동화의 구성:** 기승전결이 분명하고 논리적으로 명백해야 하며, 생동감이 있어야 한다.

- **언어, 문체:** 언어의 문체가 간결하여 유아의 언어적 · 인지적 발달 수준에 적합해야 한다.
- **그림:** 그림이 매력적이고 아름다움을 느낄 수 있어야 한다. 또한 이야기의 분위기를 반영할 수 있어야 하며, 내용을 이해할 수 있도록 표현되어야 한다.
- **고정관념:** 인종이나 성역할에 대한 고정관념을 담지 않아야 한다.

다음 [그림 10-2]는 유아에게 들려주기 적합한 동화의 예이다.

티머시 내프먼 지음(2021),
제제의숲.

진수경 지음(2019),
봄개울.

맥스 루카도 지음(2021), 고슴도치.

캐런 카츠 지음(2011). 보물창고.

[그림 10-2] 유아에게 들려주기 적합한 동화의 예

3) 교수-학습방법

동화를 선택하여 들려줄 때에는 유아가 동화의 내용을 잘 이해하고 동화에 흥미를 가지도록 선택한 동화에 가장 적합한 매체(〈표 10-4〉)를 선택해야 한다(이정환, 김희진, 2020).

〈표 10-4〉 **동화별 매체 종류**

매체 종류	구연 동화, 그림 동화, TV 동화, 융판 동화, 자석 동화, 막대 및 테이블 동화, 손인형 동화, 손가락 인형 동화, 줄인형 동화, 그림자 인형 동화, OHP 동화, 슬라이드, PPT 동화, 실물화상기 동화 등

동화의 내용을 효과적으로 전달하기 위해 교사는 동화를 들려주기 전에 미리 여러 번 읽어 동화의 내용과 흐름을 완전히 파악해 둔다. 또한 등장인물의 특징과 상황에 따라 다양한 목소리 톤이나 억양, 호흡의 길이 등을 연습해 둔다.

동화를 들려줄 때는 유아와 눈을 맞추며 표정을 살피고, 감정에 적절하게 반응해 준다. 동화를 읽어 줄 때 다음 〈표 10-5〉와 같은 점을 유의해야 한다(서동미 외, 2019: 이정환 외, 2020).

〈표 10-5〉 **동화를 읽어 줄 때 유의점**

교사 시선	모든 유아들에게 고루 시선을 주며 읽어 준다.
교사 언어	• 너무 속도가 빠르지 않게 읽어 준다. • 등장인물에 적합한 목소리 톤으로 들려주어 전달력을 높인다. • 정확한 발음으로 읽어 준다. • 간접화법보다 직접화법을 많이 사용한다.
상호작용	• 유아의 흥미를 끌고자 구연 중에 자꾸 질문을 하면 유아가 이야기의 흐름을 방해할 수 있으므로 하지 않는 것이 바람직하다. • 구연 중에 유아가 질문을 하는 경우에는 짧게 설명하고 넘어가거나 동화를 다 들은 후 질문을 하도록 한다.

동화를 들려주는 방법은 다음 〈표 10-6〉과 같다.

〈표 10-6〉 **동화 들려주기**

동화 소개하기: 동화의 내용이나 주제를 연상하는 수수께끼, 등장인물을 손인형이나 막대인형 등으로 소개하는 방법으로 흥미와 동기를 유발한다. "오늘은 ooo 그림동화를 들려주실 거에요. 잘 들어 보아요" 등으로 소개한다.

⬇

동화 들려주기: 유아와 시선을 맞추면서 유아가 동화에 집중할 수 있도록 등장인물에 따라 다양한 목소리로 재미있게 들려준다.

⬇

동화 회상하기: 그림 동화인 경우, 그림만 다시 보여 주거나, 테이블 동화 같은 경우에는 등장인물을 보여 주면서 어떤 내용이었는지 회상해 보도록 한다.
이때 스토리의 전개와 인과관계 등에 대한 이해를 돕기 위해 간단한 질문은 좋으나 줄거리를 암기하는 수준의 질문은 바람직하지 않다.
유아가 동화의 내용을 잘 알고 있다면 반드시 회상할 필요는 없다. 또한, 동화를 듣고 난 뒤 유아들이 "선생님, 동화를 들려주셔서 고맙습니다."라고 인사를 하게 할 수도 있다. 이것 역시 상황에 맞게 조절하는 것이 바람직하다.

⬇

평가 및 마무리: 동화의 내용보다 유아의 생각, 등장인물의 감정, 재미있고, 가장 기억에 남는 부분 또는 동화의 느낌과 생각을 중심으로 평가한다. 동화 감상 시 유아의 태도에 대해서도 평가해 보도록 한다.
그 외에도 신체표현, 유아에게 등장인물의 표정 따라 하기, 주인공에게 편지 쓰기, 동화의 단어로 끝말잇기, 의성어, 의태어 모으기, 동화 짓기, 동극 대본 작성하기 등 후속활동을 제공할 수도 있다.

3. 동시

1) 교육적 의의

동시는 시의 한 분야로서 유아의 심리와 감정을 제재로 성인이 유아를 위해 쓴 시를 말한다. 따라서 동시는 높은 문학성을 가지면서 독자인 유아가 이해할 수 있는 언어와 소박하고 단순한 사상, 감정을 담은 유아문학이다(강민정 외, 2021 재인용).

동시 감상을 통해 유아는, 첫째, 운율과 리듬감을 통해 언어에 대한 재미와 우리말의 아름다움 경험, 둘째, 유아 자신의 자연스러운 감정 표현, 셋째, 선택되고 정선된 시어를 통해 언어의 신비로운 기능 체득, 넷째, 동시의 비유적 언어, 함축적 언어표현, 리듬감이 유아의 감수성을 자극하여 사물과 사건에 대한 지각 확장, 마지막으로, 반복해서 여러 번 듣고 낭독하면서 동시에 나오는 단어에 주의집중하게 되고, 기억력이 증진될 수 있다(양옥승 외, 2022).

유아에게 들려줄 동시의 예는 다음 〈표 10-7〉과 같다.

〈표 10-7〉 동시의 예

〈보름달과 초승달〉 배고픈 토끼가 하늘에도 사나봐요. 낮에는 숨었다가 밤만 되면 야금야금 둥근 달 다 갉아먹고 손톱만큼 남았어요.

출처: 김진희 외(2021). 유아교과교육론. p.243.

2) 동시의 선정기준

동시를 선정할 때는 유아의 생활이나 경험을 포함한 친숙하며 공감을 줄 수 있는 내용으로, 의성어, 의태어가 있는 운율과 리듬이 반복되는 시가 좋다. 또한, 너무 길지 않아 암기하기 좋은 것, 상상력과 창의력을 발휘할 수 있는 것으로 한다. 좋은 동시를 선정할 때 고려할 점은 다음과 같다.

- 동시의 길이가 너무 길지 않고, 기억하기 좋은가?
- 유아의 경험과 현재 진행되고 있는 주제와 연관된 동시인가?
- 단어나 주요 구절이 반복되는 동시인가?
- 동시의 소재가 유아의 정서와 친숙하여 공감대를 형성할 수 있는가?
- 동적이고 분명한 묘사와 상상력을 자극할 수 있는 언어로 된 동시인가?

3) 교수-학습방법

교사가 동시만을 읊어 주어 유아가 듣기만 하면 어떤 내용인지 이해하지 못하는 경우가 많으므로 동시의 내용을 잘 표현하고 있는 그림, 사물의 모형, 입체물 등 적절한 매체를 제작하여 활용한다.

동시를 들려줄 때 교사는 바른 자세로 앉아 동시의 느낌을 자연스럽게 잘 전달할 수 있는 억양과 목소리로 읊어 준다. 동시의 제목과 지은이의 이름까지 소개해 준다.

동시를 위해 제작한 매체는 모든 유아가 자료를 잘 볼 수 있도록 자료의 높이를 조절해서 제시한다. 동시 자료가 그림일 때는 게시판이나 융판을 이용하여 제시하고 입체물일 경우에 직접 손으로 들어 무릎 등에 올려서 유아들이 잘 볼 수 있도록 조작한다.

한편, 동시 활동은 대·소집단 활동에서 교사가 동시를 낭송해 줄 수 있지만, 때로는 주의를 집중시키기 위해서나 쉬는 시간 또는 낮잠 시간에 반복해서 들려줌으로써 더욱 친근감을 갖도록 할 수 있다.

동시를 들려주는 방법은 다음 〈표 10-8〉과 같다.

〈표 10-8〉 **동시 들려주기**

동시 소개하기: 동시와 관련된 손유희, 수수께끼, 손인형, 퍼즐 등을 이용하여 유아의 흥미와 동기를 유발한다. "오늘은 ooo라는 동시를 들려주실 거에요."라고 소개한다.

⬇

동시 들려주기: 동시판을 활용하여 유아가 동시의 감성을 충분히 느낄 수 있도록 조금 느리고 자연스러운 목소리로 낭송한다. 동시에 따라 유아가 눈을 감고 들어 보게 할 수도 있다.

⬇

동시에 대한 느낌과 생각을 이야기 나누기: 동시의 느낌이나 분위기, 동시와 관련된 이미지, 낱말, 어휘 등에 대해 간단하게 이야기 나눈다. 예를 들어, "동시를 들어 보니 어떤 느낌이 들었니?", "무엇이 기억에 남니?", "토끼가 어디에 살고 있었니?", "혼자서 무엇을 먹었어?", "토끼가 낮에는 왜 숨었을까?", "밤에 동그란 달은 다 갉아먹으니 어떤 모양이 되었니" 등이다.

⬇

동시를 다시 한번 낭송하여 들려주기

⬇

동시를 부분으로 나누어 유아와 함께 낭송하기: 동시를 연이나 행으로 나누어 유아와 교대로 낭송해 본다. 의성어, 의태어 부분이나 유아가 원하는 부분의 행을 교사와 교대로 낭송해 본다. 동시 내용이 익숙해지면 유아와 유아가 교대로 낭송해 보게 한다.

↓

동시를 다시 한번 낭송하여 들려주기

↓

동시 전체를 유아와 함께 낭송하기: 처음부터 끝까지 전체적인 느낌이 살아날 수 있도록 낭송하며 감상한다. 동시를 낭송하면서 재미있는 표현이나 이해하지 못하는 낱말이나 어휘는 뜻을 알아본다.

↓

평가 및 마무리: 동시를 들으며 느낀 점, 재미있었던 표현이나 말, 새롭게 알게 된 사실들에 대해 평가해 보도록 한다. 예를 들어, "너희들은 동시에 나오는 동물 중 어느 동물을 가장 좋아하니? 그 이유는 무엇이니", "어떤 표현이 가장 재미있었어?", "동시를 짓는다면 너희들은 어느 동물에 대해 동시를 짓고 싶니?" 등이다.
동시를 언어영역에 지속적으로 제시하여 개별적으로 읊어 보게 하거나 다른 집단활동 시간에 동시 짓기를 해 볼 수 있다.

4. 동극

1) 교육적 의의

동극은 유아가 동화를 듣고 동화의 내용을 말과 몸짓을 이용하여 극으로 표현하는 활동이다. 유아는 동화에 등장하는 여러 인물의 역할을 해 봄으로써 다양한 사람들의 관점을 이해할 수 있으며 표현의 기쁨을 경험하고 감상의 즐거움도 느낄 수 있다. 또한 언어와 신체를 표현한 표현력과 역할에 따라 함께하며 협력하는 태도를 향상시킬 수 있다.

2) 동극 준비

(1) 동극을 위한 동화의 선정 시 고려할 점

동극을 하기에 적합한 동화는 계절이나 주제, 영유아의 흥미와 발달단계에 맞는 동화를 선정한다. 구체적인 사항은 다음과 같다(양옥승 외, 2022; 황현주 외, 2020).

- 이야기 길이가 짧고 반복되는 대화체로, 구성이 단순해야 한다.
- 전개과정이 명확하고 이야기의 내용이 쉽고, 반복적인 것이어야 한다.
- 이야기 속에 여러 명의 인물이 등장하여 다수의 유아가 참여할 수 있어야 한다.
- 역할을 행동으로 표현하기에 쉽고, 재미있는 행동표현을 할 수 있어야 한다.
- 결론이 명료하고 즐겁게 끝나는 것이어야 한다.
- 동화의 내용에 따라 전달매체와 전달방법이 적절해야 한다.
- 이야기의 배경이 너무 많거나 지나치게 넓은 공간을 필요로 하는 동화는 지양한다.

(2) 동화 각색 시 고려해야 할 점

유아가 동극을 하기 쉽도록 동화 내용을 대사 위주로 다음과 같은 점을 고려하여 각색한다(양옥승 외, 2022).

- 대사가 짧고 반복되도록 각색한다.
- 동화의 전개과정이 뚜렷하도록 각색한다.

- 동화의 절정이 단순하게 각색한다.
- 동화에 있는 설명 부분을 대화체로 바꾼다.
- 간접화법을 직접화법으로 바꾸도록 한다.
- 시간의 변화가 분명하게 나오도록 각색한다.
- 상황의 변화가 분명하게 나오도록 각색한다.
- 세밀한 언어로 묘사된 부분은 몸짓이나 동작표현을 이끌어 낼 수 있는 언어로 각색한다.

3) 교수-학습방법

동극활동의 진행과정을 이해하기 쉽게 정리하면 다음 [그림 10-3]과 같다.

[그림 10-3] 동극활동 진행과정

(1) 동화 들려주기

교사는 동화를 들려주기 전에 미리 유아들에게 동극을 하기 위한 것임을 알려서 동화를 들을 때 주의를 집중할 수 있도록 돕는다. 동화를 들려줄 때는 내용 전개나 등장인물에 따라 조금씩 다른 억양과 어조(큰 소리, 작은 소리, 빠르게, 천천히)로 표현한다. 이때 지나친 성대모사나 제스처는 유아들을 혼란스럽게 할 수 있으므로 주의해야 한다.

(2) 동화 회상하기 및 대본 구성하기

동화를 들려주고 난 뒤 동화의 내용을 회상해 보는 기회를 갖는다. 회상 시에는 전체 내용을 단순히 한 번 더 들려주는 것이 아니라 들은 이야기를 순서대로 이야기의 줄거리와 등장인물 사건의 순서 등을 고려한다. 유아가 이야기에 대사를 중심으로 큰 소리로 따라 읽기, 주고받으며 대화하기, 간단한 동작 등을 함께 해 보는 식으로 진행할 수 있다. 이와 더불어 교사는 동화의 내용을 대본으로 구성하는 과정에서 설명을 삭제하고 간접화법을 직접화법으로 수정한다.

(3) 유아들과 함께 무대 및 소품 구성하기

교사는 사전에 무대 장치를 어디에 어떻게 배치할 것인지 미리 생각해 놓은 상태에서 유아들과 의논하여 결정한다. 무대는 교실 안의 교구를 그대로 이용하거나 교사가 다양한 소품을 준비하여 무대를 구성해 볼 수도 있고([그림 10-4]), 유아들이 소집단으로 공동 작업을 통해 직접 만들어 꾸밀 수도 있다. 또한 공연에 필요한 소도구는 교실에 있는 자료를 미리 이용하여 준비하고, 적당한 소품이 없으면 동극 전 놀이 시간에 유아들과 협의하에 함께 제작해 본다. 기본적으로 모든 유아가 볼 수 있도록 무대는 가운데 정면으로 배치하며, 역할을 맡은 유아들이 기다리며 준비할 곳도 마련한다.

(4) 배역 선정 및 장소, 신호 등 약속 정하기

동극은 연기자, 연출자, 관객으로 구성되어 있음을 알고 상호협의 과정을 통해 역할을 정하도록 한다. 역할을 정할 때에는 교사뿐만 아니라 유아들도 추천할 수 있다. 교사들은 유아들이 여러 가지 배역에 골고루 참여할 수 있도록 배려한다. 이때 소극적이고 부끄러움이 많아 동극 활동에 참여하지 않으려는 행동을 보이는 유아가 있을 경우에는 무대의 배경 역할이나 작은 역할로 참여하여 만족감과 성취감을 느낄 수 있도록 배려한다. 또한 남녀 역할에 대한 편견을 없애고 흥미 있어 하는 인물이나 주인공은 마지막에 선정하는 것이 좋다. 동극에 필요한 해설자의 경우, 어린 유아들은 교사가 수행해 주지만, 동극에 익숙하고 글을 읽을 수 있는 연령의 유아들은 직접 해설자의 역할을 수행해 볼 수 있도록 배려한다.

역할이 정해지면, 동극에 필요한 장소(등장인물이 기다리는 곳, 입장과 퇴장하는 곳, 관객석 등)를 유아들과 의논하여 결정한다. 또한 동극의 시작과 끝을 알리는 신호 및 약속(관람태도, 동극 수행태도 등)을 정한다.

※ 주의점

- 유아들은 자신이 맡을 역할에 대해 스스로 대사를 연습해 본다. 이때 유아들에게 형식적인 연습을 요구하거나 대사를 암기하여 기억해 내도록 지나친 요구를 하지 않아야 한다.
- 소품은 동극을 하기 직전 나누어 주도록 한다.

[그림 10-4] 무대 구성과 동극 소품

출처: 김진희 외(2021). 유아교과교육론. p.203. p.205.

(5) 동극하기

한 집단이 동극을 상연할 때 다른 집단의 유아들은 관객이 되어 친구들의 동극하는 모습을 보고 즐기며 격려해 준다. 동극은 보통 소집단이나 중집단으로 수행하는 것이 바람직하며, 관객이라 할지라도 너무 오래 자신의 순서를 기다리며 다른 유아들의 동극을 관람하지 않도록 유의해야 한다. 따라서 두 집단이 한 번씩 번갈아 가며 동극을 하고, 관람을 해 보는 형태로 집단 구성을 고려해야 한다.

- 유아들이 약속된 자신의 자리로 이동한 후 동극의 시작을 알리는 해설과 함께 공연을 시작한다. "지금부터 '백설공주' 동극을 시작하겠습니다." 교사의 해설을 통해 유아들은 동극의 시작과 진행 상황, 종료 시점 등을 알 수 있다.
- 창의적 언어와 동작으로 동극을 한다. 동극을 하는 유아는 관객석을 등지고 할 경우 말소리나 얼굴 표정이 보이지 않으므로 정면을 보고 이야기하도록 한다.
- 연기 도중 대사가 막히거나 동작이 끊어졌을 경우, 교사는 원활한 극의 진행을 위해 해설자의 역할로 유아들이 자신이 맡은 연기의 순서와 행동, 대사를 표현하는 데 도움을 주고, 장면, 시간의 변화를 알려 주는 등 적절한 개입을 한다. 단, 유아의 행동 하나하나를 모두 지시하지 않도록 한다.
- 교사는 유아의 마지막 대사가 끝나면 "이것으로 '백설공주' 동극을 마치겠습니다"라고 동극이 끝났음을 알린다.
- 동극을 한 유아가 다시 나와서 자신이 맡은 배역을 소개하며 관객에게 인사를 한다. "저는 ~를 맡은 △△△입니다." 이때 관람객은 박수를 쳐 준다.
  동극을 했던 유아가 소품을 놓고 들어가면 관객이었던 유아들에게 역할을 배정하여 한 번 더 동극을 진행한다.

(6) 정리 및 평가하기

동극이 끝난 후 동극에서 재미있었던 점, 아쉬웠던 점, 고쳤으면 하는 점(예: "어떻게 바꾸면 더 재미있을까?") 등을 이야기하고, 동극을 했던 사람의 태도, 관람했던 사람의 태도, 소품이나 무대의 배치, 해설자에 대해 평가한다. 이때 잘못한 부분보다는 잘한 부분에 초점을 두어 흥미를 잃지 않고 자신감을 갖도록 돕는다.

동극 소품은 역할영역에 비치해 두어 자유놀이 시간에도 유아들끼리 자발적으로 자신들만의 새로운 무대와 이야기를 만들어 동극을 즐길 수 있도록 한다(김진희 외, 2021).

다음 〈표 10-9〉는 동극을 위해 유아와 교사가 함께 각색한 '백설공주' 대본이다.

〈표 10-9〉 백설공주 동극 대본의 예

백설공주
내레이션: 새 왕비의 미움을 받던 백설공주는 숲속으로 도망 왔어요. **백설공주:** (꼬마 친구들의 집을 발견하고는) 나도 여기서 함께 살고 싶어요. **난쟁이들:** 걱정 말아요. 우리 함께 살아요. **내레이션:** 달리기 시합에서 져서 시무룩한 꼬마친구들을 위해 백설공주는 채소와 과일로 요리를 만들었어요. 그때 심술궂게 생긴 할머니가 똑똑 문을 두드렸어요. **백설공주:** 채소와 과일로 맛있는 음식을 만들자! **할머니:** (큰 소리로) 달콤하고 맛있는 과자 사세요! 맛있는 과자예요. **꼬마친구 1:** 우와! 내가 좋아하는 딸기과자네... **꼬마친구 2:** 내가 좋아하는 초코과자네. **꼬마친구 3:** 난 달콤한 사탕 먹어야지. **백설공주:** (손을 저으며) 안돼. 내가 해 주는 간식을 먹어야지!

내레이션: 할머니는 투덜거리며 사라졌어요.
꼬마친구 1,2,3: 싫어! 싫어! 먹고 싶단 말이야. 채소, 과일보다 과자가 더 좋아.

건강천사: 꼬마친구들아! 과자 속에는 여러 가지 식품첨가물이 들어 있어. 식품첨가물이 들어 있는 과자를 많이 먹으면 이가 썩을 수도 있고 아토피에 걸려 가려울 수도 있어.

내레이션: 꼬마친구들은 과자를 먹지 못해 속상한 마음이였어요. 그때 심술궂은 할머니가 똑똑 문을 또 두드리며 말했어요.
할머니: (큰 소리로) 시원한 아이스크림 사세요! 알록달록 맛있는 아이스크림 사세요!
꼬마친구 1: 우와! 난 분홍색 딸기맛 주세요!
꼬마친구 2: 난 주황색 오렌지맛 주세요!
꼬마친구 3: 난 보라색 포도맛 주세요!

백설공주: (손을 저으며) 안돼! 내가 해 주는 간식 먹어야지!
꼬마친구 1,2,3: 싫어! 싫어! 먹고 싶단 말이야!
내레이션: 할머니는 투덜거리며 사라졌어요.
건강천사: 안돼! 안돼! 아이스크림 속에는 색과 향을 내는 식품첨가물들이 많이 들어 있어. 많이 먹으면 우리 몸이 건강해지지 않아. 집에서 만들어 주시는 건강한 음식을 먹어야 해.
꼬마 친구 1,2,3: 아 그렇거나! 백설공주님! 채소와 과일로 맛있는 간식 만들어 주세요.
백설공주: (음식을 주며) 자 여기 싱싱한 채소와 과일로 만든 좋은 음식이예요. 맛있게 먹어요.
꼬마친구 1,2,3: 우와! 정말 맛있어. 이렇게 맛있는 줄 몰랐어.

며칠 후 달리기 시합에 또 다시 참여한 꼬마친구들은 1등을 해서 신이 났어요.
꼬마친구들 1: 건강에 좋은 음식을 먹어서 이겼나 봐.
꼬마친구 2,3: 맞아. 맞아. 식품첨가물이 적게 들어간 음식을 잘 골라서 조금씩 먹어야겠어.

- **유아들과 함께 정한 약속 멘트를 이야기한다.**

출처: 식품의약품안전처(2019). 어린이 식품안전 영양교육 지도서(만 3~5세).

5. 노래

1) 교육적 의의

유아들은 노래 부르고 춤을 추는 것을 즐겨 한다. 유아는 노래를 통해서 자신의 생각과 느낌을 표현하고 다른 유아와 소통할 뿐만 아니라 스스로의 정서를 조절할 수 있다. 따라서 교사는 유아들이 다양한 노래를 즐겁게 부르고, 노래의 느낌을 신체로 표현할 수 있는 기회를 제공해야 한다. 또한 다양한 장르의 노래를 소개하고, 유아들이 일상에서 노래를 선택하며 적절하게 활용해 보는 경험할 수 있도록 해야 한다(서동미 외, 2019).

2) 노래 선정하기

유아에게 적합한 노래를 선정할 때 고려할 사항은 다음과 같다(김진희 외, 2021).

- 유아의 음역 안에서 연결되는 너무 높지 않은 선율
- 반복되면서 흥미롭거나 아름다움을 담고 있는 선율
- 밝은 분위기의 노래
- 단순하면서도 반복적인 리듬
- 주제와 연결된 노랫말, 다양한 의성어와 의태어를 포함하는 노랫말
- 유아가 이해할 수 있고 동시에 아름다운 상상력을 촉진하는 노랫말
- 다양한 문화를 체험할 수 있는 노래

3) 교수-학습방법

노랫말을 익히기 쉽도록 노랫말과 관련된 글자나 그림으로 된 가사판을 준비하고, 피아노나 실로폰 등의 다양한 악기, 음원, 다양한 소품 등을 준비하여 영유아의 흥미를 증진시킬 수 있다. 새 노래 지도방법은 다음〈표 10-10〉과 같다.

〈표 10-10〉 **새 노래 지도방법**

노래 소개하기: 여러 가지 실물, 사진, 효과음 등의 자료나 수수께끼, 동시 등을 이용하여 노래에 대한 유아의 흥미와 동기를 유발한다. "오늘은 '식품요정들의 골고루 먹기'에요"라고 소개한다.

⬇

노래 들려주기: 교사의 육성의 정확한 음으로 자신 있게 불러 준다. 음원을 이용할 수도 있다.

⬇

노랫말에 대해 이야기 나누기: 가사판을 이용하여 노래 가사를 읽어 주며 노랫말에 대해 이야기 나눈다. 예를 들어, "밥 속에는 어떤 요정들이 살고 있나요?" 등이다.

⬇

노래를 다시 한번 들려주기: 반주 없이 멜로디만 들려주는 기회를 갖는다. 이때 손뼉치기, 고개 끄덕이기 등으로 리듬을 함께 익히며 듣는다.

⬇

한 가지 소리로 불러 보기: 한 가지 소리(라라라, 가가가 등)로 멜로디만 다 함께 불러 본다.

⬇

부분으로 나누어 불러 보기: 교사와 유아가 부분으로 나누어 불러 본다.

⬇

노래 전체를 유아와 함께 불러 보기: 처음부터 끝까지 보통 4~5번 정도 노래 전체를 다 함께 부른다. 이때 동작이나 손유희를 함께 하는 것은 적절하지 않다.

⬇

평가 및 마무리: 노랫말 중에 제일 재미있었던 부분이나 가장 높은 소리를 내는 부분과 관련하여 평가해 보도록 한다.

노래 부르기 활동의 예는 다음 〈표 10-11〉과 같다.

〈표 10-11〉 노래 부르기 활동의 예

1절 밤 속에 살고 있는 불끈요정
생선, 고기, 콩에 있는 튼튼요정
우유 속에 살고 있는 쑥쑥 요정
골고루 먹어요, 골고루 먹어요
(산토끼 곡조에 맞추어 부른다)

2절 채소 속에 살고 있는 반짝요정
과일 속에 살고 있는 매끈요정
기름 속에 살고 있는 따숨요정
골고루 먹어요, 골고루 먹어요

출처: 식품의약품안전처(2019). 어린이 식품안전 영양교육 지도서(만 3~5세). p.7.

6. 음악감상

1) 교육적 의의

음악감상 활동은 새 노래 듣기, 친구의 노래 듣기, 악기 연주 듣기, 우리나라 또는 세계 여러 나라 전통음악 듣기 등 음악적 요소를 가장 쉽게 경험할 수 있는 활동이다. 그러나 유아들은 집중 시간이 길지 않으므로 음악을 감상하는 일은 쉬운 일이 아니다. 그러므로 유아를 위한 음악감상은 구체적이고 직접적인 경험을 통해 유아가 음악의 아름다움을 느끼고 적극적으로 반응하도록 돕는 데 초점을 두고 지도한다(서동미 외, 2019).

2) 음악감상 곡 선정

유아 음악감상으로 적합한 곡은 다음과 같다.

- 유아가 좋아하는 동물 소리나 일상에서 자주 듣는 친숙한 소리가 들리는가?(예: 림스키 코르사코프 '왕벌의 비행', 요나손 '뻐꾹 왈츠')
- 음악을 들으면서 자연스럽게 이야기가 그려지거나 곡의 내용을 상상할 수 있는가?(예: 생상스의 '동물의 사육제', 프로코 피에프 '피터와 늑대', 차이코프스키 '꽃의 왈츠')
- 유아의 집중 수준에 적합한 길이인가?(긴 곡의 음악 전체를 듣도록 하기보다 적당한 시간으로 편집해서 들려주는 게 좋다.)

- 유아가 이해하기 쉽고 단순한 가락과 리듬으로 된 다양한 장르의 음악인가?(예: 전래동요 '달아달아 밝은 달아', '둥개 둥개 둥개야', 모차르트의 '작은별 변주곡', 코시코스 '우편마차')

3) 교수–학습방법

음악감상 활동의 지도방법은 다음 〈표 10-12〉와 같다.

〈표 10–12〉 **음악감상 활동의 지도방법**

감상곡 소개하기: 유아에게 감상할 음악의 제목과 음악가를 소개하고, 곡의 내용이나 특징을 설명해 줄 수도 있다. 예를 들어, "오늘 우리가 들을 음악은 '꿀벌의 비행'이라는 음악이야. 이 음악을 만든 사람은 '림스키 코르사코프'라는 사람이란다"라고 소개한다.

⬇

음악감상을 할 때 지켜야 할 약속을 정하기: 몸의 자세는 자유롭고 편안하게 하고, 눈을 감고 듣거나 몸을 음악에 맞춰 움직이되, 집중해서 듣도록 약속을 정한다.

⬇

감상곡 전체 들려주기: 음향기기를 사용하여 곡의 전체적인 느낌을 충분히 느낄 수 있도록 들려준다.

⬇

음악에 대한 느낌에 대해 이야기 나누기: 음악을 듣고 난 느낌이나 떠오르는 이미지, 생각 등에 대해 간단히 이야기 나눈다. 예를 들어, "음악을 들어 보니 어떤 느낌이 드니?, 왜 그런 느낌이 들었니?, 어떤 소리가 들리는 것 같았니?"

⬇

음악을 다시 들려주기: 음을 다시 들려줄 때는 유아가 음악의 특정 부분에 대해 주의를 기울여 감상할 수 있도록 격려한다. 예를 들어, 박자에 맞춰 지휘하기, 반복적으로 나타나는 특정한 가락이나 리듬을 함께 소리 내 보거나 세어 보도록 제안한다.

⬇

감상곡의 음악적 특성에 대해 이야기 나누기: 음악의 특성에 대해 이야기 나눈다. 예를 들어, "어떤 악기 소리를 들었니?, 그 소리의 느낌은 어땠어?, 음악이 갑자기 빨라지는 부분에서는 어떤 생각이 들었니?" 등이다.

⬇

평가 및 마무리: 음악감상을 하고 난 느낌이나 생각에 대해 평가한다. 예를 들어, "이 음악의 분위기와 어울리는 색깔은 어떤 색일까? 왜 그렇게 생각했니?, 너희들은 어떤 악기 소리가 좋았니?" 등이다. 음악감상 후에 느낌을 음악에 맞추어 창의적으로 신체표현을 해 보거나, 그림이나 동시 등으로 표현해 보도록 격려한다.

7. 동작 활동

1) 교육적 의의

동작 활동은 유아들이 신체활동에 참여하여 신체발달과 성장을 촉진하게 하는 중요한 활동이라 할 수 있다. 즉, 유아들이 타고난 움직임에 대한 욕구를 바탕으로 리듬과 박자를 느끼고 표현하는 과정을 통해 몸의 움직임에 대한 인식을 넓히고 운동능력을 길러 갈 수 있다. 또한, 대 · 소근육의 발달과 신체가 건강해질 뿐만 아니라 자신과 타인을 발견하고 억압된 감정과 스트레스를 해소하게 된다(황현주 외, 2020). 유아기에 적합한 신체활동으로는 기본운동능력을 중심으로 한 동작활동과 신체표현 활동 등이 있다.

2) 교수-학습방법

동작 활동에서 가장 중요한 것은 유아들이 신체를 자유롭게 표현하면서, 안전하고 즐겁게 참여하는 것이다. 이를 위해 충분한 공간을 확보해 주고, 한 한급의 유아가 모두 한꺼번에 참여하기보다는 둘로 나눈 소집단 형태로 동작활동을 하는 것이 보다 효율적이다. 동작활동은 만 3세인 경우 약 20분 정도, 만 4~5세는 30분 이내가 적절하다(김정원 외, 2022).

학기 초에 유아는 교사의 동작을 그대로 따라 하는 경향이 강하나 점차 동작에 익숙해지면 창의적으로 신체표현을 해 볼 수 있도록 격려하며 지도한다. 창의적 신체표현을 지도할 때에는 우선 자연과 주변에서 관찰할 수 있는 모든 종류의 움직임에 관심을 가지고 탐색하게 해야 한다. 예를 들어, 자동차가 움직이는 것, 유아 자신의 신체 움직임, 강아지나 고양이의 움직임, 눈 또는 비오는 날 등에 대해 주의 깊게 관찰하고 탐색하게 한 후 유아의 생각이나 느낌을 토대로 자유롭고 창의적인 표현 활동이 나타날 수 있도록 지도하는 것이 중요하다. 예를 들어, '~ 이 되어 보자', ' ~ 처럼 해보자', '만약 ~ 라면'과 같이 유아의 탐색과 표현을 자극할 수 있도록 언어적 접근을 효과적으로 사용한다. 또한 단순히 신체를 움직이는 활동이 아니라 공, 풍선, 운동기구, 스카프, 리본 막대 등 자료를 다양하게 준비하여 창의적으로 표현해 보는 활동을 격려한다.

신체표현이 낯설거나 쑥스러워하는 유아는 억지로 참여시키지 말고 앉아서 친구들의 모습을 관찰하거나 모방해 보는 등 교사의 도움을 받아 서서히 참여하도록 한다.

3) 교수-학습방법

일반적으로 동작교육 시 고려할 점은 다음과 같다.

- 동작 활동은 진행되는 놀이 주제와 연계되면서 유아들의 신체발달에 맞는 활동으로 선정해야 한다.
- 동작교육의 초기에는 신체적 접근방법으로 지도하고, 익숙해지면 창의적 동작으로 확장시키는 것이 바람직하다.
- 움직일 수 있는 충분한 공간을 확보하고 표현에 적절한 자료를 준비해야 한다.
- 유아가 자신의 생각과 느낌을 표현할 수 있도록 허용적인 분위기를 조성한다.

(1) 기본 동작 지도 시

- 교사는 이동, 비이동, 조작적 동작으로 구성된 기본 동작에 대해 정확히 인지하고, 초기에는 기본 움직임에서 시작하여 다양한 동작으로 확장하여 지도한다.
- 이동 동작을 지도할 때에는 음악에 맞추어 리듬감 있게 움직이도록 격려한다.
- 조작적 동작의 경우, 공, 손수건 등 적절한 도구를 사용하여 활동을 흥미롭게 진행할 수 있다.

(2) 표현하기 지도 시

- 신체로 표현할 내용에 대해 유아들이 충분히 사전 경험을 하고 난 뒤, 몸으로 표현해 보는 방법에 대해 이야기 나눈다.
- 음악과 표현에 사용되는 도구를 보여 주며 탐색할 시간과 어떻게 표현할지 이야기해 본다.
- 표현하기 중 구조적 표현 동작에서 정확한 동작을 강요하기보다 유아의 의견을 반영하여 다양하게 창작해 본다.
- 반구조적 표현 동작은 노랫말에 맞추어 신체를 움직이고, 노랫말의 특정 부분에서는 유아들이 자유롭게 표현해 보도록 한다.
- 창의적 표현 동작 활동 지도 시에는 처음부터 무리한 창의적 동작을 요청하면 유아들이 당황해할 수 있으므로 주제와 관련된 이야기 나누기, 동화, 시청각 자료 보기 등을 사전활동으로 제공하여 유아가 표현하는 데 도움이 되는 기본적인 아이디어를 제공해 줄 수 있다.
- 유아의 동작에 대해 언어적 자극을 제공하여 유아의 상상력 증진 및 창의적 동작으로 표현하게 하거나 셈여림, 리듬, 박자, 멜로디 등 음악적 요소에 초점을 준 동작 표현을 실시한다.
- 유아가 자신의 몸으로 표현하는 것에 두려움을 느끼고 참여하기를 싫어하는 경우에는 억지로 시키지 말고 다음 기회에 참여하도록 격려한다.

8. 미술

1) 교육적 의의

미술이란 주변 환경과 자연에서 색과 형태의 아름다움을 발견하고 자신의 생각과 느낌을 다양한 재료를 통해서 표현하고, 자신 및 다른 유아들의 작품을 감상해 보는 활동이다. 유아들은 미술활동을 통해 심미감과 성취감, 만족감, 자신감 등 정서적 안정감뿐만 아니라 대・소근육 발달, 사회성, 언어발달이 함께 이루어질 수 있는 활동이다. 이에 교사는 주변 자연물과 환경을 관찰하여 유아가 미적 요소(예: 선, 형, 색, 공간, 질감, 양감 등)를 발견할 수 있는 탐색의 기회를 제공하고 창의적으로 표현하고 감상할 수 있도록 지도해야 한다.

2) 미술교육의 내용

미술교육은 크게 탐색, 표현, 감상의 세 가지로 구분할 수 있다. 구체적인 내용은 다음 〈표 10-13〉과 같다.

〈표 10-13〉 **미술교육의 내용**

탐색	감각적 · 지각적 경험을 통해 주변의 미적 특질을 지각하는 것
표현	시각적 · 공간적 · 미술적 형태로 창작하는 것
감상	자연사물 및 명화나 또래 유아들의 작품 감상하기

3) 교수-학습방법

교사는 유아의 소근육 발달 정도와 흥미, 관심을 고려하여 적절한 활동을 준비하도록 한다. 이때 그리기(비밀 그림, 손가락 그림)와 칠하기(스크래치), 찍기(판화) 등 평면 미술활동과 입체미술(점토로 만들기, 종이상자로 만들고 구성하기 등)을 균형 있게 계획한다.

유아가 물감, 색종이, 말린 계란 껍질, 색 모래, 모루, 말린 야채나 과일, 털실, 낙엽, 단추 등 여러 가지 재료나 도구를 사용하여 주의 깊게 탐색한 것을 바탕으로 자신의 생각이나 느낌을 자유롭게 표현하도록 한다([그림 10-5], [그림 10-6]).

[그림 10-5] 말린 야채나 과일로 그리기

명화 따라 그리기	

미로 – 종달새를 쫓는 빨간 원판	

[그림 10-6] 유명한 화가 그림을 따라 그려 보기

유아에 따라서 미술재료를 선택하고 표현하기까지 많은 시간이 걸릴 수 있다. 이에 교사는 유아가 자신만의 방법으로 충분히 탐색하고 표현할 수 있는 시간을 허용한다. 또한 미술활동의 결과보다 작품을 만들기까지의 과정에 대한 구체적인 칭찬과 격려를 아끼지 않는다.

유아가 작품을 다 완성한 후에는 또래들의 작품을 감상하는 시간을 갖는다. 이 시간을 통해 친구들의 생각과 표현방법을 공유할 수 있고, 미술의 요소에 관심을 가질 수 있는 기회가 된다. 교실 안에 작품을 전시해 놓으면, 유아들은 더 관심 있게 서로의 작품을 보고 느껴 볼 수 있다. 작품을 전시할 때 고려할 사항은 다음과 같다(양옥승 외, 2022 재인용).

- 작품에는 유아의 이름을 쓰거나 별도의 이름표를 붙여서 전시한다.
- 유아의 눈높이에 맞춰 전시하며, 정기적으로 작품을 교체해 준다.
- 벽, 게시판이나 전시대뿐만 아니라 창문, 문, 선반 등 다양한 시설을 활용한다.
- 유아의 작품을 개별적으로 전시할 수도 있고 개인 작품을 모아 주제에 따라 공동전시를 할 수도 있다.
- 교사와 유아와 함께 의논하여 작품 및 전시방법 등을 결정하도록 한다.

한편, 미술감상은 토의, 미술관 견학, 전문가 초빙, 게시, 전시 등 여러 가지 방법으로 할 수 있다. 감상할 작품을 선정할 때는, 첫째, 생활주제와 관련이 있는지, 둘째, 유아의 흥미를 끄는 요소(예: 이야기적 요소, 유아들이 좋아하는 주제)가 풍부한지, 셋째, 미술의 요소(예: 선, 형태, 색, 명암, 질감, 공간)와 원리(예: 균형, 강조, 움직임, 조화, 리듬, 반복, 패턴)가 잘 표현되어 있는지를 참고하여 적합한 작품을 선정하도록 한다(서동미 외, 2019).

미술 감상 시 유아가 작품에 대한 흥미를 가질 수 있도록 화가나 작품의 제목을 제시한다. 충분한 시간 동안 미술 작품을 자세히 살펴보면서 작품에 대한 느낌과 유아가 본 것을 객관적으로 모두 이야기하도록 한다. 유아들이 작품 속에서 미술의 요소나 원리를 찾아볼 수 있도록 다음과 같이 발문한다.

- "똑바로 뻗은 선은 어디에 있니? 손가락으로 그 선을 따라가 보자."
- "만졌을 때 거친(또는 부드러운) 느낌이 들 것 같은 부분은 어디일까?"
- "이 그림에서 어떤 색들이 보이니? 어떤 색이 가장 많이 보이니?"
- "어떤 모양들이 보이니? 가장 많이 보이는 모양은 어떤 것이니?"
- "그림에서 양쪽이 두 개씩 있는 것을 찾아볼까? 만일 한 쪽이 없어진다면 어떻게 보일까? 어떤 느낌일까?"
- "그림에서 가장 밝게(또는 어둡게) 보이는 부분은 어디인지 찾아보자."
- "여기 모인 사람들은 지금 무엇을 하고 있는 것 같니?"
- "이 사람은 왜 이런 표정일까? "
- "이 그림이 마음에 드니? 어떤 점이 마음에 드니?"
- "너희들이 이 그림의 작가라면 어떤 부분을, 어떻게 바꾸고 싶니?"

다음은 미술 감상을 위한 그림과 사진의 예이다.

[그림 10-7] 둥근 달을 바라보는 토끼

[그림 10-8] 노란집(빈센트 반 고흐)

[그림 10-9] 페로난도 보테로

[사진 10-1] 네팔 Mt. 안나푸르나(임동균)

9. 게임

1) 교육적 의의

게임은 둘 이상의 편이 있고 지켜야 할 규칙과 경쟁이 있으며 승부가 있는 놀이활동이다. 게임에 참여하면서 유아는 운동신경 및 운동감각의 발달이 이루어지고 집단의 일원으로서 규칙을 이해하고 지켜야 한다는 것을 알게 되고, 이기고 지는 것을 받아들이는 것이 가능하게 된다. 또한 공동 목적을 달성하기 위해 서로 협력해야 함을 배우고 또래의 성공을 기뻐해 주는 마음도 가질 수 있다.

연령별로 게임 발달은 만 3~4세에는 승패보다 놀이 상대를 신뢰하고 함께 즐기는 것과 규칙의 융통성을 인식하게 된다. 만 4~5세에는 나름의 규칙을 만들기도 하며, 이 과정에서 사회적 결속력, 질서와 무질서를 이해하게 된다. 만 5~7세에는 공통 주제에 대해 대립되는 집단을 만들어 편게임을 할 수 있다(김금주 외, 재인용 2012).

2) 게임 선정

게임에 대한 유아의 반응은 연령에 따라 다르기 때문에 교사는 게임 선정 시 다음과 같은 점을 고려해서 선택해야 한다.

- 유아의 연령과 발달수준, 흥미와 관심에 적합해야 한다.
- 게임의 난이도를 고려하여 재미있고, 도전적인 게임이어야 한다.

- 유아 스스로 성공을 판단할 수 있어야 한다.
- 모든 놀이 참여자가 적극적으로 게임에 참여할 수 있어야 한다.
- 유아의 수, 교실의 크기를 고려하여 게임의 유형을 정한다.
- 긍정적이고 성공적인 경험을 할 수 있도록 단순하고 쉬운 게임에서 점차 복잡한 게임을 선택한다.
- 모든 놀이 참여자가 적극적으로 참여할 수 있어야 한다. 제외되거나 소외되는 유아가 없어야 한다.
- 게임의 승패보다 게임의 규칙을 공정하게 지키면서 참여할 수 있는 게임을 선택한다.

3) 교수-학습방법

게임은 집단 구성에 따라 원 게임, 자유대형 게임, 편 게임으로 구분할 수 있다. 연령이 어리거나 학기 초에는 단순한 내용의 게임이나, 규칙과 지시가 적은 원 게임 또는 자유대형 게임을 하고, 유아들이 게임의 규칙에 익숙해진 이후에는 편 게임을 실시한다(임부연 외, 2023).

유아들과 함께 편 이름, 게임 신호 정하기, 점수 매기는 방법(예: 스티커 붙여 표시하기, 작은 블록을 쌓아서 높이로 표시하기, 바구니에 공을 담아 표시하기 등), 게임 시 지켜야 할 약속 등을 정하여 유아 스스로 게임을 구성하고 참여할 수 있도록 한다.

게임 및 유형에 따라 지도방법이 다르다. 원 게임의 경우에는 원으로 앉아 활동을 시작하여 설명 후 그대로 게임을 진행하고, 편 게임이나 자유대형 게임의 경우는 반원으로 앉아 게임에 대한 설명을 한 후 양편으로 나누어 게임을 진행한다.

편 게임으로 진행하는 방법은 다음과 같다(양옥승 외, 2022).

- 교사는 게임 진행을 미리 계획하여 유아가 두 편으로 앉을지, 의자에 앉을지, 바닥에 앉을지 등을 명확히 지시하여 혼란스럽지 않게 한다.
- 게임하기 전에 출발선과 반환점(목적물), 점수판(기록판)을 준비하고, 교사는 출발 신호악기(탬버린, 트라이앵글 등)를 준비하여 양편의 출발선 가운데 의자를 놓고 앉는다.
- 두 편으로 나눈다. 양편으로 나눌 때 남녀의 숫자, 발달단계 등을 고려하여 안배하되 여자 편과 남자 편으로 나누지는 않는다.
- 양편의 인원 수를 알아본다. 인원 수를 확인하는 방법으로 마주 보고 있는 상대편 친구와 인사하기, 악수하기 등의 짝 짓기, 인디언 노래 등으로 수 세기를 할 수 있다. 양편의 인원 수가 다를 경우에는 유아들과 의논하여 문제를 해결한다.
- 유아와 함께 편 이름을 정하고, 편 이름을 적어서 점수판에 붙인다. 활동주제(과일 이름, 동물 이름, 탈 수 있는 것 등)와 관련된 것으로 편 이름을 정할 수 있도록 구체적인 범위를 제시할 수 있다.
- 게임방법을 설명한다(추측해 보도록 한다). 교사가 설명하기 전에 게임을 하기 위한 준비물을 보여 주면서 어떻게 게임을 할 수 있을지 유아들이 추측하여 말해보도록 한다. 유아가 제시한 방법으로 게임을 할 수 있고, 교사가 계획한 게임 방법으로 다시 한번 할 수 있다.
- 게임의 순서와 규칙, 태도를 알아본다. 게임방법을 명확히 알려 주고 지켜야 할 규칙을 구체적으로 이야기한다.
- 응원방법과 응원태도에 대하여 알아본다. 출발신호를 알려 준다.
- 게임 결과에 대한 교사의 평가 관점을 말한다. 교사는 유아들이 승부에 집착하

거나 지나치게 흥분하지 않도록 하며 게임 자체를 즐길 수 있도록 한다. 예를 들면, 빨리 하는 것보다 규칙을 잘 지키는 것, 응원을 열심히 하는 것, 게임을 하는 태도 등을 평가 관점으로 말할 수 있다.

- 게임방법을 이해했는지 확인하기 위해 양편의 유아가 나와서 시범을 보인다. 교사는 약속한 대로 잘하는지 관찰하고 평가·격려한다.
- 게임을 시작한다. 양편의 유아가 출발 신호에 맞추어 게임 방법, 규칙에 따라 게임을 한다. 교사는 평가 관점에 근거하여 게임마다 개별적인 평가를 하고 점수판(기록판)에 점수를 준다.
- 게임 결과를 확인한다. 유아와 점수판을 보면서 양편의 점수를 세어 확인한다. 이긴 편에는 진 편이 박수를 보내 주거나 안아 주기 등을 해 주고, 바꾸어서 이긴 편이 진 편에게 수고했다는 의미로 같은 방법을 수행한다. 교사는 규칙을 잘 지킨 편과 응원을 열심히 한 편에게 점수를 더 부여할 수도 있다.

유아들이 게임의 승패나 경쟁, 승부욕에 집중하기보다는 게임을 하는 과정과 게임의 규칙을 지켜 정당하게 게임에 참여하는 것의 의미를 알고 즐길 수 있도록 지도한다.

10. 요리

1) 교육적 의의

요리는 유아가 호기심을 가지고 매우 즐겁게 참여하는 활동이다. 요리할 음식을 정한 뒤, 식재료 준비 및 요리하기 위해 여러 가지 조리도구를 사용하는 과정에서 수학, 과학, 언어의 통합적 발달이 이루어질 수 있다. 요리 활동의 교육적 효과는 다음 〈표 10-14〉와 같다(한혜경 외, 2022).

〈표 10-14〉 **요리 활동의 교육적 효과**

• 요리 순서표나 관련 도서는 유아들의 읽고 쓰고 그리는 활동을 통하여 언어발달을 돕는다. • 요리활동을 하며 재료의 질량과 측정 또는 가격표 등의 수치를 어림하며 수학개념의 기초를 형성한다. • 여러 가지 식재료와 음식물의 영양분에 대한 이야기를 들으며 음식물의 종류와 영양에 대한 개념 및 편식에 대한 개선 등의 효과를 얻을 수 있다. • 요리과정을 통해 자연스럽게 통합적 접근이 이루어져 모든 발달영역에 도움을 주고 전인적 발달을 촉진할 수 있다.

2) 교수-학습방법

요리활동은 대집단보다 소집단(5~6명 정도)이 더 효과적이고, 시간은 대략 15~20분 정도로 계획하는 것이 좋다. 요리 활동의 절차는 다음과 같다(양옥승 외, 2022).

(1) 요리 활동 준비

- 유아는 무딘 칼이나 톱니모양의 플라스틱 칼을 쓰도록 한다.
- 유아를 위해 충분한 도구와 기구를 준비한다.
- 가능하면 전기 프라이팬이나 전기기구를 사용하고, 교사는 유아의 기구사용을 돕는다.
- 낮은 작업대와 의자를 사용한다.
- 가열된 도구는 뜨겁다는 것을 알려 준다.
- 교사는 유아의 발달에 적합한 요리순서표를 준비한다.
- 요리 활동은 소집단으로 진행한다.

(2) 요리 활동 실행

요리 활동의 실행단계를 효과적으로 진행하기 위해서는 무엇보다 교사의 역할이 중요하다. 다음은 요리 활동 실행 절차에 따른 교사의 역할이다.

- 요리에 참여할 유아들이 손 씻기와 앞치마 입기 등 준비를 할 수 있도록 안내한다.
- 재료 및 요리 도구에 대해 탐색하면서 요리 활동에 대해 이야기 나눈다.
- 요리순서표를 보면서 요리 방법과 절차에 대해 안내한다([그림 10-8]).
- 요리를 하면서 변화과정을 관찰하고 언어적으로 표현하도록 유도한다.
- 불을 사용하거나 작은 칼을 사용하는 경우 안전에 주의를 기울이며 사용법을 충분히 안내한다.
- 교사가 도와주어야 할 부분과 유아들이 할 수 있는 부분을 고려하여 요리 활동을 진행한다.

- 유아가 자기주도적으로 요리 활동을 할 수 있도록 지시하기보다는 유아를 격려하여 스스로의 속도로 활동하도록 배려한다.
- 요리 활동 진행 시 요리의 결과보다 과정을 중요시한다.
- 요리를 그릇에 담아 즐겁게 먹는다.

1. 식빵 테두리를 자른다.	2. 계란을 빵칼로 잘게 다진다.	3. 마요네즈를 적당히 넣어 준다.

4. 잘 섞는다.	5. 빵에 바른다.	6. 완성! 맛있게 먹는다.

[그림 10-10] **에그 샌드위치 요리순서표**

(3) 요리 활동 마무리

교사는 유아와 함께 직접 만들고 완성한 요리를 먹으며 평가를 한다. 평가 시 유아들에게 다음과 같은 질문으로 이야기를 나눌 수 있다.

- 요리의 과정이 계획대로 잘 진행되었니?
- 요리를 직접 해 본 느낌이 어떠니?

- 직접 요리한 음식을 맛보니 기분이 어때?
- 요리를 진행하면서 궁금했던 것은 무엇이니?
- 요리를 통해 새롭게 배우고 알게 된 것은 무엇이니?
- 오늘 요리했던 재료로 만들 수 있는 다른 요리는 어떤 것이 있을까?
- 다음에 해 보고 싶은 요리가 있니? 어떤 요리를 해 보고 싶니?

참고문헌

강민정, 김민희, 배소연(2021). 영 · 유아 교수-학습방법(제2판). 경기: 공동체.

교육과학기술부, 보건복지부(2013). 3~5세 연령별 누리과정 지침서.

교육부(2009). 유치원 지도서: 1. 총론.

교육부(2020). 교사를 위한 놀이지원 워크북.

교육부(2020). 유아관찰기록 안내서: 관찰을 관찰하다.

교육부, 보건복지부(2019a). 2019 개정누리과정 놀이이해자료.

교육부, 보건복지부(2019b). 2019 개정누리과정 놀이실행자료.

교육부, 보건복지부(2019c). 2019 개정누리과정 해설서.

교육부, 보건복지부(2020). 놀이를 지원하는 교사의 역할.

교육부, 보건복지부, 육아정책연구소(2020). 2019 개정 누리과정 교사 연수 자료집.

김경철, 홍정선(2005). 유아 교수-학습 원리의 뇌 과학적 의의. 열린유아교육연구, 10(4), 199-224.

김금주, 오진희, 김은정, 박형신(2021). 영유아교수 · 학습방법. 서울: 학지사.

김금주, 유윤영, 오진희, 김은정, 박형신(2012). 유아교사를 위한 일과 운영 방법. 서울: 학지사.

김은주(2013). 누리과정에서의 수업 도입, 생태유아교육에서 어떻게 바라보는가. 한국생태유아교육학회, 2013년도 춘계학술대회 자료집, 73-92.

김은희(2020). 놀이되기의 영유아 교수학습. 서울: 창지사.

김재숙, 임미혜, 김선희, 김혜경, 배선미(2007). 유아교사를 위한 실외놀이 Guide Book. 서울: 정민사.

김정원, 김유정, 이효정(2022). 영유아를 위한 교수-학습 방법(제4판). 경기: 공동체.

김진희, 강미영(2021). 유아교과교육론. 경기: 공동체.

김혜수, 이순영(2022). 놀이로 즐기는 전이 · 주의집중. 경기: 공동체.

박미현(2021). 영유아 교수학습방법. 경기: 공동체.

박숙희, 염명숙(2013). 교수학습과 교육공학. 서울: 학지사.

박찬옥, 최현정, 노희연, 김성숙(2021). 영유아교수방법론(개정판). 경기: 양성원.

변혜정, 김은영, 남영옥, 배경란(2021). 영유아 교수학습방법. 경기: 양서원.

보건복지부(2013). 어린이집 표준보육과정에 기초한 영아보육 프로그램 운영의 이해.

보건복지부(2020). 제4차 표준보육과정 해설서.

보건복지부, 어린이집안전공제회(2019). 2019 어린이집 보육교직원 안전교육 자료집.

보건복지부, 어린이집안전공제회, 중앙육아종합지원센터(2021). 2021 어린이집 보육교직원 안전교육 기본과정 자료집.

보건복지부, 한국보육진흥원(2022). 어린이집 평가 매뉴얼 어린이집용.

보건복지부, 한국보육진흥원(2023). 2023년도 부모모니터링단 운영 매뉴얼.

서동미, 엄은나, 이혜경, 박성희(2019). 영유아교수방법론. 경기: 공동체.

서울시육아종합지원센터(2017). 서울시 국공립 어린이집 컨설팅.

서울시육아종합지원센터(2022). 놀이관찰과 기록.

손순복, 정진화, 박진옥(2020). 영유아 교수학습 방법. 서울: 학지사.

식품의약품안전처(2019). 어린이 식품안전 영양교육 지도서(만 3~5세).

식품의약품안전처(2019). 어린이집, 유치원 식중독 예방 관리 매뉴얼(시설관리자용)

심성경, 이선경, 변길희, 김은정(2021). 교과교육론. 경기: 양서원.

신애선, 임경래(2022). 영유아 교수-학습 방법. 경기: 양서원.

신혜원, 신지연, 서원경, 이영신, 김지연(2022). 영유아교수학습방법. 경기: 파워북.

심현정(2002). 영아의 새로운 환경의 적응 과정 탐색. 중앙대학교 대학원 석사학위논문.

안경자, 장선경, 박영신, 손윤희, 김진희(2013). 교사-영유아 상호작용 현장 이야기. 경기: 공동체.

양옥승, 이은정, 양유진(2022). 영유아교수 · 학습방법(제2판). 경기: 공동체.

어린이집안전공제회(2016). 어린이집 안전관리백과(실내 · 외 보육환경).

위영희, 문혁준, 이희정, 박찬화, 석은선(2021). 영유아교수방법론. 서울: 창지사.

이정환, 김희진(2020). 영유아 교육의 교수학습방법(개정). 서울: 파란마음.

인천광역시육아종합지원센터(2022). 알아두면 유용한 영유아 상호작용 가이드.

임미혜(2021). 아동건강교육. 경기: 수양재.

임미혜(2022). 영유아 건강지도. 보육교사교육원 교재총서 17. 경기: 양성원.

임미혜, 김영애, 신혜영, 장정애, 최윤희(2020). 유아교육과정(개정판). 경기: 양성원.

임미혜, 이혜정(2017). 아동건강교육. 경기: 양성원.

임미혜, 이혜정(2018). 아동건강교육(개정판). 경기: 양성원.

임미혜, 최경애, 이혜원, 황윤세(2020). 운영관리(개정판). 경기: 공동체.

임미혜, 황순각(2005). 유아를 위한 체육활동 가이드. 경기: 양서원.

임부연, 김성숙, 성영실, 손연주, 양혜련, 이정금(2023). 영유아교수학습. 서울: 동문사.

임부연, 오정희(2017). 영유아교수-학습방법. 서울: 동문사.

임부연, 최남정, 양혜련(2018). **유아교과교육론(제2판)**. 경기: 공동체.

정정옥, 김광자(2019). **영유아 놀이지도**. 서울: 창지사.

조성연, 정진화(2022). **보육실습**. 서울: 신정.

중앙육아종합지원센터(2020). **놀면서 자란다(영아 0~2세 보육과정)**.

중앙육아종합지원센터(2020). **놀면서 자란다(유아 3~5세 보육과정)**.

지성애(2019). 유아 놀이의 재조명, 그리고 교육적 함의. 한국유아교육학회, **2019 춘계정기학술대회 자료집**, 17-40.

최석란(2005). **놀이와 유아발달**. 경기: 양서원.

최애경, 안부금, 좌승화(2010). **영유아교육과정**. 경기: 양서원.

한혜경, 백지숙, 강효진, 최국희(2022). **영유아 교수방법론**. 보육교사교육원 교재총서 14. 경기: 양성원.

황현주, 신현정(2020). **영유아 교수학습방법론**. 경기: 양서원.

Clark, A. M. (2003). *The ABC's of Quality Child Care.* Clifton Park, NY: Thomson Delmar Learning.

Decker, C. A. & Decker, J. R. (1992). *Planning and Administering Early Childhood Programs.* New York: Macmillan Publishing Company.

Frost, J. L., Wortham, S., & Reifel, S. (2001). *Play and child development.* NJ: Merrill Prentice Hall.

Olds, A. R. (2001). *Child care design guide.* New York: McGraw-Hill.

Petersen, E. A. (2003). *Early childhood curriculum: Linking thematic, emergent and skill-based planning to children's outcome* (2nd ed.). Boston: Allyn and Bacon.

Van Hoorn, J., Monighan Nourot, P., Scales, B., & Alward, K. R. (2018). **놀이중심 교과과정.** [Play at Center of the Curriculum] (순진이, 정현심 역). 서울: 시그마프레스(원저출간: 2014).

교육부(www.moe.go.kr).

아이누리(https://i-nuri.go.kr).

질병관리청(www.go.kr).

찾아보기

저자 소개

■ 이은희

성신여자대학교 대학원 교육학박사(유아교육학 전공)
현, 대전보건대학교 유아교육과 교수
〈저서〉 유아교육개론, 부모교육, 아동생활지도 외

■ 공영미

계명대학교 대학원 박사 수료(유아교육학 전공)
현, 경북과학대학교 보육복지계열 교수
〈저서〉 유아사회교육, 아동권리와복지 외

■ 김미진

상명대학교 대학원 교육학박사
현, 강동대학교 유아교육과 교수
〈저서〉 아동생활지도, 학교폭력 예방 및 학생의 이해 외

■ 문효숙

중부대학교 대학원 교육학석사
현, 순천제일대학교 사회복지과 외래교수
〈저서〉 보육학개론, 보육과정 외

■ 이담희

원광대학교 일반대학원 교육학박사(유아교육 전공)
현, 전북과학대학교 복지계열 겸임교수
〈저서〉 보육학개론 외

■ 임미혜

서울여자대학교 대학원 문학박사(유아교육 전공)
현, 호서대학교 유아교육과 교수
〈저서〉 아동건강교육, 유아교육과정 외

■ 장지현

안양대학교 대학원 교육학박사 과정 수료
현, 경인여자대학교 아동건강보육과 교수
〈저서〉 영유아발달, 보육학개론 외

■ 한현지

대구가톨릭대학교 대학원 심리학박사
현, 성운대학교 아동보육복지과 교수
〈저서〉 영유아발달, 보육학개론 외

영유아교수방법론

1판 1쇄 인쇄 ― 2023년 8월 7일
1판 1쇄 발행 ― 2023년 8월 10일

저 자 - 이은희 공영미 김미진 문효숙
이담희 임미혜 장지현 한현지

발 행 인 - 강철원
발 행 처 - 양성원
주 소 - 경기도 파주시 검산로 173번길 29-12
전 화 - 031-946-3861(代)
팩 스 - 031-946-3864
이 메 일 - tnwpub@naver.com
홈페이지 - tnwpub.co.kr
출판등록 - 2015년 8월 31일 제 2015-000211 호

ISBN 979-11-6126-533-9

정가 20,000원